빌 포드는 삶을 좀 더 편리하게, 좀 더 충만하게, 그리고 확실히 좀 더 즐겁게 살 수 있는 방법에 관해 귀중한 조언을 해 준다. 정말 가치 있는 책이다.

수잔 제퍼스 박사, 《두려움을 느껴라 그리고 어쨌든 그것을 하라(Feel the Fear and Do it Anyway)》와 《불확실성을 껴안고(Embracing Uncertainty)》를 쓴 베스트셀러 작가

빌 포드는 유머와 온정을 갖고서, 좀 더 많은 에너지를 필요로 하는 사람들, 좀 더 충만한 삶을 갈망하는 사람들을 위해 진수성찬을 준비한다. 이 책은 실제적인 이야기와 조언을 들려줌으로써, 어떻게 하면 자신의 에너지 탱크를 꽉 채울 수 있는지 가르쳐 준다. 이 일을 진행하는 동안 자신이 전보다 더 바빠지는 일은 전혀 없다.

로라 버먼 폴트강, 《최고의 삶을 살기(Living Your Best Life)》와 《나를 위해 살아라(Take Yourself to the Top)》의 저자

이 책은 단조로운 생활을 반복하면서도 특별한 발전을 이루지는 못하는 많은 사람들에게 아주 색다른 세상을 보여 준다. 나는 배후에서 훈련을 완성할 수 있도록 조용한 시간을 충분히 가질 수 있기를 기대한다. 계속 전진하고자 하는 사람, 더 많은 것을 원하는 사람 누구에게나 이 책은 읽어야 할 필요가 있다.

신더 니멜라, 수석 및 팀 코치, 《최고의 팀을 만들기: 최고의 성취를 위한 코치 접근법(Leading High Impact Teams: The Coach Approach to Peak Performance)》의 공동 저자

이 책은 나의 생활 방식과 업무 처리 방식을 변화시키고 있다.

낸시 클라인, Time To Think Inc. 대표

지은이 ｜ 빌 포드(Bill Ford)

지은이 | 빌 포드(Bill Ford)

좀 더 유능해지고 싶어 하는 사람들, 일과 삶 사이에서 좀 더 조화를 이루고 싶어 하는 사람들을 위한 코칭 비즈니스 전문 회사인 코칭 디렉터즈(Coaching Directors)의 전무이사. 그는 우리가 직업과 사생활에서 모두 원하는 결과를 창출할 수 있도록 여기에 필요한 에너지와 재생력을 증가시킴으로써 최종 결과를 무한정 끌어올려 주는 것이 자신의 역할이라고 생각한다. 미국과 영국에서 마케팅, 홍보, 시장 조사 분야의 중요한 역할을 담당한 바 있다. 심리학 박사이자, 공인된 신경 언어 프로그래밍(NLP) 전문가이기도 하다.

옮긴이 | 문재욱

고려대학교를 졸업한 뒤 제일씨티리스(주)에서 근무했다. 자영업을 거쳐 (주)석세스시스템 교육이사, www.everydaynoni.com 마케팅 팀장을 역임했다.
지은 책으로 《다이아몬드의 노트》가 있으며, 옮긴 책으로 《네트워크 마케팅 1년 버티면 성공한다(개정판)》, 《나는 남의 집만 짓는 도구였구나》, 《새로운 백만장자들》 외 여러 권이 있다.

삶의 에너지를 높이는 습관들

초판 1쇄 인쇄 | 2005년 1월 25일
초판 1쇄 발행 | 2005년 2월 5일

지은이 | 빌 포드
옮긴이 | 문재욱
펴낸이 | 양동현

펴낸곳 | 도서출판 나들목
출판등록 | 제 6-483호
주소 | 서울 성북구 동소문동4가 124-2
대표전화 | 02) 927-2345 팩시밀리 | 02) 927-3199
이메일 | academybook@hanmail.net

ISBN | 89-90517-41-9 13320

잘못 만들어진 책은 구입한 곳에서 바꾸어 드립니다.

www.academypub.com

삶의
에너지를
높이는
습관들

빌 포드 지음 | 문재욱 옮김

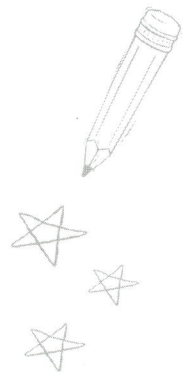

나들목

사랑하는 나의 가족 로즈메리와 테오,

그리고 메리에게 이 책을 바친다.

감사의 말

이 책이 탄생할 수 있도록 도와주신 분들께 진심으로 감사를 드린다.

나의 워크숍이 한 권의 책이라는 사실을 지적해 줌으로써 나를 깜짝 놀라게 만든 낸시 클라인, 나에게 굉장히 많은 아이디어를 제공해 준 토마스 레오나드와 샌디 빌라스, 코치 유(Coach U), 나의 대리인이자 저술 코치인 아만다 시더헬름, 아주 다양한 방법으로 나의 저술 작업과 편찬 과정을 더할 나위 없이 훌륭하게 도와주신 많은 분들, 그리고

워크숍 참석자들,

나의 고객과 동료들.

마지막으로 나를 끊임없이 격려해 주고, 올바른 판단을 내리게 해 주고, 열정과 인내와 지치지 않는 후원을 보내 준 아내 로즈메리에게 감사 드린다.

차 례

서 문

이 책은 나의 생활 방식과 업무 처리 방식을 변화시키고 있다. 에너지를 증가시켜 주는 요인들에 관한 빌의 이야기는 하나같이 다 옳다. 빌은 우리가 에너지를 증가시키면서도 에너지 감소 요인들을 제거할 수 있는 ― 우리가 다른 식으로 행동할 수 있는 ― 특별한 방법을 30가지 정도 제안하고 있다. 그리고 그것들 가운데 19가지는 나에게도 딱 맞는다. 그야말로 대성공을 거둔 셈이다. 다른 방법들도 이미 어느 정도 실천해 보았지만, 그것들이 에너지를 증가시켜 준다는 확신은 아직 내리지 못한 상태다.

이 책의 가장 큰 장점은 바로 이 점이다. 빌은 우리 모두가 하는 행동과 하지 않는 행동들을 일일이 관찰했고, 그 행동들을 에너지의 맥락에서 이해했다. 그 결과 그는 우리와 우리의 행동들을 변화시킬 수 있었다. 정말로 흥미로운 점은 바로 에너지 개념이다.

한 가지 특별한 예를 들자면 다음과 같다.

지난 몇 년 동안 나는 부지런히 내 업무를 수행하고, 나의 내면에서 흘러나오는 열정과 비전을 따르면서, 동시에 어느 정도의 위험도 감수하고 행복도 느꼈다. 하지만 참 이상하게도 대부분의 시간은 점점 더 피곤해지기만 했다. 또한 나는 어떤 일이 큰 프로젝트를 완성하기 위해서는 꼭 필요한 것인지 알면서도 아드레날린이 나오기 시작하는 마감 시간에 쫓기기 전까지는 집중과 결심을 허물어뜨리면서 어째서 그 일을 날마다 해 낼 수 없을 것처럼 여겨지는지 궁금해지기 시작했다. 적당히 말해 호기심은 있었지만, 솔직히 말해 매우 걱정되는 일이었다.

그러던 차에 이 책을 읽게 되었다. 이 책을 통해 나는 사소한 것들과의 관계를 변화시키는 데서 에너지가 생성된다는 사실과, 엄청난 효과를 불러일으키는 작은 변화를 통해서 에너지가 생성된다는 사실을 알게 되었다. 예를 들면, 미루었던 일을 실천함으로써, 그동안 계속해서 나를 두렵게 만들던 일들이나 그냥 재미 삼아 한 행동 때문에 죄책감을 느꼈던 일들을 모두 다 제거해 버릴 수 있었고, 그로 인해 새로운 에너지가 생성되는 것을 알 수 있었다.

나는 좀 더 많은 시간을 안배해서 문제를 해결한다거나, 약속 장소에 조금 일찍 나갈 수 있도록 언제나 시간을 충분히 남겨둔다거나 하는 일들이, 내가 닮으려고 하는 사람에 비해서 현명한 방법이라는 것뿐만 아니라 나의 에너지를 실제로 증가시켜 준다는 사실을 깨닫게 되었다.

또 나는 사람들과의 만남이 길다고 해서 반드시 더 의미 있거나 에너지를 증가시켜 주는 것도 아님을 알게 되었다. 물론, 천천히 하는 것이 오히려 일의 속도를 높인다는 사실은 예전에도 이미 알고 있었지만 이제 나는 그것이 나에게 새로운 에너지까지도 생성시켜 준다는 사실을 알게 되었다.

이러한 에너지 관계, 에너지를 증가시켜 주는 요소들에 대한 이 같은 이해는, 지금까지 나를 당황하게 했던 삶의 무수한 단편적 요소들을 이해와 기쁨이라고 하는 하나의 새로운 영역으로 끌어올려 주었다. 어떤 의미에서, 에너지의 관계에 대한 이해는 나로 하여금 아무런 죄책감도 없이, 그저 즐거움과 활력이 넘치는 상태에서 일을 할 수 있도록 허락해 주었다고도 할 수 있을 것이다.

또한 빌의 통찰은 내 업무인 사고 환경(The Thinking Environment)에도 한 줄기 빛을 비춰 주었다. 나는 이제 사고 환경의 10가지 구성요소들이 사람들로 하여금 스스로 현명하게 생각할 수 있도록 도와준다는 것과, 또 이것들을 자신에게 적용할 때 신체적 에너지를 굉장히 증가시켜 준다는 것을 잘 알고 있다. 정말 멋진 일이 아닐 수 없다. 지금부터 이런 차원을 가르쳐 주겠다.

에너지 생성에 관한 이 신선하고도 사실적인 견해에 비추어서 생각해 보면, 무수히 많은 활동과 인간관계, 그리고 약속들과 연결되는 것도 아주 좋은 기분 전환거리가 되며, 진정한 해방까지도 만끽할 수 있게 해 준다.

빌의 생각은 완전하면서도 실행 가능한 것이어서 누구든지 쉽게 받아들일 수 있다. 그의 글 속에는 우리들 각자에 대한 애정과 인정이 담겨 있다. 그의 스타일은 그의 이론과도 일치한다. 비난과 비판 그리고 압박을 받기보다는 감사와 인정, 격려를 받는 것이 좀 더 자존심을 높여 주며, 결국은 좀 더 많은 에너지를 생성시켜 준다는 것이다.

숨가쁜 일상생활에서 그의 생각은 정말로 환영할 만한 것이다.

특히 바로 우리 앞에 있는 것들을 들여다보고, 그것들을 이해하고, 또 우리가 볼 수 있게끔 친절하게 전달해 주는 빌의 능력을 높이 평가하고 싶다.

— 낸시 클라인(Time To Think 대표)

소 개

좀 더 에너지가 충만한 사람이 되고 싶은가? 아침에 눈을 뜨는 순간 그날 무슨 일이 벌어질 것인가를 기대하는 사람, 또 저녁때까지도 에너지가 남아도는 사람이 되고 싶은가? 좀 더 차분하고, 좀 더 자제력이 있고, 좀 더 인생을 즐길 줄 아는 그런 사람이 되고 싶은가? 그것은 자신이 생각하는 것보다 훨씬 더 쉬운 일이다.

> 에너지를 소모시키는 일들은 멀리하고, 에너지를 충전시켜 주는 일들만 가까이하라.

참 간단해 보이지만 맞는 말이다. 즉 먼저 시작할 것은 당신의 에너지를 감소시키는 것들과, 반대로 당신의 에너지를 증가시켜 주는 것들을 구별해 내는 일이다. 그런 다음엔 에너지를 감소시키는 것들을 서서히 줄여 나가면서 에너지를 증가시켜 주는 것들은 점점 더 증가시키는 것이다.

그러나 이러한 방법이 통하지 않는다면 거기에는 분명히 뭔가 그럴 만한 이유가 있기 때문이다. 나에게는 잘 맞는 것이 유독 당신에게만 효과가 없는 어떤 이유가 말이다. 지금부터 나는 당신에게 변화에 필요한 실질적인 단계들에 관해 설명하고자 한다. 당신의 노력은 몇 배가 넘는 결실을 맺게 될 것이다. 이제 바야흐로 당신의 인생은 엄청난 변화를 눈앞에 두고 있는 것이다.

내가 만난 사람들 중에는 사람들이 흔히 말하는 성공을 거둔 사람이 아주 많다. 하지만 그들 역시 뭔가가 짓누르는 듯한 느낌을 받는 경우가 많다고 했다. 그들도 인생이 너무 힘들고, 솔직히 말하자면 그리 재미있는 것만은 아니라는 생각을 자주 한다. 물론 그런 생각을 하는 이유는 여러 가지일 것이다. '해야 할 일들' 의 목록이 전혀 줄어들지 않아서일 수도 있고, 당신의 다양한 역할들(배우자 · 자녀 · 손자 · 부모 · 기금 조달자 · 형제자매 · 이웃 · 종업원 · 경영주)이 요구하는 것이 너무 많아서일 수도 있다. 아니면 회의가 너무 잦아서일 수도 있고, 이메일이 너무 많아서일 수도 있으며, 차로 너무 자주 이동을 해야 한다든가, 입수해야 할 정보가 너무 많아서일 수도 있다. 어쩌면 이동 통신 때문에 다른 사람과 너무 쉽게 연락을 주고받게 되어서일 수도 있다. 그들은 통제력이 부족하다고 느끼며 끊임없이 애를 쓰지만, 그들 역시 끝이 보이지 않는 터널 속에서 영원히 빛을 보지 못하게 될 것 같은 공포감을 느낄 때가 있다. 이리저리 돌아다니며 불을 끄는 것과 비이성적인 요구들이 이제 거의 표준이 되어버린 것이다.

하지만 이런 식으로 살 필요는 없다. 당신이 좀 더 많은 에너지를 가질 수만 있다면 얼마든지 탄력적이고 융통성 있는 삶을 누릴 수 있기 때문이다. 그렇게 되면 문제도 자연히 줄어들게 마련이며, 시간이 지날수록 일이 점점 더 완벽하게 처리되고, 재발 횟수도 점차 줄어들 것이다. 그리하면 삶을 좀 더 관리할 수 있고, 좀 더 긍정적인 경험도 쌓아 갈 수 있을 것이다. 에너지를 좀 더 많이 지닌 사람들은 비슷한 사람들끼리 서로 끌리는 법이다. 그리고 그런 사람들이 같이 있어서 더 즐거워하고, 더 많은 일들을 할 수 있게 된다.

지은이

나는 아주 오랫동안 거의 에너지 없이 살아왔다. 그것은 어린 시절, 폭력적이고 예측 불가능한 아버지 밑에서 자라면서부터 시작된 일이었다. 유년기 때 나는 이미 상처를 덜 받기 위해서는 나의 에너지를 최대한 감추고 낮은 자세를 취해야만 한다는 사실을 터득했다. 성인이 되고 나서도 그런 행동을 버리지 못했다. 사회생활에 적응하는 것이 너무나도 힘들었지만, 정작 나는 나 자신이 무슨 행동을 하고 있는지, 그리고 왜 그러는지조차도 몰랐다. 결국 이런 행동 때문에 나는 사람들의 비난을 받게 되었으며, 비로소 나는 여러 가지 수단을 동원해 과연 무슨 일이 벌어지고 있는지를 살펴보게 되었다.

그 결과 나의 에너지는 예전에 비해 훨씬 더 높아졌으며, 그 뒤로 내 에너지에 영향을 미치는 요인들을 알아내서 그것에 좀 더 신속하게 대처하는 방법을 터득하게 되었다. 그때부터 승진을 거듭했고, 회사에 몇백만 파운드의 이익을 남기는 데도 기여했다. 또한 우수 사원으로 발탁되어 보너스와 표창도 여러 번 받았다.

지난 7년 간 나의 사업인 코칭 디렉터즈(Coaching Directors)를 운영해 왔다. 현재 나는 수석 코치로서 성공을 거두었고, 《더 타임즈》지에도 실린 적이 있다. 다음은 그동안 내가 배운 것들에 기초해 기록한 것이다.

에너지가 충만한 사람들

에너지가 넘치는 사람들은 그렇지 못한 사람들보다 좀 더 매력적인 인물로 비칠 뿐만 아니라 좀 더 편하고 좀 더 나은 시간을 누리고 사는 것처럼 보이기까지 한다. 그들은 평생 동안 별다른 상처나 충돌, 실패 없이도 잘만 사는 것처럼 보인다. 전통적으로 그렇게 에너지가 넘치는 사람들을 가리키는 데 사용되어 온 단어나 표현들을 열거해 보면 다음과 같다.

- 눈이 반짝인다.
- 어느 정도의 융통성
- 그들이 들어오면 방 안의 분위기가 바뀐다.
- 굉장히 매력적이다 — 당신은 그들에게 이끌리게 된다.
- 그들 곁에 있으면 기분이 좋아진다.
- 개방성
- 열정
- 자신감
- 강인하지만 부드럽다.
- 자신을 있는 그대로 받아들이는 것처럼 보인다.
- 유머 감각이 있다. 개구쟁이 기질이라 장난기가 있다.

- 시간이 많은 것처럼 보인다.
- 사귀기 쉽다.
- 현재에 충실하고 집중을 잘하며, 산만하지 않다.
- 명석함과 목적 의식을 지니고 있다.
- 긍정적 태도를 지닌 낙천주의자다.
- 자발성

반대로 에너지가 부족한 사람들은 다음과 같은 특징을 지닌다.

- 머뭇거림, 불확실성
- 변화가 없다.
- 개인적
- 성격이 모나서 다루기가 힘들다.
- 산만함
- 허약함
- 수줍음
- 쉽게 전념하지 못하고 결단력도 부족하다.
- 피로
- 비관
- 그들이 하는 말은 설득력이 없다.

지금 자신의 모습을 가장 잘 표현하는 단어는 어떤 것인가? 사람들이 당신에 대해 말할 때, 이왕이면 첫 번째 그룹에 속한 용어들을 더 많이 사용해 주는 것이 좋지 않겠는가?

> 그러면 에너지가 없는 사람은 어떤 사람일까? 아무것도, 정말 아무것
> 도 아니다. 《실락원》에서 가장 중요한 요소는 무엇인가? 그것은 바로
> 사탄의 무시무시한 에너지다! 나폴레옹의 성격 가운데 가장 위대한 특
> 징은 무엇이었을까? 그것은 바로 나폴레옹의 무궁무진한 에너지였다!
> 그가 부여받은 온갖 재능들 가운데서도 유독 그의 에너지가 최대의 찬
> 사를 받고 있는 것이다. 만일 내가 이교도였다면, 틀림없이 나는 에너지
> 동상을 세우고 그 앞에 꿇어 엎드려 절을 올렸을 것이나! _마크 트웨인

이 책은 이런 책이 아니다

독자들 중에는 이 책이 무슨 다이어트나 영양, 운동, 차크라*, 강력
한 수면법 또는 풍수지리에 관한 책이 아니라는 사실을 알고 안심한
사람도 있을 것이다. 물론 이런 것들도 나름대로는 저마다 의미가
있으며, 이들 분야에 관한 책들은 무수히 많다.

이 책은 이런 책이다

이 책은 이성적 특성에 좀 더 가까운 책이다. 그러니까 다른 것에 신
경을 쓰고 그것들에 대해 당신이 어떤 식으로 반응하는가를 살피면
서, 뭔가 조치를 취하는 책이다. 왜냐하면 그것들은 눈에 보이는 것

---

* 차크라(chakra) : 우리 몸속에는 생명 활동을 유지하기 위한 에너지가 흐른다. 이 에너지는 우리 몸속뿐만 아니라 우
  주 전체에 편재되어 있는 생명 에너지다. 동양에서는 이를 기(氣), 프라나(prana) 등으로 불러 왔다. 인체에는 이 생명
  에너지의 중심 통로가 7개 있는데, 이를 차크라라고 한다. 차크라는 산스크리트어로 '바퀴' 또는 '원형'을 의미한다.

보다 더욱 중요하기 때문이다. 내가 당신에게 바라는 것은 커다란 이익을 손에 넣기 위해서는 우선 수없이 많은 작은 단계들을 거쳐야 한다는 사실을 염두에 두고 있으라는 것이다. 이 책은 본질적으로 아주 작고 간단하고 성취 가능한 방법들에 관한 것이다. 그러나 바로 이 작은 단계들이 거대한 변화를 일으킨다.

이 책은 이렇게 읽어라

이 책은 처음부터 끝까지 차례대로 읽을 필요가 전혀 없다. 마음대로 아무 곳이나 먼저 읽어도 된다. 당신은 이 책을 읽으면서 동시에 훈련을 쌓아도 되고, 아니면 나중에 쌓아도 된다. 아니 전혀 훈련을 하지 않아도 별 문제는 없다. 하지만 분명히 말하건대, 만일 당신이 완벽한 효과를 누리고 싶다면 이 책을 반드시 끝까지 다 읽어야 하며, 훈련도 쌓아야 한다. 물론 이 책을 일부분만 읽는다 하더라도 나름대로 얻는 것이 매우 많으리라 확신한다.

이 책을 다 읽을 때쯤이면 이렇게 될 것이다

이 책에 제시된 단계들을 그대로 따라가기만 한다면, 당신은 다음과 같이 변해 있을 것이다.

- 개선해야 할 요소들이 아주 사소한 것에 이르기까지 모두 다 바뀌어 있을 것이다. 당신은 원했지만 결국은 ─ 그것을 무시하도록 만드는 에너지 때문에 ─ 무시할 수밖에 없었던 극히 사소한 것들까지도 말이다.

- 삶의 혼란 — 많은 양의 에너지를 고갈시키는 — 이 말끔히 사라질 것이다.
- 당신에게 최선의 결과를 안겨 주는 사람들과 좀 더 많은 시간을 같이하게 될 것이다.
- 자신의 천부적인 능력이 무엇인지를 정확히 알게 될 것이고, 그 장점을 좀 더 자주 사용하게 될 것이다.
- 비상시에도 그 여파가 적게 미치고 걱정도 덜 수 있도록 당신의 삶 속에 비상시 사고에 대비한 예방책을 마련해 두게 될 것이다. 또 이로 인해 자신의 문제 해결 능력과 에너지가 역시 증가할 것이다.
- 당신의 에너지를 증가시켜 줄 활동들을 계획하고 그 계획을 규칙적으로 실천하게 될 것이다. 그리고 이러한 활동들이 결코 선택 사항이 아닌 당신을 재충전해 주고 나아가 당신 삶의 온갖 요구들을 처리할 수 있도록 도와준다는 사실을 깨닫게 될 것이다.
- 당신의 삶에서 단점들만 바라보는 대신에 장점들, 풍요로운 요소들을 인정함으로써 삶을 좀 더 즐길 수 있도록 당신의 관점이 변화되어 있을 것이다.
- 다른 사람들과의 만남이 좀 더 잦아질 것이고, 또한 다양한 사람들과의 긍정적인 만남을 통해서 당신의 에너지가 증가하는 것도 느낄 수 있을 것이다.
- 비록 속도는 느리지만 좀 더 많은 일을 완성할 수 있을 것이다. 행복을 누리는 게 좀 더 쉽다는 사실을 깨닫게 될 것이다.
- 자녀를 다루는 일이 좀 더 쉬워질 것이고, 따라서 피곤한 일도 줄

어들 것이다.

- 도움이 필요할 경우 좀 더 많은 도움을 얻을 수 있을 것이며, 과정
  은 점점 더 빨라질 것이다.
- 당신의 에너지를 고갈시키는 일과 증가시키는 일을 좀 더 신속하
  게 구별할 수 있고, 그 결과 좀 더 에너지를 증가시켜 주는 쪽으로
  행동을 취하게 될 것이다.

사례 연구

내가 코치하고 있는 고객들 가운데 마크 윌슨이란 사람이 있는데,
그는 현재 잉글랜드 남동부의 서리(Surrey) 주에서 독자적인 재정 고
문으로 활동하고 있으며, 나에게 코치를 받기 전까지도 계속해서
성공적으로 사업을 운영하던 사람이었다. 40세의 마크가 갑자기 코
치를 받기 시작한 것은 뭔가 특별히 개선하고 싶은 것이 있어서가
아니라 단지 호기심 때문이었다. 우리는 다양한 주제를 놓고 연구
를 했으며, 거의 대부분은 에너지를 관리하는 것이 핵심 주제였다.
일 년 동안 코치를 받은 뒤에 그의 삶은 몇 가지 놀라운 변화를 일으
켰다.

- 그는 일주일에 한 번씩 골프를 치게 되었다.
- 그는 이제 저녁에는 거의 일을 하지 않게 되었다.
- 그는 친구들과 다시 관계를 맺게 되었다.
- 그는 가족과 더 많은 시간을 보내게 되었다.
- 그는 이제 더 이상 가족과 함께 있는 동안에 마치 '안개 속을 헤매

고 있는 것 같다' 는 생각을 하지 않게 되었다.

- 그는 스스로를 완벽하게 통제하고 있다고 생각하게 되었다.
- 그의 아내가 그에게 자연스럽게 말하기를, "마치 예전의 당신으로 되돌아간 것 같아요." 라고 했다.
- 그는 업무 시간을 매주 66시간에서 평균 42시간으로 대폭 줄였다.

당신들 중에는 그가 이런 결과를 얻기 위해서 혹시나 사업을 위험에 빠뜨린 건 아닌가 하고 의아해하는 사람들도 더러 있을 것이다. 하지만 전혀 그렇지 않다. 이 모든 변화를 겪으면서도 그가 운영하는 회사 매출은 오히려 세 배로 껑충 뛰었다. 어떻게 그럴 수 있었을까?

첫째, 그는 새로운 아이디어에 전적으로 개방된 아주 비범한 사람으로서 성장의 기회를 항상 노리고 있었다. 둘째, 그는 이 책에 제시된 아이디어를 그대로 실행했다.

부가적인 이익

에너지가 넘친다는 것은 삶의 모든 영역에 영향을 준다. 나는 고객들이나 워크숍에 참석한 청중들에게, 이 책에 거론된 방법으로부터 그들이 얻을 수 있었던 이익이 과연 무엇이었는지를 물었다. 그들의 대답은 다음과 같았다.

- 어떤 것들이 나에게 어떤 식으로 영향을 미치는가를 좀 더 잘 알게 되었으며, 내가 그 상황을 처리할 수 있다는 생각을 좀 더 강하

게 갖게 되었다.

- 내 스스로 좀 더 통제력이 있다고 여기게 되었으며, 언제나 혼자만 뒤처진 것 같다는 느낌이 줄어들었다.
- 내가 하는 일들을 좀 더 즐길 수 있게 되었다.
- 좀 더 많은 것들을 성취할 수 있게 되었다.
- 일의 성과도 훨씬 더 나아졌다.
- 좀 더 많은 이득을 얻게 되었다.
- 세상에 대해 좀 더 긍정적인 생각을 갖게 되었다.
- 문제 해결이 훨씬 더 수월해졌다.
- 규칙적으로 하는 일들이 줄어들었다.
- 좀 더 적극적으로 행동을 취하게 되었다.
- 적은 노력으로도 일을 성사시킬 수 있게 되었다.
- 만족스럽지 못한 상황임에도 불구하고 참아야만 했던 일들이 사라졌다.
- 좀 더 현재에 충실한 느낌을 갖게 되었다.
- 스트레스를 덜 받게 되었다.
- 시간 개념이 좀 더 뚜렷해졌다.

에너지가 좀 더 충만해지면 우리는 좀 더 낙천적인 사람이 될 수 있다. 이미 심리학자들은 낙천주의가 생산성과 연결되어 있다는 사실을 증명해 낸 바 있다. 심리학자인 셀리그만과 슐만은 생명보험 판매원들의 판매 실적과 낙천주의의 상관 관계에 관해 연구했다. 그들은 낙천주의를 평가하기 위해 문서 테스트를 실시했고, 그렇게 하기 위해 실험자들을 두 그룹으로 나누었다. 중간 이상의 사람들과 중간 이하의 사람들 — '낙천주의자들' 과 '비관주의자들' — 로 말이다. 그런 다음 그들은 이 두 그룹에 속한 사람들이 다음 2년 동안 기록한 판매 실적을 비교 조사했다.

첫해에는 낙천주의자들이 비관주의자들보다 29% 더 많은 보험 상품을 판매했다. 그리고 이듬해에는 그 차이가 좀 더 확연해졌다. 낙천주의자들이 비관주의자들보다 무려 130%나 많은 보험 상품을 판매한 것이다. 이처럼 좀 더 낙천적인 사람이 된다는 것은 그저 단순히 좋은 효과만 지닌 게 아니다. 낙천적인 사람이 되면 중요하고도 장기적인 생산성에 놀라운 변화가 발생하기 때문이다.

에너지 등급 평가

현재 당신의 에너지 등급을 정확하게 평가하기 위해서는 다음 항목들을 잘 읽어 보아야 한다. 당신에게 적합한 항목에는 체크를 하고, 당신과 관련이 없는 항목은 그냥 무시하면 된다. 그리고 맨 아래 표를 보고 당신의 총점을 비교하라. 깊이 생각하지 말고 가장 먼저 떠오르는 것을 신속하게 체크하는 것이 중요하다.

1. 가끔씩은 친구를 만나는 데도 많은 노력이 필요한 것 같다. ☐
2. 언제나 성급하게 움직인다. ☐
3. 점심을 먹기 위해 하던 일을 그만둔 적이 거의 없다. ☐
4. 아침에 잠에서 깨면 피로감을 느낀다. ☐

5. '해야 할 일들'의 목록이 줄어들 기미가 전혀 보이지 않는다. ☐

6. 운동을 할 시간이 전혀 없다. ☐

7. 종종 업무나 하루 일과를 시작할 수가 없다. ☐

8. 저녁에 전화가 오면 누군가가 얘기를 나누고 싶어서 전화했을까 봐 두렵다. ☐

9. 저녁 시간은 다음 날을 위한 준비 시간으로 이용한다. ☐

10. 하루가 끝나갈 무렵이면 언제나 피곤하다. ☐

11. 취미는 모두 보류 상태에 있다. ☐

12. 계획은 무리하게 꽉 짜여져 있다. ☐

13. 가게 점원들에게 먼저 말을 걸지 않는다. ☐

14. 매일 한 시간 이상씩 텔레비전을 시청한다. ☐

15. 대부분의 경우 적당한 시간에 식사를 하지 않는다. ☐

16. 삶이 언제나 힘든 싸움처럼 여겨진다. ☐

17. 밤늦게 잠자리에 든다. ☐

18. 지금 일을 그만둔다면 저축으로는 단 일 년도 버틸 수 없을 것이다. ☐

19. 도움을 청하지 않는다. ☐

20. 자주 늦는다, 아니면 거의 대부분 늦는다. ☐

21. '아니오'라는 대답이 불가능하다는 사실을 잘 알고 있다. ☐

22. 종종 인생에는 이것 말고도 뭔가가 더 있어야 한다고 생각한다. ☐

23. 다른 사람들에게 자주 칭찬을 해 주지 않는다. ☐

24. 종종 다른 사람의 말을 끊어 버리고 그들의 말을 마무리한다. ☐

25. 나의 개인 신상 서류를 작성할 필요가 있다고 느낀다. ☐

26. 가전 제품 가운데 몇 가지는 수리할 필요가 있다. ☐

27. 일을 끝내는 것이 너무 힘들다. ☐

28. 종종 납세 신고서를 제때 내지 못할 때가 있다. ☐

29. 종종 '그때 이렇게 말했으면 좋았을 것을…' 하고 후회한다. ☐

30. 어려운 대화는 회피하기를 좋아한다. ☐

31. 전화와 편지, 이메일을 제때 처리하지 못한다. ☐

32. 나 자신에게 투자할 시간이 충분치 않다. ☐

33. 집 주변에 관심을 기울여야 할 사소한 일들이 많이 쌓여 있다. ☐

34. 언제나 기름이 거의 바닥날 지경이 되어야 주유소에 간다. ☐

35. 내 차는 석 달이 넘도록 내부 청소를 하지 않았다. ☐

36. 가장 친한 친구를 만날 기회가 거의 없거나 아예 그런 친구가 없다. ☐

37. 별로 좋아하지 않는 일들을 많이 한다. ☐

38. 종종 산다는 게 전혀 행복하지 않다. ☐

39. 내 문제는 혼자 내 힘으로 해결하고 싶다. ☐

40. 온갖 위험을 회피하고 싶다. ☐

합계 총점 (문항 한 개당 0.5점) ———

당신의 점수는 어떻게 나왔는가?

• 5점 이하

당신은 이미 자신의 에너지를 고갈시키는 요소들을 상당히 많이 제거해 놓은 상태다. 당신에게 이 책은 일종의 '조율' 이 되어 줄 것이다.

• 6~15점

당신은 당신의 에너지를 고갈시키는 요소들을 어느 정도 제거해 놓은 상태다. 그러나 아직도 개선해야 할 점이 매우 많다.

- 16점 이상

    당신은 당신의 에너지를 고갈시키는 수많은 요소들을 회피해야 한다. 달리 표현하자면 당신은 아직도 유용한 에너지를 증가시킬 만한 잠재력이 무한한 상태다.

제1장

잘 준비하라

*삶의 질을 높이기 위해서는 자기 자신을 좀 더 잘 알고,
좀 더 원대한 포부를 가져야만 한다. 좀 더 많은 에너지를 향해
좀 더 빨리 발전하려면 우선 자신의 태도부터 변해야 한다.*

이 책을 통해 최대의 효과를 얻기 위해서는 당신의 일부 태도와 관점부터 먼저 변화시켜야 한다. 물론 그런 변화 없이도 어느 정도의 효과는 얻을 수 있다. 하지만 이 책에서 지적한 포인트를 그대로 적용한다면 발전 속도가 훨씬 더 빨라질 것이다. 에너지가 충만한 사람들은 보통 사람들과는 약간 다른 시각을 지니고 있다. 당신도 배우기만 하면 얼마든지 그렇게 될 수 있다.

- '작은 음성'에 귀 기울여라.
- 좀 더 민감해지고, 사소한 부분까지 주의를 기울여라.
- 이기적인 사람이 되어라, 자기 계발에 관한 한.
- 당신이 원하는 바를 좀 더 강하게 주장하라.
- '해야 돼'에서 '할 수 있어'로 바꿔라(당신이 원하는 것을 할 수 있도

록 자기 자신을 허락하라.)

- 에너지를 없애는 일과 증가시키는 일을 구별하라.
- 많은 작은 요령을 잘 적용하라.
- 매일 실천에 옮겨라(생각만으로는 부족하다).

어쩌면 이 책을 여기저기 대충 읽다가 각기 다른 순서로 이 부분에 도달했는지도 모른다 ― 그래도 괜찮다. 각 부분들은 각기 독립적인 동시에 서로 연결되어 있다. 그러므로 호기심을 끄는 아이디어가 있다면 언제든지 그 부분으로 되돌아가라. 어떤 부분은 즉각적인 인상을 심어 주기도 할 것이고, 또 어떤 부분은 어느 정도 시간이 흘러야 그 주변부터 부글부글 끓기 시작하기도 할 것이다. 그러므로 가장 적합하다고 여겨지는 때에 그것을 실행에 옮겨라. 아마 어떤 부분은 이 책에 설명된 것과는 달리 효과를 안겨 주지 못할 수도 있다. 그렇다고 해서 그것을 당장 거부해 버리지는 말라. 어떤 부분이 당신의 맘에 드는지, 또 어떤 부분이 확실하지 않은지 알아보라. 어떻게 하면 그것들을 당신의 삶에 좀 더 잘 맞게 바꿀 수 있는지 생각해 보고, 당신에게 맞는 것을 실행에 옮겨라. 비록 당신이 동의하지 않는 부분일지라도 결코 마음을 닫아 버려서는 안 된다. 모든 것을 기꺼이 실험해 보아야만 한다.

이 책은 바쁜 사람들을 위해 쓰여진 책이다. 따라서 나는 이 책을 짧게 써야만 했다. 그러면서도 독자들이 좀 더 깊이 있는 배움과 아이디어를 실천하기 위해서 다시금 돌아오고픈 마음을 품게 되기를 바랐다. 때로는 아주 똑같은 것도 어떻게 보느냐에 따라 상당히 큰 차이점을 발견할 수 있는 법이다. 우리는 언제나 변하게 되어 있으며, 우리의 반응이 달라지는 것은 아주 자연스런 일이다. 그러므로 이렇게 다양한 반응을 경험할 수 있도록 당신 자신에게 시간과 공간을 충분히 부여하라.

내가 한 가지 강력하게 권하고 싶은 것은 함께 이런 자료들을 실천할 형제나 친한 친구, 파트너 또는 코치를 찾는 일에 좀 더 적극적으로 나서라는 점이다. 좀 더 많은 시간을 같이하고픈 사람을 찾아내라. 그리고 한 달 동안 이 책의 일부분을 주제로 함께 토론해 보라. 필요하면 전화 통화를 통해서라도 그 사람과 정기적인 만남을 가져라. 서로에게 관심을 집중하고, 서로를 도우며, 서로를 책임질 수 있을 정도로 말이다.

작은 음성에 귀 기울여라

내가 이 책을 집필하고 있을 때 한 친구가 이메일을 보냈다. 그는 내게 에너지를 높일 수 있는 가장 중요한 방법이 무엇이냐고 물었다. 나는 일을 멈추고 몇 분 동안 생각에 잠겼다. 여러 가지 면에서 나는 에너지를 증가시킬 수 있는 가장 중요한 방법은 바로 '작은 음성'에 귀 기울이는 것이라고 생각한다. '작은 음성'은 당신의 가장 친한 친구이면서도 너무나 자주 무시를 당하는 존재다. 만일 당신이 그 음성에 자세히 귀를 기울이고 그 음성이 말하는 대로 실천한다면 나머지는 거의 다 저절로 해결될 것이 틀림없다. 문제는 그 음성이 우리 삶의 소음들 때문에 너무나도 쉽게 묻혀 버린다는 데 있다.

> 홀로 있을 때 들리는 음성이 있다. 하지만 우리가 세상 속으로 들어가는 순간, 그 음성은 희미해져서 더 이상 들리지 않게 된다. _랄프 왈도 에머슨

나의 고객들 가운데 한 사람은 가끔씩 자신의 고객 중 한 사람에게 곧바로 전화를 걸어야겠다는 생각이 문득 들 때가 있다고 한다. 원래는 다음 주쯤에나 전화해 봐야겠다고 마음먹고 있다가도 역시 그는 자신의 작은 음성에 응답하는 쪽을 신중히 선택하고 그 사람에게 즉시 전화를 한다. 그리고 그 과정에서 그가 깨닫는 것은 이런 식으로 전화를 하면 그 사람과 곧바로 연결되며, 그쪽에서도 마침 그에게 전화할 생각을 품고 있었다는 사실이다. 이렇게 해서 그가 얻게 되는 이익 한 가지는, 전화를 미룸으로써 생기는 에너지 소모를 피하게 되었다는 점이다. 자신의 '작은 음성'에 즉각적으로 응답하는 것은 효율성을 증가시키는 좋은 방법이다.

메시지는 점점 더 강하게 반복되는 경우가 많다. 그 순서는 다음과 같다.

1. 삶의 메시지 — 만일 잊지 않고 '작은 음성'에 귀를 기울인다면 분명히 그것으로부터 교훈을 얻고, 이를 실행에 옮길 만한 기회를 포착하게 될 것이다. 하지만 만일 당신이 '작은 음성'을 듣지 못하고 놓친다면 다음 단계의 메시지가 당신에게 주어질 것이다.

2. 문제 — 만일 스스로 문제들을 신속하게 해결해 내지 못하더라도 여전히 다음 단계의 메시지가 기다리고 있다.

3. 위기 — 이것은 너무나도 확실한 메시지여서 결코 무시할 수 없을 것이다.

작은 메시지들은 좀 더 나은 상황으로 나아갈 수 있는 단서들을 여러 번 반복해서 제공한다. 또한 작은 메시지들은 좀 더 강력한 메시지가 필요해지기 전까지 나름대로 상황을 조정할 수 있는 기회를 제공해 주기도 한다. 나는 아내 로즈메리가 스트레스를 받으면 자기도 모르게 경적을 누르는 횟수가 늘고 또 모퉁이를 돌 때마다 차 뒷바퀴가 보도에 부딪힐 것 같은 느낌을 받는다는 사실을 아주 잘 알고 있다. 나는 아내가 이런 사고의 메시지들을 생각해 보기 위해 차를 멈춘다면 아마도 다음과 같은 메시지가 들려올 것이라고 생각한다.

"정말 너무하군. 속도를 늦추고 잠깐 휴식을 취해야 해. 이제 다음 메시지는 가벼운 충돌이라고. 자, 어서 작은 음성에 파장을 맞춰야지."

때때로 우리는 '작은 음성'에 귀 기울이지 않기 위해서 일부러 끝없이 바쁜 일을 만드는 것처럼 보이기도 한다. 특히 그 음성이 우리를 불안하거나 두렵게 만드는, 또는 불편하게 만드는 것일 경우에 말이다. 하지만 이것은 어디까지나 지연 전술에 지나지 않는다. 차라리 속도를 늦추고, 조금이나마 빨리 진실에 귀 기울임으로써 위험과 직접적으로 대면하는 것이 훨씬 더 나은 방법일지도 모른다. 이제 일이나 분주함을 마취제로 이용하는 일은 그만두어라.

만일 당신이 지금 일이나 소음에 둘러싸여 있다면, 또는 방마다 침묵을 채워 줄 텔레비전과 라디오와 CD 플레이어를 켜 놓고 이 방 저 방 돌아다니고 있다면, 작은 음성에 귀 기울이는 일이 훨씬 더 힘들 것이다. 작은 음성이라고 해서 중요하지 않은 것은 절대로 아니다. 그 음성이 작은 것은 이제까지 우리가 그것에 귀를 기울이지 않았기 때문이며, 또 서로 문화가 달라서 그것을 충분히 신뢰하지 않았기 때문이다. 그 음성은 자신의 직관에서 나오는 것이며, 어려운 상대들과 경쟁을 벌이고 있기 때문에 우리가 키워 주어야만 하는 음성이다.

그렇다면 어떻게 해야 이 음성에 파장을 맞출 수 있을까? 다음에 몇 가지 아이디어가 있다.

- 20분 동안 아무 일도 하지 말고 조용히 앉아 가만히 있는다.
- 명상을 한다.
- 일지를 쓴다(제9장을 참조하라).
- 라디오를 켜지 않고 드라이브를 한다.
- 라디오를 켜지 않고 요리를 하거나 다른 손 작업을 한다.
- 일과표에 생각할 시간을 할당한다(63쪽을 참조하라).

> 몽상은 결코 공허한 마음이 아니다. 그것은 오히려 영혼의 충만함을 깨닫게 하는 한 시간 동안의 선물이다. _ 가스통 바슐라르

당신에게 에너지를 가져다 줄 만한 아이디어들을 한번씩 실험해 보라. 그리고 어떤 변화가 일어나는지를 생각할 수 있도록 잠시나마 혼자만의 시간을 가져 보라. 아마도 당신은 좀 더 차분해지면서 집중이 잘되는 느낌, 좀 더 또렷해지면서 에너지가 넘치는 느낌, 그리고 스트레스가 줄어드는 느낌을 받게 될 것이다. 어떤 일이 생기는지를 한번 관찰해 보라. 단, 어떤 변화를 탐지하기 위해서는 이런 훈련을 적어도 한 번 이상은 해야 한다는 사실을 잊어서는 안 된다.

당신은 주변 사람들에게도 이 방법을 가르쳐 줘야만 한다. 한번은 밤늦게 침대에 누워서 책을 가슴에 놓은 채로 빈 공간을 응시하고 있는데, 아내 로즈메리가 욕실에서 나오더니 내 모습을 보고는 뭐가 잘못되었느냐고 물었다. 그제서야 나는 내가 무엇을 하고 있는지 아내에게 설명해 주지 않았다는 사실을 깨닫게 되었다. 그때 나는 책에 온 정신을 집중하기가 힘들었고, 그래서 뭔가 끝마치지 않은 일이 있나 보다 하고 생각하게 되었다. 나는 책을 내려놓고 몇 분 동안 마음속으로 이곳저곳을 돌아다녔다. 그리고 준비가 되었다고 생각한 순간 책으로 되돌아왔던 것이다. 때때로 나는 무슨 일을 끝마치지 않았는지 알기도 하지만, 알지 못할 때도 많다. 그것은 의식적인 인식의 한계를 넘어선 것이다. 나는 아직도 이따금씩 그런 행동을 취한다. 비록 로즈메리에게 그 이유를 설명해 주긴 했지만 여전히 아내가 나를 정신이 조금 이상한 사람으로 보지 않을까 걱정하고 있다.

좀 더 민감해지고, 사소한 것에까지 주의를 기울여라

당신은 '작은 음성'에 귀를 기울여야 할뿐만 아니라, 당신의 몸 밖에서 어떤 일이 벌어지고 있는지, 그리고 그 일이 당신에게 어떤 영향을 미치는지 잘 알 수 있도록 의식도 민감해져야 한다. 아무리 사소한 것이라 할지라도 겉으로 보이는 것보다는 훨씬 더 중요하다. 그것을 무시하지 말고 좀 더 파장을 맞춰 보라. 이러한 예민함이야말로 당신이 어떤 행동을 취해야 하는지를 가르쳐 주기 때문이다. 이것은 자동차에 좀 더 민감한 계량기를 장착하는 것이나 발생할 만한 문제를 미리 발견해 엔진 고장을 피할 대책을 강구할 수 있는 신호를 보내는 것과도 같다.

우리가 관심을 기울이면 기울일수록 이러한 예민함이 자연히 발달한다는 것은 아주 반가운 소식이다. 일단 당신의 에너지에 영향을 주는 요인을 알아차리기만 하면, 우리는 자동적으로 '파장을 맞추게' 되어 있다. 이것은 마치 새 차를 구입한 다음에야 비로소 어떤 사람이 자기 차와 똑같은 모델을 운전하고 있다는 사실을 알아차리는 것과도 일맥상통하는 현상이다. 도대체 무슨 일이 벌어진 것일까? 수많은 사람들이 정말로 자신과 똑같은 날 똑같은 차를 구입하기로 공모라도 한 것일까? 단지 당신이 특별한 느낌을 갖지 못하게하기 위해서? 어쩌면 그럴지도 모른다. 하지만 이는 전혀 있을 법한이야기가 아니다. 좀 더 타당한 설명은 의식이 미치지 않는 단계에서 우리는 좀 더 잘 인식하게 된다는 것, 그리고 뇌의 일부는 '흥미로운 차'라는 꼬리표가 붙은 이러한 현상들을 찾아다니면서 끊임없이 당신에게 그것을 발견했다고 말한다는 것이다. 여기 한 대 있다. 저기도 한 대 있다. 또 한 대 있다. 한 대 더 있다.

만일 당신이 더욱더 예민해지고 싶다면, 한 가지 방법이 있긴 하다. 우선은 다음 표에서 당신이 연구하고 싶은 감각적 예민함을 하나 선택하라. 시각과 청각은 당신의 눈과 귀를 사용하는 것을 말한다. 또 운동 감각은 자신의 몸 안에 있는 감각 기능 — 근육 운동이나 감정에 관한 자신의 내면적 인식 — 을 가리킨다. 그리고 좁다와 넓다는 당신의 관심이 얼마나 집중적으로 몰려 있는가를 가리킨다.

다음의 12가지 옵션들 가운데서 하나를 고른 디음, 5분간 그 영역에서 당신이 감지한 것들을 생각해 보는 시간을 가져라. 예를 들어서, 만일 당신이 당신의 왼발 새끼발가락에서 무슨 일이 벌어지고 있는지를 생각해 보고 싶다면, 좁다 · 내부 · 운동 감각이 교차하는 영역에서 시작하면 된다 — 그 발가락의 삶이 얼마나 풍요로운가를 깨닫는 순간 당신은 깜짝 놀라게 될 것이다. (언제 대중 교통 수단을 이용해 이동을 하는 경우가 있을 때 꼭 한번 실행해 보라.) 또 당신은 넓다 ·

	내부		외부	
	좁다	넓다	좁다	넓다
시각				
청각				
운동 감각				

청각·외부가 교차하는 지점에서 방 밖에서 들려오는 온갖 소음에도 귀 기울여 들어 볼 수도 있다. 이 세상과 우리의 몸은 언제나 지나치게 많은 감각적인 정보들로 둘러싸여 있는데, 자연스럽게 그 감각적인 정보들을 여과해 당신이 통제하기 쉽게 만들고 있다. 만일 그렇지 않다면 우리는 모두 미쳐 버릴 것이다. 위와 같은 훈련은 우리가 그 여과기를 제대로 작동할 수 있는 기회를 부여해 주는 셈이다.

> 사소한 것은 아무것도 없다. 아무리 사소한 것이라 할지라도 우주의 필수 요소이기 때문이다.
>
> _ 패니 페른

그러므로 사소한 것들을 눈여겨보라. 사소한 것들도 결국은 우주의 메신저다. 사소한 관심거리나 사소한 에너지의 저하까지도 놓치지 마라. 어깨가 약간 처져 있다거나, 머리를 떨구고 있다거나, 긴 한숨을 내쉬는 등의 사소한 행동에도 주의를 기울여라. 우리의 몸은 매우 정교하고, 또한 놀라울 정도로 민감하다. 어떤 경우에는 우리 몸 안에서 일어나고 있는 변화를 우리 자신보다도 다른 사람이 먼저 알아보기도 한다. 이러한 변화가 얼마나 정확한 것인가는 전에 내가 참석했던 NLP* 훈련 과정에서 이미 확실하게 증명된 바 있다. 트레이너가 지원자 한 명에게 부탁하기를, 무대 앞으로 나와서 청중에게 등을 돌리고 서 있으라고 했다. 그런 다음 자기가 정말로 좋아하는

---

* NLP는 신경 언어 프로그래밍(Neuro Linguistic Programming)의 약자. '신경'이란 보고 듣고 느끼고 맛보고 냄새 맡는 오감의 정신적인 전달 경로인 신경계를 뜻한다. '언어'라는 것은 언어를 사용하고 특정한 단어나 문구를 통해 우리의 정신 세계를 반영하는 능력을 말한다. 다시 말해 의식보다 잠재의식에 비중을 두고 마음을 다스려서 자신이 가진 능력을 최대한 발휘하도록 만드는 새로운 방법이 바로 NLP다.

사람을 떠올려 보라고 했다. 그리고 청중들에겐 그녀의 행동을 자세히 살펴보게 했다. 다음으로 그녀는 정말 견딜 수 없을 정도로 싫은 사람을 떠올려 보라는 부탁을 받았다. 그리고 청중에게는 또다시 그녀의 행동을 살펴보게 했다. 이번에는 트레이너가 그녀에게 머리카락이 짧은 사람을 한 명 떠올려 보라고 했다. 물론 그 사람이 누구인지는 청중에게 가르쳐 주지 않았다. 청중은 그녀가 누구를 생각하고 있는지 추측해야만 했다. 그런 다음 그녀가 청중에게 정답을 말해 주었다.

이런 훈련은 여러 가지 질문들을 가지고 10회나 반복되었다. 예를 들면 그녀가 더 오랫동안 알고 지내 온 사람이나, 더 가까이 살고 있는 사람이나, 더 나이가 많은 사람 등을 떠올려 보라는 식의 질문들 말이다. 매번 청중은 그녀가 생각하고 있는 사람이 누구인가를 짐작으로 맞혀야 했다. 그리고 청중들의 추측이 끝나면 그녀가 정답을 가르쳐 주었다. 이런 훈련을 통해 청중들은 자신의 관찰력을 세밀하게 조정할 수 있는 여러 번의 기회를 갖게 되었고, 결국 대부분의 청중들은 정답을 맞힐 수 있게 되었다.

만일 외부의 변화가 분명하다면 내부의 변화는 두말할 필요도 없이 더더욱 분명해질 것이다. 내부의 변화는 지금 우리의 관심을 필요로 하고 있다. 물론 여기에는 시간과 침묵이 필요하다. 이것은 하나의 도전 — 우리의 내부에서 과연 무슨 일이 벌어지고 있는가를 좀 더 빨리 알아차릴 수 있도록 모든 행동과 분주함을 멈춰야 하는 어려움 — 인 것이다.

이기적인 사람이 되어라, 자기 계발에 관한 한

자기 자신의 상태가 좋으면 좋을수록 다른 사람들에게 더 많은 도움을 제공할 수 있다. 이 일을 성취하기 위해서는 당신 스스로 좀 더 이기적인 사람이 되어야만 한다. 이 책의 나머지 부분이 선도적 역할을 해 줄 것이다.

> 자기 계발을 조금만 실험해 보더라도, 우리들 대부분은 굉장히 놀라운 결과를 맞보게 될 것이다.
> _ 줄리아 카메룬

　여기서 이기적이어야 한다는 말이 다소 논쟁을 일으킬 수도 있다. 몇몇 사람들에게는 이 생각이 처음부터 상당한 문제를 안겨 줄수도 있다. 아마도 그런 사람들은 이기적이어야 한다는 말이 다른 사람들을 짓밟고 올라가는 것, 오로지 자기 자신만 생각하는 것이라고 받아들일 것이기 때문이다. 하지만 이 말은 결코 그런 의미가 아니다. 여기서 이기적이어야 한다는 말의 의미는, 마치 배터리가 나가서 도움을 청하고 있는 사람을 도와줄 때와 마찬가지로, 건강한 자기 계발을 최우선으로 삼아야 한다는 뜻이다. 전문가들의 충고에 따르면, 케이블을 연결한 다음에는 배터리가 나간 차의 엔진을 작동시키기 전에 먼저 자기 차의 엔진부터 작동시켜야만 한다고 한다. 그래야만 그 차를 출발시킬 때 자기 차의 배터리를 소모시키지 않게 된다는 것이다. 또한 비행기의 안전 수칙에 따르면, 자녀를 돌보기 전에 당신이 먼저 산소 마스크를 착용하라고 되어 있다. 그렇게 해야만 하는 이유를 한 가지 들자면 만약의 경우 당신이 자녀부터 먼저 도우려 했다간 자칫 목적을 달성하기도 전에 의식을 잃어버릴 수 있기 때문이다. 또다른 이유는 당신의 필요부터 먼저 챙겼을 경우 조금이나마 불안감을 잠재울 수 있으며, 그래야만 다른 사람도 더 잘 돌봐줄 수 있기 때문이다.

> 진정으로 자기 자신을 돌볼 수 있을 때 비로소 우리는 다른 사람들도 좀 더 소중하게 돌볼 수 있다. 우리가 자기 자신의 필요에 대해 좀 더 주의를 기울이고 민감하게 반응할수록 다른 사람들에게ㄷ 좀 더 많은 사랑과 아량을 베풀 수 있다. _ 에다 르샨

　자기 계발은 다음과 같은 방식으로 작용한다. 자기 계발은 당신이 다른 사람들을 좀 더 잘 도울 수 있는 위치에 설 수 있도록 확고한 토대를 제공해 준다. 그래서 당신 자신을 잘 돌보면 돌볼수록 다른 사람들도 더 잘 돌볼 수 있게 되는 것이다. 아마도 당신은 무슨 일이든 자기 자신보다는 다른 사람들의 필요부터 채워 주려고 노력하기 때문에 오히려 화를 내고 안달하는 사람들을 많이 보아 왔을 것이다. 아니, 어쩌면 당신 자신이 그런 사람에 속할지도 모른다.

　그렇다면 우리는 어째서 선천적으로 자기 자신을 좀 더 잘 돌보지 못하는 것일까? 어째서 우리는 자기 자신을 무시해 버리고 결국에는 자기 자신을 더 잘 돌보라는 충고를 들어야만 할까? 그것은 우리가 이기적인 사람으로 성장할 경우 남들로부터 비판을 받게 되는

것과도 어느 정도 관련이 있을 것이다. 우리는 전 세계를 막론하고 이기적인 사람으로 성장하는 것은 나쁜 일이라고 배워 왔다. 우리들 중에는 '가족은 나중에' 라는 규범 아래 성장한 사람들이 많다. '가족은 나중에' 란 말은, 불시에 손님이 들이닥쳤을 때 음식이나 케이크 같은 것이 충분치 않아서 모든 사람이 골고루 나눠먹는 상황에서도 손님의 필요를 우선적으로 채워 주어야만 한다는 원칙을 뜻한다. 이러한 세계관 속에는 파이의 크기는 그대로인데 이기적인 사람이 한 명 있어서 나머지 사람들은 결국 파이를 덜 먹게 된다는 가정이 내포되어 있다. 하지만 이것은 언제나 진실이 아니다. 만일 어떤 사람이 자신의 몸을 돌보기 위해 운동을 한다고 가정해 보자. 그렇다고 해서 나머지 사람들이 운동을 덜하는 것은 아니지 않는가? 이와 마찬가지로 만일 어떤 사람이 멋진 음악을 들으며 거품 목욕을 하고 있다고 해서 나머지 사람들은 절대로 그렇게 하지 말아야 한다는 법은 없다. 우리는 자라면서 그 누구에게도 도가 지나칠 정도로 이기적인 사람이 되어도 좋다는 가르침을 받아 본 적이 없다. 그렇기 때문에 우리는 점점 더 남을 도울 수 없는 처지에 빠지고 마는 것이다. 이기적인 사람을 향한 비난은 결핍에 기반을 둔 사고방식에서 생겨난 것이다. 반대로 자기 계발에 관한 건전한 시각은 풍요에 기반을 둔 사고방식이다. 결핍의 사고방식은 모든 것이 골고루 나누기에는 부족한 상황이므로 결국은 다른 사람들이 갖지 않아야 자기 몫이 생긴다는 가정에 기반을 두고 있다. 그러니까 만일 당신이 갖지 않는다면 다른 사람들의 몫이 늘어나는 것이다. 반면, 풍요의 사고방식은 다른 사람들의 것을 빼앗지 않고 모든 사람이다 각자의 필요를 채우더라도 남을 정도로 충분하다는 가정에 기반을 두고 있다.

　자, 그러면 자신 자신을 좀 더 잘 돌보기 위해서는 무슨 일부터 시작해야 할까? 우선은 '아니오' 라고 말하는 방법을 배워야 한다. 그 짤막한 단어 하나에 따라붙는 짐이 너무나도 버겁기 때문이다. 우리는 '아니오' 라고 말할 때마다 죄책감을 느낀다. 또 우리는 '아니오' 라고 말할 때마다 그 말로 인해 혹시나 자기를 덜 좋아하게 되지나 않을까 두려워하게 된다. 또는 직장에서 '아니오' 라고 말하면 당신이 '그 정도도 처리해 낼 수 없는' 사람처럼 비칠까 봐 두려워하기도 한다.

> 우리는 언제나 어떤 것에 대해 '아니오' 라고 말하고 있다는 사실을 명심하라. 어쩌면 우리 삶에 아주 명백하면서도 긴급한 요소에 대해 '아니오' 라고 말하고 있을지도 모르고, 아니면 좀 더 근본적이면서도 굉장히 중요한 것에 대해 '아니오' 라고 말하고 있는지도 모른다. 아무리 긴급함이 좋은 것이라 할지라도, 만일 그대로 내버려두었다간, 결국은 그것이 우리에게서 최고의 것들을 빼앗아 가고 또 우리가 할 수 있는 헌신을 가로막을 수도 있다. ＿ 스티븐 코비

　우리들 가운데는 '아니오' 라고 말하는 게 너무나 힘들다고 생각하는 사람이 많다. '아니오' 라고 말하기 위한 한 가지 쉬운 방법은, 일단 즉석에서 '예' 라는 대답을 하지 않는 것이다. 그 대신 부탁을 한 사람에게 먼저 예의를 표한 다음, 생각할 수 있는 시간을 달라고

부탁하는 것이다. 하루 정도 지나서 확답을 주겠노라고 말하라. 만일 상대방이 즉석에서 대답해 주기를 바란다면 '아니오' 라고 대답하면 된다. 이렇게 해서 차분히 생각할 시간을 얻게 되면 그동안 좀 더 큰 당신의 목표를 다시 한번 떠올려 보고, 이번에 부탁 받은 일이 자신의 목표에 한 발 더 가까이 다가갈 수 있는 일인지 아닌지를 판단할 수가 있다. 또 어떤 경우에는 '아니오' 라고 말함으로써 오히려 다른 사람들로부터 존경을 받을 수도 있다. 대부분의 사람들은 '아니오' 라고 말하는 데 상당한 어려움을 겪고 있으므로 당신이 그들에게 긍정적인 역할 모델이 되어 줄 수가 있는 것이다. 자, 이제부터 '아니오' 라고 말하는 연습을 시작하라. 처음에는 하루 동안의 목표를 미리 정해 놓고 아주 사소한 일부터 시작하는 것이 좋다. 예를 들면 '오늘 하루 동안 몇 번 아니오라고 말해야겠다' 하는 식으로 말이다. 그 한도는 어디까지나 당신 스스로가 결정해야 한다.

또 한 가지 방법은 자신의 자기 계발이 지니고 있는 여러 가지 측면들 가운데서 무시하고 있는 측면이 어떤 것인가를 곰곰이 생각해 보는 것이다. 당신은 다리를 면도하거나 거품 목욕을 즐길 만한 시간이 충분했으면 좋겠는가? 당신은 아침에 잠자리에서 일어났을 때 뉴스보다는 아름다운 음악을 듣고 싶지만 한편으로는 정보를 잘 들어 두어야 한다는 생각이 드는가? 당신은 주말에 자전거를 탈 만한 시간이 충분하기를 바라는가? 그렇다면 당신이 진정으로 하고 싶은 일들을 마음껏 즐겨라. 물론 그렇게 하면 손해보는 면도 있을 것이다. 하지만 당신 자신이 진정으로 하고 싶은 일을 한다면 그것만으로도 충분히 가치 있는 일이라 할 수 있을 것이다. 제7장 〈에너지 강화를 위한 시간을 마련하라〉를 보면 이러한 주제에 관해 좀 더 많은 논의가 실려 있다.

에너지를 강화하기 위해서는 자기를 돌보는 일을 최우선 과제로 삼아야 한다. 당신이 가진 가장 큰 무기는 바로 충분히 생각한 다음에 '아니오'라고 말하는 것이다.

당신이 원하는 바를 좀 더 강력하게 주장하라

이러한 변화를 일으키기 위해서는 지금보다 조금 덜 '논리적이고' 덜 '고분고분한' 사람이 되어야 한다. 그리고 언제나 다른 사람들이 바라는 대로 자동적으로 따라가지 않도록 노력해야 한다. 그렇게 말하면 좀 이상하게 들릴지도 모르겠지만 결코 다루기 힘들거나 까다로운 사람이 되라는 말은 아니다. 그저 시도 때도 없이 남들을 기쁘게 만들어야 한다는 강박감에서 조금 벗어나라는 말이다. 특히 다른 사람들이 우리에게 바라는 것이 무엇인가에 관한 우리 나름대로의 생각이 어쩌면 사실과는 동떨어진 것일 수도 있다는 위험까지도 무릅써야 한다는 말이다. 그러므로 다른 사람들이 원하고 있다고 자신이 생각하는 것과, 그들이 직접 당신에게 말하는 것 사이에는 커다란 차이가 존재한다는 사실을 잊지 말라. "당신이 원하지 않는 것 같아서 부탁하지 않았어요."와 같은 상황에 빠지지 않도록 언제나 조심하는 것이 좋다. 당신 자신이 원하는 것에 충실하라. 그리고 어느 정도 저항이 있으리라는 점을 잊지 말라. 만일 아무런 저항이 없더라도 그 길이 언제까지나 순탄할 것이라는 생각을 갖고 출발해서는 안 된다. 최선의 것을 원하되 최악의 사태도 각오해야 한다.

> 논리적인 사람은 자신을 세상에 적응시킨다. 그러나 비논리적인 사람은 세상을 자기 자신에게 적응시키려고 끊임없이 노력한다. 그러나 모든 진보는 바로 비논리적인 사람 덕택에 이루어진다.   _ 조지 버나드 쇼

당신이 이렇게 자신에게 좋은 쪽으로 변화해 나가는 동안 그들이 원하는 것과 원하지 않는 것을 말하는 사람, 즉 새롭게 태어난 당신에 의해서 어떤 사람들은 감동을 받을 것이다. 또 어떤 사람들의 경우에는 언짢아할지도 모른다. 그런 사람들은 당신의 코를 납작하게 해 주려고 애쓰다가 그마저도 효과가 없으면 당신을 회피하려 들 것이다. 냉담한 사람이 되지는 말라. 하지만 그렇다고 해서 그들이 당신의 주의를 다른 곳으로 돌리도록 내버려둬서는 안 된다. 당신의 삶은 딱 한 번뿐이다. 그 삶을 자신이 원하는 대로 이끌어 나가라. 아니, 당신의 삶이 두 번 이상 되풀이된다 할지라도 각각의 삶마다 자신이 원하는 대로 살아나가야 한다. 먼저 자신을 즐겁게 하라. 그러면 최소한 한 사람은 행복해질 것이다. 만일 당신이 어떤 인간관계를 맺고 있다면 다음의 사례처럼 당신의 배우자와 함께 그러한 훈련을 해 보기 바란다.

한번은 내 친구가 아내와 함께 정말로 좋은 주말을 보냈다고 말했다. 그 이유인즉슨 자기가 정말로 하고 싶은 일, 정말로 보고 싶은 것을 그녀에게 정확히 알려 주었고, 그녀 역시 자신과 의견이 같았기 때문이라고 했다. 그들은 가능한 한 상대방이 바라는 것을 채워

줄 수 있도록 여행 스케줄을 짰다. 서로가 원하는 것을 정확하게 요구하고, 또 그것을 얻기 위해 더 많은 것을 내놓음으로써 결국은 둘 다 더 많은 것들을 얻을 수 있게 되었다. 과거에 그는 그녀가 관심을 보이지 않을까 봐 두려워서 자기가 원하는 바를 사실대로 털어놓지 못했었다. 또한 그는 그녀가 원하지 않는 것들을 자기 때문에 마지못해 하는 것도 싫었다. 그런 저런 이유로 이제까지는 서로가 머릿속으로만 나누어 왔던 대화를 이번에는 드디어 공개할 수 있게 되었던 것이다.

많은 사람들이 자신의 주장을 펼치는 데 어려움을 겪고 있다. 심지어는 직장 상사들까지도 말이다. 그런 사람들은 싫어할 것 같은 의견을 전달하려 할 때마다 말문이 막혀 버린다고 한다. 이것은 얼마든지 있을 수 있는 일이다. 여기에서 나는 그런 사람들을 위해 두 가지 제안을 하려고 한다.

1. 준비하라

대화를 시작하기에 앞서 5분 정도 준비할 시간을 가져라. 그리고 다음 질문에 대한 답을 기록해 보라.

> 사람들의 반응에 전혀 신경 쓰지 않아도 된다고 했을 때 당신이 정말로 그들에게 하고 싶은 말은 무엇인가?

사람들은 종종 자신이 표현하고자 하는 핵심 메시지를 명확하고 간결하게 정리하지 못하는 경우가 많다. 위의 질문은 상황을 둘러싼 감정으로부터 당신을 분리해 냄으로써 당신에게 가장 좋은 쪽으로 생각할 수 있는 자유를 제공해 준다는 이점이 있다. 때로는 당신이 생각과 감정을 잘 분리해 낼 수 있도록 당신의 손을 이용하는 것도 참 좋은 방법이다. 우선 두 손을 앞으로 펴서 손바닥이 위로 가게 한다. 그런 다음 한 손에는 상황에 따른 감정이 놓여 있다고 생각해 본다. 그 손을 꽉 쥐고 한쪽으로 움직여 보라. 그런 다음에는 다른 손을 들여다보면서 질문을 던지면 된다.

이렇게 해서 당신이 표현하려고 하는 핵심 메시지가 분명하게 정해지면 이번에는 감정적인 측면으로 넘어간다. 그런 다음 당신이 두려워하고 있는 반응의 위험을 최대한 줄이고 좀 더 긍정적인 반응을 이끌어낼 수 있는 기회를 극대화하기 위해 현재 상황을 어떻게 처리해야 할지 물어보라. 나는 고객 한 사람이 이런 기술을 사용하는 것을 직접 목격한 적이 있다. 그는 자신에게 보고서를 제출한 사람들 가운데 한 명, 그것도 십 년이 넘게 알고 지내온 사람에게 실적이 너무 안 좋다는 말을 어떻게 꺼내야 될지 몰라서 미리 연습을 하고 있었다. 준비 과정의 일부로 그는 이 일이 지나면 두 사람의 관계가 오히려 더 끈끈해질 것이라는 새로운 가정을 세우고 있었다. 그리고 이 일은 정말로 효과가 있었다. 그는 그 사람에게 사실을 있는 그대로 이야기했고, 그 사람은 그의 충고를 인정했던 것이다.

또 크리스토퍼라고 하는 고객의 경우, 한번은 조셉에게 신입 사원 하나가 커다란 공훈을 세워서 그 대가로 상당량의 주식을 배당받게 되었다고 하는 소식을 직접 전하게 되었다. 나의 고객인 크리스토퍼는 부하 직원에게 앞지르기 당할 상황에 놓인 조셉이 틀림없이 매우 분개해 화를 낼 것이라고 생각했다. 조셉은 그런 나쁜 소식을 듣게 되리라고는 짐작도 하지 못하고 있을 게 분명했다. 예전에 크리스토퍼는 그런 소식을 전해야 할 경우, 조셉을 사무실로 불러놓고 그가 들으면 힘들지도 모를 소식이 있다고 먼저 말했다. 그런 다음엔 의자에 깊숙이 앉아서 피할 수 없는 폭발의 순간을 기다리곤 했다. 하지만 이번 경우에는 혼란의 위험을 최소화하기 위해 시간을 할애해서 뭔가 다른 방식으로 소식을 전달할 수 없을까 하고 계획을 짰다. 그는 회의를 하기 위해 조셉을 불러들인 다음, 협의해야 할 사항이 몇 가지 있는데 그중 하나가 바로 주식 배당이라고 확실히 밝혔다. 그는 중립적인 어조로 그 소식을 조셉에게 전하고 그의 의견을 물은 뒤 바로 다음 안건으로 넘어갔다. 이것은 아주 만족할 만한 방법이었다. 물론 어느 정도 마찰이 있긴 했지만 이전에 그가 두려워했던 것에 비하면 아주 경미한 것이었다. 더욱이 그 둘의 관계는 전보다 훨씬 더 두터워졌다.

우리의 공포는 불쾌한 가능성을 실제로 일어나게 바꿔 버릴 수 있다. 하지만 그런 상황을 피할 수 있는 방법은 얼마든지 존재한다.

2. 요구하라

두 번째 제안은 당신이 뭔가 심기가 불편한 사항을 전달하고 싶을 경우 다음의 문장들을 이용하라는 것이다. 이것은 그동안 몇 차례에 걸친 주장 훈련 과정에 사용해 온 방법이다.

1) 당신이 _____ 행동을 할 때 (행동을 기록)

2) 나는 _____ 느낌을 받아요.(느낌을 기록)

3) 그리고 내가 바라는 것은 _____ 예요.(요구 사항을 기록)

첫 번째 빈 칸에는 사람의 이름이 아니라 행동의 동작을 써 넣어야만 한다. 이 둘 사이에는 커다란 차이점이 있다. 만일 당신이 여기에 사람 이름을 기록해 넣는다면 상대방은 아무래도 자신을 보호해야 할 것만 같은 생각이 들 것이다. 따라서 당신의 말에 조용히 귀 기울이기보다는 오히려 반격을 해 오기가 쉽다. 그러므로 그 사람의 의도나 동기라고 짐작되는 것을 이야기하기보다는, 당신이 확실히 알 수 있는 것, 논쟁의 소지가 없는 것을 이야기하는 것이 좋다. 예를 들면 '당신이 목소리를 높일 때', '당신이 소리를 지르기 시작할 때', '당신이 내 일을 방해할 때'처럼 관찰에 입각한 의견은 대부분 논쟁의 소지가 없다. 이런 의견들은 '당신이 화를 낼 때'나 '당신이 자제력을 잃었을 때' 또는 '당신이 다섯 살짜리 아이처럼 행동할 때'나 '당신이 노발대발할 때' 같은 표현들보다 훨씬 더 좋다. 그런 표현은 당신이 요구 사항을 꺼내놓기도 전에 미리 논쟁부터 일으킬 만한 소지가 다분하기 때문이다.

일단 행동의 동작을 적어 넣었으면, 그 다음에는 이런 행동에 대해 자신이 느끼는 감정을 적어라. 이것은 가끔씩 상대방에게 완전히 새로운 정보를 제공해 줄 수도 있다. 감정이란 본래 눈으로 관찰할 수 없는 것이어서, 상대방 쪽에서는 자신이 한 행동이 어떤 영향을 미치는지 제대로 파악하지 못할 때가 많은 법이다. 비록 우리는 느낌이 확실해야 한다거나, 상대방도 이 느낌을 알아야 한다거나, 또는 상대방이 틀림없이 나의 느낌을 짐작할 수 있을 것이라고 생각할 지라도 실제로는 반드시 그렇지 않다. 그러므로 이렇게 당신의 감정에 관한 정보를 교환하는 일은 그 자체만으로도 커다란 차이를 불러일으킬 수 있다. 그들의 입에서는 십중팔구 이런 말이 흘러나올 것이다. "오, 정말요? 난 전혀 몰랐어요. 일부러 그랬던 것은 결코 아니에요."

세 번째 단계는 과거에 대해서 불평하는 것과 지금 말하려고 하는 것을 구별해 내는 것이다. 이것은 미래에 대해 직접적으로 요구를 하는 것이다. 상대방이 이 요구를 들어줄 수도 있고, 거절할 수도 있으며, 어쩌면 대안을 제시할 수도 있다. 그러다 보면 당신은 다시금 행동에 대한 걱정을 할지도 모른다. 따라서 당신이 상대방에게 요구해야 할 것은 뭔가 다른 존재가 되라는 게 아니라 뭔가 다른 식으로 행동하라는 것이다. 예를 들자면 다음과 같다.

"당신이 그렇게 격분해서 내게 상자를 비우라고 요구할 때면, 난 당신이 마치 내가 하는 일은 당신 일만큼 중요하지 않기 때문에 벌써 다 해치웠어야 한다고 생각하는 것 같아 속도 상하고 화도 나요. 앞으로 나에게 요청할 일이 있을 때는 이런 식으로 말해 줬으면 해요. '시간 날 때 상자 좀 비워 줘요.' 알았죠?"

원한다면 시간을 명시해도 좋다. "시간 날 때 상자 좀 비워 줘요. 되도록 저녁 식사를 하기 전까지 해 줬으면 좋겠어요. 알았죠?"

여기서 '알았죠?'라고 하는 짧은 질문은 상대방의 의견을 점검하는 데 아주 유용한 표현이다. 이 표현을 덧붙이지 않는다면 상대방이 당신의 말에 동의하는지 하지 않는지를 확실히 알 수 없을 것이다. 그러므로 이것은 아주 강력한 질문이다. 당신은 매우 다양한 상황에서 이 질문을 사용할 수 있으며, 특히 사업상 한때는 동의하는 듯 보였다가도 막상 중요한 순간이 되면 전적으로 동참하지 않는 사람들에게 사용해도 아주 좋을 것이다. 만일 당신 쪽에서 일방적으로 요구만 하고 상대방의 대답을 거의 또는 전혀 듣지 않는다면, 과연 상대방이 당신의 말을 듣긴 들었는지, 그리고 상대방이 당신의 의견에 동의하는지 하지 않는지 확실히 알 수가 없을 것이다. 그러므로 '알았죠?' 라고 물어본 다음에는 관심을 집중하고 기다려라. 대답을 들으려면 시간이 다소 걸리겠지만 이렇게 하면 모든 의심이 걷히게 되고, 따라서 나중에 생길지도 모르는 잠재적 에너지 감소 요인을 미리 차단할 수 있다.

'해야 돼' 에서 '할 수 있어' 로 바꿔라

이것은 태도의 변화다. 당신은 지금 뭔가가 달라지길 원하고 있다는 사실, 그리고 그것은 얼마든지 가능성이 있고, 논리적이고, 성취 가능한 일이라는 사실을 인정하라. 지금 당신에게는 '가능하게 해야 돼' 에서 '할 수 있어' 로의 변화가 필요하다. 용케 그럭저럭 해 내서 살아남긴 했지만 남은 것은 별로 없는 그런 생활 태도는 더 이상 필요하지 않다는 사실을 인정하라. 당신은 그보다 나은 삶을 살 가치가 충분히 있는 존재다. 그러나 말주변은 아주 좋지만 따분하기 그지없는 사람들을 자주 만나기도 한다. 그들이 무슨 일 때문에 불만스러운지를 설명할 때는 더더욱 그렇다. 그들은 이런 상황에 처하게 된 이유를 끝도 없이 늘어놓기 일쑤다. 마치 그것이 피할 수 없는 상황처럼 느껴질 때까지, 그리고 이 상황이 다른 식으로 전개되기를 전혀 바라지 않는 것처럼 느껴질 때까지 말이다. 그들의 말을 듣고 있노라면, 마음속으로 손은 술잔이나 권총으로 다가가기도 한다. (둘 중 한 사람을 이 비극으로부터 건져내기 위해서). 그리고 에너지는 푹 가라앉아 버린다. 그들이 늘어놓는 이유들은 언제나 아주 중요한 것처럼 들린다. 진화 · 경제 · 경쟁 · 고용 절차 · 봉건 경제의 유산 등등.

하지만 그 이유가 제아무리 타당할지라도 그것은 어디까지나 조치를 취하지 않기 위한 변명에 지나지 않는다. 스트라빈스키 (Stravinsky)는 사람들이 음악 이론에 관한 그의 견해를 물었을 때 다음과 같이 대답했다. '뒷북치기'. 그 이론은 스트라빈스키의 창작 활동에 아무런 도움도 되지 않았던 것이다. 단지 그가 창작해 낸 것들을 나중에 가서야 뒤늦게 설명해 줄 뿐이었다. 물론 일의 과정을 설명하는 것은 종종 상황을 좀 더 안심하고 받아들일 수 있도록 도와주기도 한다. 그렇지만 그것도 어려움이 없다면 변화를 일으키는 데 아무런 도움도 줄 수 없다.

로저 배니스터(Roger Bannister)가 1마일을 4분에 완주해 내기 전까지 의료 전문가들은 온갖 이유를 다 대 가면서 어째서 1마일을 4분에 주파하는 것이 불가능한가를 설명하려 들었다. 심지어는 그럴 경우 인간의 몸이 자폭하고 말 것이라는 주장까지 거론되었다. 그가 이 일을 시도해서는 안 될 이유는 너무나도 많았다. 결국 배니스터의 위대한 업적은 240초라는 목표 시간을 돌파하기로 마음먹은 것이었다. 그의 결심으로 인해 어려움의 크기가 줄어들었고, 동시에 4

분이라는 시간과 연관된 온갖 부정적 이유들도 사라졌다.

> 발견이란 누구나 보아온 것들을 보는 것과, 아무도 생각하지 못했던 것
> 들을 생각하는 것으로 이루어진다. _ 앨버트 젠트-고르기 내지라폴트

　무엇엔가 자꾸 도전을 하고 변화를 꾀하기 전까지 상황이란 결코 변하지 않고 그대로 머물게 되어 있다. 그런데 불행히도 우리는 왜 변화가 필요한가조차 나중에 가서야 뒤늦게 깨닫는 일이 많다. 미래의 동향을 점치는 사람들 중에 블랙 먼데이*나 베를린 장벽 붕괴, 걸프전 같은 큰 사건들을 미리 예언할 수 있었던 사람은 아무도 없었다.

　어떤 일이 왜 그런 식으로 진행되었는지를 살펴보는 것만으로는 결코 새로운 것을 창조해 낼 수 없다. 변화가 전혀 없고 온갖 변명만을 낳는 '왜?'에서 이제는 좀 더 역동적인 이미지를 지닌 '어떻게?' 또는 '해 보자'로 나아가야 한다. 본질적으로 자신이 뭔가를 원한다면, 행여 그 일을 해 내기가 어째서 어려운가를 정당화시켜 주는 갖가지 이유들을 발견하게 된다 할지라도 결코 포기해서는 안 된다. 인류가 달에 착륙한 것도 역사상 가장 특별한 사건들 가운데 하나였지만 애초에 그 일이 쉬울 거라는 예상해서 시작한 것은 결코 아니었다.

　인간의 뇌는 문제들, 그중에서도 특히 쉬운 문제들에 반응하는

---

*Black Monday : 1987년 10월 19일 월요일, 뉴욕 주식 시장의 주가 폭락이 전 세계 주식 시장에 연쇄 파급되었던 사건

것 같다. 로버트 기요사키(Robert Kiyosaki)가 저술한 부의 창출에 관한 책 《부자 아빠, 가난한 아빠》를 보면 한 가지 단적인 예가 나와 있다. 저자는 만일 당신이 처음부터 너무 비싸 보이는 물건을 갖고 싶을 때는 다음과 같은 질문을 던짐으로써 생각을 바꿀 수 있다고 말한다. 즉 "난 저걸 살 수 없어."라고 말하는 대신 당신 스스로에게 "어떻게 하면 저걸 살 수 있을까?" 하고 물어보라는 것이다. 그것은 당신이 "난 저걸 살 수 없어."라고 말하는 그 순간 당신의 뇌는 생각을 멈춰 버리지만, 반대로 "어떻게 하면 저걸 살 수 있을까?"라고 물을 경우 당신의 뇌는 새로운 문제 해결을 위해 활발히 움직이기 때문이다.

나에게도 이와 비슷한 생각의 전환이 일어났었다. 그것은 자기 자신에게 좀 더 진실해지고자 하는 사람, 이제 더 이상 망설이고 싶지 않은 사람, 남들이 자기에게 바라는 식의 인물이 되기 위해 애쓰는 것을 그만두고 싶은 사람들을 위해 내가 하나의 프로그램을 계획하고 있을 무렵의 일이었다. 처음에 나는 사업가들이 이 프로그램에 돈을 지불하려 들지 않으면 어쩌나 하고 걱정했다. 어쨌든 그것은 지극히 개인적인 영역에 속하는 프로그램이었기 때문이다. 하지만 다음 순간 나는 모든 사업가들이 다 똑같은 식으로 생각한다면 어떻게 될까 하고 상상하게 되었다. 만일 상황이 역전되어서 모든 사업가들이 한꺼번에 내 서비스를 바라게 될 경우, 그것 역시 내 힘만으로는 도저히 감당해 낼 수 없을 것 같았다. 그러니까 결국 정반대의 상황이 벌어진다 해도 나는 만족할 수 없었던 것이다. 급기야는 일부 사업가들만이라도 직원들을 위해 내 프로그램에 관심을 가져 주기를 바라게 되었다. 그러면 나는 그런 사업가들이 있을 거라고 생각했을까? 나는 그렇다고 생각했다. 그렇게 생각하자 훨씬 더 많은 에너지가 생겨났고, 따라서 나도 사업가들을 몇 명 모집해 그룹을 만들게 되었다.

만일 당신이 자신의 상황을 절망적으로 받아들인다면 바로 그러한 생각 때문에 점점 더 절망적인 상황으로 빠져들 것이다. 하지만 당신이 지금 이 책을 읽고 있다는 사실 자체가 결국은 뭔가 달라지기를 바라고 있다는 증거, 아직도 희망이 남아 있다는 증거다. 부디 그러한 자세를 끝까지 지켜 나가라. 일전에 나는 누군가가 다음과 같이 말하는 것을 들었다.

> 문제란 결국 당신이 뭔가 달라지기를 바라고 있는 부분이다.

내가 이 말을 좋아하는 이유는 이 말이 '문제'로부터 발생하는 감정과 비난을 분리해서 좀 더 중립적인 '상황'으로 이끌어가기 때문이다. 변화 중에는 피할 수 없는 변화, 긍정적인 변화도 아주 많기 때문에 이와 같은 견해도 얼마든지 설득력이 있을 수 있다. 이것이 의미하는 바는 다음과 같다. 즉 변화를 기대하고, 사람들도 변화를 원한다고 생각하는 것이다. 이것은 어느 누구의 잘못도 아니다. 어느 누구를 부족하다고 비난하는 것이 아니라 단지 조치가 필요하다는 뜻이다. 사실 수많은 변화를 기대한다는 것 자체는 매우 건전한 일이다. 변화는 침체의 반대이기 때문이다.

예전에 내가 기타 치는 법을 배우던 때의 일이다. 한번은 선생님

앞에서 악곡을 연주하다가 실수를 했는데, 내 입에서 욕설이 튀어나왔다. 선생님은 나를 이상하다는 듯이 바라보더니 왜 욕을 하느냐고 물었다. 나에게는 너무나도 당연한 일이었지만, 선생님은 미국인이고 나는 영국인이었으므로 어쨌든 설명이 필요한 것 같았다. 나는 그에게 이렇게 말했다. "전 실수하는 것을 별로 좋아하지 않거든요." 그러자 그는 "오!" 하며 놀라더니 자기는 실수를 아주 다른 각도에서 바라본다고 말했다. 그러니까 그에게 있어 실수는 좀 더 많은 연습이 필요한 부분이 어딘지 알려 주는 것이었다. 이것은 눈을 열어 주는 놀라운 관점이었다. 나는 이제까지 실수를 나 자신을 벌주기 위해서 이용해 왔을 뿐인데, 선생님은 그것을 어느 부분에 더 많은 관심을 기울여야 하는지를 가르쳐 주는 것으로 이용해 왔던 것이다. 그에게 실수란 마치 앞으로의 연습을 위한 지도나 일정과 같았다. 그의 관점에서 보자면 실수란 결코 비난하거나 흥분할 만한 것이 못 되었다. 실수는 피드백의 한 가지 형태로서, 그의 생각이 나의 생각보다 더욱 건강한 것이었다. 하긴 한 번도 실수하지 않고 기타 치는 방법을 배운다는 것은 절대로 불가능한 일이었다. 그런데 실수를 저지를 때마다 매번 감정이 상해서 흥분하게 된다면 그만큼 진도도 늦어질 것이고, 또 자칫하다간 그러한 경험들이 너무나도 고통스러워 아예 기타 배우는 것을 포기하게 될지도 모르는 일이었다. 그 뒤로 나는 마음을 편하게 먹게 되었다.

우리들 대부분은 걷기가 이동의 성공적 수단이라는 점에 동의할 것이다. 그렇지만 나는 어느 신문에서 걷기가 '일련의 정지된 추락'이라는 기사를 읽은 적이 있다. '추락'이라고 하면 나는 대개 실수나 실패가 떠오른다. 이것은 당신도 결코 원하지 않을 것이다. 하지만 위와 같은 견해는 추락이라는 말의 정의를 다시 내려 준다. 즉 추락이라는 말에서 실수라는 개념을 완전히 제거해 버리고, 최소한 정지와 연결될 때만은 우리가 원하는 결과를 산출해 내는 데 아주 효과적이라고 전해 주는 것이다.

그러므로 이제는 그럭저럭 헤쳐 갈 궁리를 하기보다는 당신이 원하는 것을 확실히 정해야 한다. 그리고 실수를 저지를 수도 있다는 불안감 때문에 용기를 잃어서는 안 된다. 실수를 하나의 피드백으로 여기거나 또는 (걷기와 같은) 다른 어떤 활동의 시작이라고 여겨라. 실수로부터 무엇을 배울 수 있는지 따져 보라. 실수는 최소한 당신이 현재 뭔가 다른 결과를 찾고 있다는 사실, 그리고 현재 일이 진행되고 있는 방향은 애초에 당신이 의도했던 것이 아니라는 사실을 알려 준다. 실수는 어떤 일이 불가능할 것이라는 이유가 아니라, 다른 식으로 처리하면 좀 더 효과적일 거라는 생각의 근거가 된다. 에디슨은 하나의 전구가 제대로 작동하기까지 무려 9천 번이 넘는 '실패작' 전구를 만들었다. 그는 9천 번의 실패 가운데 단 한 번도 쓸데없는 노력은 없었다고 확신한다. 그 모든 실패를 통해서 그는 작동하지 않는 전구를 조금씩 다른 방식으로 연구할 수 있었기 때문이다.

> 일곱 번 넘어져도 여덟 번 일어난다. ___ 동양 격언

당신의 에너지를 감소시키는 것과 증가시키는 것을 구별하라

이제 세심하게 주의를 기울여 다음 단계에서는 어떤 것들이 자신에게 영향을 미치는지 살펴보고, 그것들을 당신의 에너지를 감소시키는 것과 증가시키는 것으로 분류하면 된다. 여기에는 당신처럼 일하는 사람, 자신이 입는 옷, 자신이 머무는 장소, 당신이 앉아 있거나 서 있는 자세, 주변에서 나는 소음, 냄새, 주변 환경 등등이 모두 다 포함된다. 이 일을 마친 뒤에는 당신의 에너지를 감소시키는 것들은 좀 더 멀리 하고, 반대로 당신의 에너지를 증가시켜 주는 것들은 좀 더 가까이해야 한다. 첫 번째 단계는 아주 간단하다. 당신에게 좋은 것들은 좀 더 많이 행하고, 당신에게 해가 되는 것들은 덜 행하면 되기 때문이다.

"흐음, 난 언제나 이 역을 좋아했었지. 저 플랫폼의 끝보다는 이 플랫폼의 끝이 내게 더 잘 맞아. 저 포스터는 정말 꼴 보기 싫어. 이 단추는 헐겁군. 오늘 하루는 잘 견뎌야 할 텐데. 오늘은 이 구두를 신어서 정말 좋아. 이젠 정말로 도서관을 많이 이용해야지."

이것들은 모두 다 당신의 에너지와 그 에너지를 고갈시키는 것, 증가시키는 것과 관련된 단서다. 다음 장들에서 좀 더 자세히 살펴보게 되겠지만 바로 지금, 당신의 현재 위치에서도 얼마든지 시작할 수 있다. 잠시 동안 책을 덮고 주변을 둘러보라. 당신 주변의 다양한 사물들에 대해 자신이 어떤 반응을 보이는지 살펴보라. 작은 불꽃을 찾아내라. 당신을 타오르게 하거나 또는 당신의 기를 꺾어 버리는 사소한 자극들도 모두 찾아내라. 당신의 친한 친구나 파트너가 이 일에 동참한다면 훨씬 더 빨리 끝마칠 수 있을 것이다. 정작 당신은 보지 못하는 것들을 그들은 알아차릴 수도 있기 때문이다. 당신이 하루 동안 있었던 일들을 그들에게 전달하는 동안 그들은 당신의 목소리나 자세의 변화를 통해서 당신이 놓친 것들을 감지해 낼 수 있다. 그리고 그들이 감지해 낸 것들을 당신에게 알려 주면 당신은 앞으로 그런 점들에 좀 더 관심을 쏟아야겠다고 마음먹을 수 있다.

여러 개의 작은 단계들을 밟아라

당신은 이 책에 실린 것들을 한꺼번에 모두 다 하지 않아도 된다. 단 한 가지만 실천할지라도, 그것을 실행하기 위해서는 수없이 많은 작은 단계들을 거쳐야 하므로 당신은 상당히 많은 이득을 누리게 될 것이다. 그리고 그것이 미치는 효과가 점차적으로 증가한다는 것은 정말로 기쁜 소식이다. 당신이 몇 가지 단계를 밟을 경우 그 추진력이 당신을 앞으로 나아가게 해 줄 것이다. 당신은 진보와 희망에 대한 감각을 가지고 다음 단계를 밟게 될 것이다. 이것은 효력 만점의 연쇄적 변동이다. 하지만 조심해야 한다. 진보는 보통 부드러운 게 아니라 울퉁불퉁한 것이기 때문이다. 우리가 새로운 것들을 배울 때마다 그 학습 곡선의 길이 똑바른 경우는 거의 없었다.

우리는 A 지점에서보다 B 지점에서 더 많은 시간과 노력을 투자했음에도 불구하고 오히려 더 나쁜 상황을 겪을 수 있다. 그러므로 당신 스스로를 너무 엄하게 대하지는 말라. 그저 정상적인 패턴의 일부라고 생각하라. 나는 알고 있던 아주 중요한 것들까지도 깜빡 잊어버릴 때가 종종 있다. 미리 계획을 다 세워 두었음에도 불구하

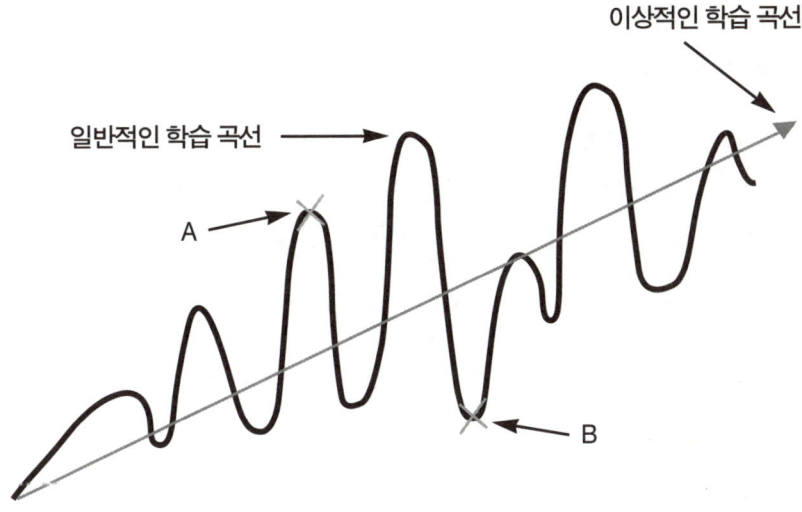

이상적인 학습 곡선

일반적인 학습 곡선

A

B

고 나는 오늘이 내 인생에서 가장 중요한 날들 가운데 하루일 수 있다는 사실을 계속해서 염두에 두고 있어야 할 것 같다. 이 과정은 오늘이 가장 멋진 날들 가운데 하루가 되게 만들자는 결심과, 무슨 일을 하든지 최선을 다하자는 결심에서 시작된다. 이것은 여러 번의 재학습이 필요한 교훈에 속하며, 기억력의 최고조기에 이르면 내 학습 곡선의 모양새가 결정된다.

수많은 단계들을 뛰어넘는 데 방해가 되는 것을 한 가지 더 들자면 그것은 우리들 중의 일부만이 그 많은 성공들을 다룰 수 있다는 것이다. 성공에 대한 공포는 실패에 대한 공포만큼이나 크다. 오히려 더 견딜 수 없는 것처럼 보이기도 한다. 이것은 어디까지나 실제 현상이며, 교류 분석* 에서 훈련을 받은 바 있는 심리 치료학자들도

---

* Transactional Analysis. : 1957년 미국의 정신과 의사인 에릭 번(Eric bern)에 의해 창안된 인간의 교류나 행동에 관한 이론 체계인 동시에 거기에 의거해 실시하는 치료 요법

'내면의 반발'을 불러일으킬 수 있다고 말한다. 다시 말해서, 만일 당신이 아직 성공하지 못했다고 속삭이는 강력한 내적 메시지를 듣고 이 책에 실린 내용을 그대로 실행하면서 마침내 성공을 성취하기 시작할 경우, 당신의 내부는 성공 속도를 늦추고 어떻게 해서든 당신이 예전의 신념을 유지하도록 하기 위해 고의로 발전을 방해할 수도 있다는 뜻이다. 내가 급속도로 성장을 하던 시절, 실제 나에게도 이런 일이 여러 번 일어났다.

만일 당신에게도 이런 일이 발생한다면 이것이 지극히 보편적인 현상이라는 점을 인정하고, 즉시 경험이 많고 자질이 풍부한 심리 치료학자에게 도움을 청하라. 이런 상황에서는 당신의 행동을 객관적으로 평가할 수 있는 사람이 필요하다. 아무래도 당신은 상황 한가운데에 놓여 있으므로 자칫 왜곡된 결정을 내릴 수도 있기 때문이다. 심리 치료학자를 찾아가는 일은 마치 아픈 이를 치료하기 위해 치과 의사를 찾아가거나 또는 파이프의 막힌 곳을 뚫기 위해 배관공을 부르는 것과도 같은 일이다. 그들은 모두 당신의 삶을 저하시키는 문제들을 해결하기 위해 도움을 줄 사람들이다. 당신은 그들을 때맞춰 찾아가 적절한 도움을 받아야 한다.

이 과정 전체를 통틀어서 가장 중요한 것은 당신 스스로 평가를 내리고 당신이 이룬 발전의 공로를 당신 자신에게 돌리는 일이다. 만일 이 일에 실패한다면 앞으로의 발전 속도는 점점 더 느려질 테고, 결국엔 모든 노력이 수포로 돌아가 버릴지도 모른다. 그럼에도 불구하고 우리는 대체로 이 일을 제대로 끝맺지 못하는 경향이 있다. 자신이 느끼는 바를 감지할 만한 시간적 여유를 가져라. 그리고 그것이 자신의 몸 어디쯤 있는가를 알아낸 다음 라벨을 붙여라. 그리고 그것이 좀 더 명확해지면 다른 누군가에게 말하라. 나는 행복하다고 느낄 때나 기분이 좋지 않다고 느낄 때 그것을 내 아이들에게 맨 먼저 알렸다. 나는 아이들이 어떤 행동을 취하기 전에 미리 주의를 주는 게 공정한 처사라고 생각한다. 그렇게 하면 아이들과 함께 있을 때에도 좋은 분위기를 유지할 수가 있기 때문이다. 행복이 언제나 뒤늦은 깨달음의 산물이 아니라는 사실을 잊지 말라.

> 아, 나는 얼마나 멋진 삶을 살고 있는가! 내가 이 사실을 좀 더 일찍 알았더라면 좋았을 텐데.
> _ 콜레트

이렇게 하기 위한 체계적인 방법의 한 가지는 팀 갤웨이(Tim Gallwey)의 저서 《업무의 내적 게임(The Inner Game of Work)》에서 찾아볼 수 있다. 그는 우리에게 STOP 도구를 사용하라고 충고한다. 그것이 의미하는 바는 다음과 같다.

- Step back(뒤로 물러섬) : 당신의 삶이 지니고 있는 추진력으로부터 어느 정도 거리를 두고 물러서라.
- Think(생각) : 당신의 생각을 한데 모아라.
- Organize(계획) : 잘못된 과정이 있으면 수정하라.
- Proceed(착수) : 다시 시작하라.

예전에 나도 이런 체계적인 방법을 아주 유용하게 사용한 적이 있었다. 회사에서 몇 군데 부서의 예산안 조정 책임을 맡고 있었을 때의 일이다. 이 회사는 마감을 코앞에 두고 업무량이 너무 많아서 예산 진행이 몇 개월째 지연되고 있었다.

드디어 마감이 이틀밖에 남지 않은 날, 나는 30분마다 한 번씩 하던 일을 멈추고 약 1분 동안 지난 30분간 벌어진 뜻밖의 변화들에 대해 생각해 보자고 스스로를 타일렀다. 뭔가를 전해 주지 않은 사람, 아직도 조사가 필요한 사람, 수정안을 내놓은 사람 또는 그 수정안이 승인을 받으리라고 기대했던 순간 등등에 관해서 말이다. 그런 다음, 필요하다면 다음 30분 동안 우리 팀이 해야 할 일들의 우선 순위를 다시 매겨야겠다고 생각했다. 이런 체계적 방법을 사용함으로써 나는 상황이 어떻게 돌아가고 있는지를 내가 제대로 파악하고 있다고 확신할 수 있게 되었으며, 그 상황에 맞게끔 최선의 결정을 내렸다고 자부할 수 있게 되었다. 또한 미친 듯이 바쁘게 움직이는 사람들 속에서 등골이 오싹할 정도의 고요함을 느낄 수도 있었다.

STOP 도구는 우리로 하여금 자신의 견해를 잘 정리할 수 있도록 해 주며, 그동안 우리가 배운 것들을 통합하고 그것으로부터 최대의 효과를 이끌어낼 수 있도록 도와준다. 그렇지만 우리들 가운데 이 도구를 사용하는 사람은 별로 없다. 우리는 너무나도 바빠서 금방 다음 일로 옮겨가기 일쑤다. 그러므로 명심하라. 당신의 에너지를 증가시키기 위해서는 많은 작은 단계들을 밟아야 하며 자신을 신뢰할 수 있게 될 때까지 충분히 오랫동안 STOP 도구를 사용해야 한다는 사실을 말이다.

매일 행동으로 옮겨라, 생각만으로는 충분치 않다

> 단지 길만 아는 것은 한 발을 다른 발 앞으로 내딛는 것과 절대 같을 수 없다.
>
> _ M. C. 리처드

당신은 이제 일상적인 행동들 속에서 습관을 고치기 위한 노력을 신중히 시작해야만 한다. 물론 당신은 생각의 힘만으로도 어느 정도 발전을 이룩할 수 있다. 하지만 일상적이 행동의 힘끼지 합한다년 발전 속도가 훨씬 더 빨라질 것이다. 그리고 행동이란 집중과 조직화, 그리고 후원이 뒤따를 때 좀 더 쉬워진다. 부디 원인과 결과가 언제나 일직선으로 이어질 것이라고는 생각하지 말라. 모든 것은 서로 연결되어 있기 때문이다. 다시 말해서, 당신 삶의 한 분야가 변할 수도 있고, 어떤 일이 다른 어떤 곳에서 발생할 수도 있는 것이다.

만일 새로운 습관들을 형성하고 싶다면 아래와 같이 하루 단위의 체크 리스트를 만들어 보라. 잘 보이는 곳에 붙이고, 그런 다음 당신이 실천한 항목들에 날마다 표시를 하면 된다.

	1	2	3	4	5	6	7	8	9	10
안경 닦기	∨	∨	∨	∨						
물 2리터 마시기	∨	∨		∨						
사소한 일들 해치우기	∨	∨		∨						

	1	2	3	4	5	6	7	8	9	10
오늘 해야 할 일 6가지 목록 정하기	∨									
STOP 시간 갖기	∨	∨	∨							
누군가에게 감사하기	∨	∨		∨						
친구에게 연락하기		∨								
점심 시간에 휴식하기		∨		∨						
재미 삼아 독서하기	∨		∨							
10분 동안 정돈하기	∨									

이렇게 해서 어느 정도 시간이 지나면 당신은 자신이 어떤 식으로 살아가고 있는지를 한눈에 알아볼 수 있을 것이다. 단, 몇몇 항목이 당신의 삶에서 매일 발생하지 않더라도 부디 자신을 꾸짖지는 말라. 이전보다는 그래도 당신이 그 일을 더 많이 하고 있다고 믿어라. 당신 자신을 신뢰하라. 단 한 번도 행하지 않은 항목이 있다면 과감히 목록에서 지워 버려라. 시간이나 항목이 잘못된 것일 수 있기 때문이다. 만일 이것 때문에 기분이 더 나빠진다면 일부러 당신 눈에 띄게 할 필요가 없다. 그래 보았자 당신 에너지만 더 고갈될 뿐이다.

당신에게 적용해 보라

1. 매주 조금씩 시간을 내서 이 자료를 다시 한번 훑어보라. 다이

어리나 일정표를 작성하라. 그리고 처음 한 달간은 네 개의 시간대에 자신이 매일 규칙적으로, 그리고 일상적으로 행할 수 있는 일들을 적어 넣어라. 일상적인 일이어야만 좀 더 빨리 습관이 형성될 수 있을 것이다. STOP 시간은 일주일에 30분 정도가 가장 이상적이다. 만일 30분이 힘들다면 10분으로 줄여도 좋다. 이것을 당신의 다이어리에 기록해 놓는 행위 자체만으로도 당신의 에너지는 증가할 것이다. 그리고 당신 스스로 뭔가 달라졌다는 것을 느끼게 될 것이다. 특히 당신이 그것을 실천해야겠다고 마음먹는다면 더욱 큰 변화를 느낄 수 있을 것이다. 이 시점에서 당신은 자신의 성공과 배움을 다시 한번 생각해 보게 될 것이며, 이 자료를 가지고 다음 단계들을 익혀 나가게 될 것이다.

2. 다소 힘겨운 대화를 나눌 필요가 있는 사람에 관해 생각해 보라. 연습을 거듭하다 보면 나중에는 아주 어려운 대화도 자연스럽게 풀어 나갈 수 있을 것이다. 5분만 시간을 내서 다음의 질문에 대답해 보고, 그 답을 종이에 기록하거나 아니면 당신과 잘 맞는 파트너에게 연습 삼아 말해 보자. "만일 내가 그들의 반응에 전혀 신경 쓰지 않아도 된다면 과연 그들에게 뭐라고 말할 것인가?"

3. 만일 이것이 당신에게 적합하다면 하루에 세 번씩 '아니오'라고 말하는 연습을 시작하고, 또 이것을 기록으로 남겨라. 이때

중요한 것은 한곳에 기록하여 성공 일지를 간직하는 것이다. 성공이 쌓이고 또 쌓이면 변화를 일으키게 되고, 새로운 행동을 구성하는 과정도 그만큼 빨라지기 때문이다.

4. 매일 명상 시간을 가져라. 집이나 차 안에서는 라디오를 끈 채로, 그리고 대중 교통을 이용할 때는 책을 읽지 말고 말이다. 당신의 마음을 이리저리 떠다니게 내버려두어라. 당신의 마음은 언제나 당신에게 할 말이 있다는 사실을 의심해서는 안 된다.

5. 당신의 에너지를 감소시키는 것과 증가시켜 주는 것들에 대해 좀 더 많은 관심을 기울여라. 그리고 자신의 신체 어느 부분에서 반응을 느끼게 되는지 잘 살펴보라. 그러면 지금까지 당신이 무시해 왔던 것들 가운데서 당신에게 영향을 미친 요소가 얼마나 많은지를 차츰 알 수 있을 것이다.

제2장

당신을 괴롭히는 사소한 것들은
제거해 버려라

고쳐야겠다고 생각되는 사소한 것들을 모두 골라낸 다음,
그것들을 분류하는 작업에 착수하라. 그것들을 무시하는 데도
에너지가 필요하다.

이 책에서 딱 한 가지만 골라 실천해 보기로 마음먹었다면 바로 이 일을 실천하라. 이것이야말로 당신이 노력한 만큼의 대가를 가장 빨리 지불해 줄 것이기 때문이다. 내 워크숍에 참석했던 사람들 중 한 사람은 15분이라는 짧은 시간을 투자함으로써 큰 효과를 보았다고 말했다.

　'당신을 괴롭히는 사소한 것들' 이란 과연 무엇을 뜻하는 말일까? 아래 목록에 실린 것들과 같이 말 그대로 당신을 괴롭히는 요소는 다 여기에 포함된다. 다음은 내가 코치하고 있는 고객들이나 알고 지내는 사람들에게서 들은 사소한 일들의 예다.

- 느슨해진 단추 또는 떨어져 나간 단추
- 너무 많은 물건들을 올려놓아서 휘어진 선반

- 밀린 이메일

- 물방울이 떨어지는 수도꼭지

- 욕조 주변의 곰팡이

- 갈아 끼워야 할 전구

- 가게에 반납해야 할 물건들

- 접착제로 붙여야 할 잡다한 물건들

- 여유가 전혀 없는 서류 정리 캐비닛

- 제대로 닫히지 않는 서랍

- 완성이 덜 된 집

- 고장난 차

- 형편없는 정원

- 소음

- 저녁 시간에 전화를 걸어 대는 이중창 유리 판매원들

- 위원회 참석

- 몸무게

- 결말을 짓지 못한 이혼 소송

- 꼭 읽어야 할 신문들

어쩌면 당신은 위의 항목들 중에서 몇 가지는 아주 심각한 문제라는 점을 깨달았을지도 모른다. 그러나 그 문제에 관해서는 나중에 좀 더 논의하기로 하자. 위의 항목들은 모두가 자신의 에너지를 고갈시키는 방해 요소들이다. 우리의 삶을 자세히 들여다보면 이것들 말고도 수없이 많은 방해 요소들을 찾을 수 있다. 우리가 거의 눈치채지

못하게 스며들어서 마치 우리 삶의 일부인 것처럼 느껴지게 만드는, 우리의 속도를 늦추는 사소한 것들 — 선체에 붙어 사는 따개비처럼 피할 수 없는 마찰 — 말이다. 하지만 기쁜 소식이 있다. 우리는 그것들을 고스란히 참을 필요가 전혀 없다. 그것들에 대해서 우리가 어떤 조치를 내리기만 한다면 삶은 판이하게 달라질 것이다.

종종 그것들은 우리가 그냥 묵인하고 있는, 별로 중요치 않은 두통거리나 짜증나는 것일 수 있다. 그러나 당신은 그것을 어떻게 고치는지를 잘 알고 있으면서도 서둘러 해결하려 들지 않는다. 그것들은 그다지 중요한 것처럼 생각되지도 않으며, 즉각적인 관심을 쏟아야 할 만큼 심각한 것처럼 보이지도 않는다. 그래서 당신은 잠시 동안 그것들을 참고 넘어가는 것이다. 어떨 때는 문자 그대로 몇 년씩 이런 상태가 지속될 수도 있다. 그러다가 결국 당신이 눈치채지 못하는 사이에 손잡이도 없어지고, 문도 제대로 맞지 않게 되는 것이다. 당신은 이제 인정해야만 하다. 그런 일은 처리해야 하고, 또한 그리 어렵지 않은 것이란 사실을 말이다.

이것은 비단 집안일에만 국한되는 이야기가 아니다. 자녀의 행동이나 우리의 습관, 자동차, 우리의 몸, 다른 사람들의 행동, 사무실, 동료나 시설 등등 수많은 요소들이 여기에 다 포함된다. 당신이 이런 두통거리들을 감지하기만 한다면 두통거리가 널려 있고 얼마 가지 않아 말 그대로 수십 개가 넘는 목록을 작성할 수도 있을 것이다. 나는 차 때문에 성가신 일들의 목록을 열거해 본 적이 있다. 선루프도 작동을 안 하지, 에어컨 바람도 시원하지 않지, 뒷좌석에는 몇 달 전 휴가 때 묻은 모래가 아직까지 남아 있지, 타이어 압력은 너무 높지, 안테나는 완전히 들어가지도 않지, 문짝 하나는 너무 헐 겁지, 내부는 6개월 동안이나 청소를 안 했지, 외부는 지저분하지 — 차 한 대만 해도 성가신 문제가 여덟 가지나 되었다.

자, 관심이 필요한 집 주변의 사소한 일 모두에 메모된 포스트 잇 이 붙어 있다고 한번 상상해 보라. 청구서에는 '나를 지불하라', 책 에는 '나를 읽어라', 편지에는 '나에게 답장을 써라', 얼룩에는 '나 를 지워라', 벽에는 '나를 칠하라', 소파에는 '나를 교체하라', 그림 에는 '나를 똑바로 걸어라', 서류에는 '나를 정리하라'고 말이다. 그런 상상을 하는 것만으로도 어떤 사람들은 두려움을 느끼게 된다. 자기 집의 일부분만 하더라도 이런 메모들이 수십 개는 넘게 붙어 있을 테니 말이다. 여기에 좀 더 보태 보겠다. 당신이 집을 여기저기 돌아다니는데, 각각의 물건들이 끈질기게 울어 대면서 "저요, 저요, 저요!" 하고 소리친다고 상상해 보라. 목소리는 제각각 다르지만 신 경에 거슬리기는 마찬가지일 것이다. 당신이 차를 마시거나 저녁 메 뉴를 요리하거나 출근을 하려고 하는데, 당신의 내면에서 "나중에, 나중에, 나중에, 그건 별로 중요치 않아, 지금은 너무 바빠"라는 음 성이 들려온다고 생각해 보라.

우리는 너무나도 바쁜 나머지 이런 사소한 일들은 그다지 우선 순위를 적용하지 않아도 된다고 생각해 버리는 경향이 있다. 하지만 이것들은 무시하는 데도 에너지가 소모된다. 그리고 여기에는 어느 정도의 대가도 따른다. 이것들을 무시하는 데 사용된 에너지가 고스 란히 낭비되며, 그 소모량은 점점 더 늘어나기만 한다. 최상급 와인 한 병을 마시기 위해 하루 임금을 모두 지불해야 한다고 가정해 보

자. 그리고 이제 막 당신이 한 모금을 마시려는 찰나 어디선가 파리가 날아와 당신 주위를 맴돈다고 생각해 보라. 당신은 어쨌든 계속해서 와인을 마시겠지만 이런 경우 대부분의 사람은 와인을 완벽하게 즐길 수 없을 것이다. 그렇게 되면 결국 와인에 들인 돈만 낭비하는 꼴이 되고 말 것이다. 이런 성가신 일들로 가득 찬 삶의 경우도 역시 마찬가지다. 물론 당신은 와인을 끝까지 마시겠지만 그래도 경험의 질은 상당히 저하되고 말 것이다. 당신은 와인에 온 정신을 집중할 수 없을 것이다. 왜냐하면 당신의 일부는 벌써 그 파리를 무시하느라고 애쓰고 있을 테니까 말이다. 이러한 상황을 좀 더 미묘하게 만드는 것은 당신이 이런 성가신 일들에 이미 익숙해져 있다는 사실, 그리고 그것들을 불가피한 것으로 받아들이고 있다는 사실이다. 그것은 마치 컴퓨터 전원을 끌 때 팬의 소음이 멈추는 것을 감지하면서 당신의 어깨가 조금 처지고 한숨이 나오는 것과도 비슷한 현상이다. 컴퓨터가 켜져 있는 동안에는 팬의 소음이 당신에게 아무런 문제도 되지 않는 것처럼 느꼈을 것이다. 하지만 컴퓨터가 꺼지면서 팬의 소음이 사라지는 순간 비로소 당신은 무언가로부터 벗어났다는 사실을 깨닫게 되는 것이다.

언젠가 나는 아들의 학교 입학을 앞두고 교장 선생님과 학부모 단체가 면담을 하는 자리에 참석한 적이 있었다. 그런데 회의실에 앉아 있던 나는 환풍기의 팬이 돌아가면서 내는 소음 때문에 사람들의 말을 거의 알아들을 수 없었다. 어쩌면 주제넘고 무례한 행동일 수도 있을 것 같아 한참을 망설인 끝에 결국 나는 위험을 감수하기로 작정하고 회의실을 이리저리 둘러보았다. 그리곤 제어 장치를 알아본 다음 버튼처럼 생긴 것을 찾아내어 단 한 번에 팬을 껐다(환풍기의 팬을 더 세게 돌리지 않은 것을 다행이라 여기면서). 그러나 다음 순간 나는 걱정이 되었다. 소음이 멈추면서 회의실 안에 있던 사람들이 전부 나를 쳐다보았기 때문이다(그들은 마치 지금까지는 어떤 유독 물질이 회의실을 꽉 메우고 있었지만 이제는 그 유독 가스가 완전히 사라졌다는 확신을 얻고 싶어 하는 것 같았다). 그때 교장 선생님이 나를 보더니(그는 내가 도대체 무슨 생각으로 그런 짓을 했는지 물어보려고 했을까?) 이렇게 말했다. "왜 저는 한 시간 전에 진작 그런 생각을 못했을까요?" 비로소 나는 안도의 한숨을 내쉴 수 있었다. 그 역시 나와 똑같은 처지에 있었던 것이다. 그는 소음 때문에 말하기가 너무 어려웠지만 꾹 참고 목소리를 더더욱 높였을 것이다. 그리고 아마도 점점 더 짜증이 났을 것이다. 어쩌면 그는 그렇게 간단히 문제를 해결할 수도 있었다는 데 대해서 자신이 무척 어리석다고 느꼈을지도 모른다(반면에 나는 스스로를 마치 영웅처럼 느꼈고, 다음 임무도 거뜬히 완수해 낼 수 있는 만반의 준비를 갖추고 있었다).

어째서 우리는 이치에 닿지도 않는 이 모든 것들을 그저 참으려고만 할까? 문제는 우리가 아주 어렸을 때부터 양보하라, 감사하라, 불평하지 마라, 자기 자신보다는 남을 먼저 생각하라 같은 말을 듣고 자랐다는 데 있다. 하지만 어린아이들은 뭔가를 원할 때, 또는 뭔가를 정말로 원치 않을 때 곧장 행동으로 옮기는 경향이 있으며 또 상당한 성공을 거두기도 한다. 그러다가 사회화 과정에 의해 이러한 충동이 완화되는데, 어떤 측면에서는 너무 지나치게 완화되는 것 같기도 하다.

어떤 사람의 이야기

내가 코치하고 있는 고객들 중에 제임스라는 사람이 있는데, 그는 내가 관심을 보이기 전까지는 자기가 사무실을 함께 쓰고 있는 사람의 행동을 어느 정도로 많이 참아내고 있는지 전혀 모르고 있었다. 문제의 실마리는 그의 말이 아니라 바로 몸짓에 있었다. 그는 퇴근을 하면 언제나 어깨가 축 처지고 굉장히 맥이 빠져 버린다고 말했다. 그리고는 증명이라도 하듯이 내게 그런 몸짓을 보여 주었다. 나는 그런 몸짓이 무엇을 의미하느냐고 물었다. 그렇게 해서 밝혀진 사실은 다음과 같다.

사무실 동료가 계속해서 제임스를 방해했으며, 하루 종일 그에게 말을 걸어 왔다. 그래서 제임스는 자기 자신을 껴안기 위해, 또한 그 동료와의 사이에 울타리 같은 것을 쌓기 위해 계속해서 어깨를 구부리고 지냈다. 하지만 그는 이 동료가 자기에게 미치는 영향을 전혀 모르고 지냈다. 허구한 날 퇴근만 하면 아내에게 내뱉는 첫 마디가 바로 "오늘은 그 친구가 뭘 했는지 한번 알아맞혀 봐." 였는데도 불구하고 말이다. 일단 문제가 무엇인가를 깨닫게 된 그는 동료와 함께 이 문제에 관해 상의를 했다. 결국 그들은 사무실을 분리하게 되었다.

한번은 약 9개월 정도 회계 정리를 미룬 적이 있었다. 그것을 해결한다는 것은 너무나도 벅찬 일 같았고, 물론 그로 인한 부담감은 날로 커지기만 했다. 나는 그것을 똑바로 마주볼 수 없었다. 하지만

제2장 당신을 괴롭히는 사소한 것들은 제거해 버려라

그것은 계속해서 나를 괴롭혔고, 날마다 내 에너지를 빼앗아갔다. 그러던 어느 날, 납세 신고서를 정식으로 제출해야 할 최종 기한이 바짝 다가왔을 때 나는 딱 10분만 그 일에 매달려야겠다고 마음먹었다. 내 생각에 그 정도는 해 낼 수 있을 것 같았다. 그리고 그 10분이 끝났을 때 다시 한번 나는 그 일을 계속할 것인지 그만둘 것인지 선택의 기로에 서게 되었다. 그런데 그 10분 동안 참으로 이상한 일이 벌어졌다. 완전히 새로운 생각이 내 머릿속에 떠올랐던 것이다. "이 일을 아주 끝내 버리는 게 좋지 않을까?" 이제까지는 전혀 그런 생각이 들지 않았었는데 정말로 이상한 일이었다. 무엇 때문인지는 모르겠지만 갑작스레 그 일을 끝마쳐야겠다는 욕구가 강하게 일었다. 그리고 그로 인해 모든 것이 달라졌다. 결국 나는 그로부터 2주일 동안에 사흘 정도 되는 시간을 꼬박 그 일에 매달렸고, 다행히도 휴가 전에 모두 끝마칠 수 있었다. 만일 당신도 뭔가 아주 중요하지만 귀찮아서 자꾸만 미뤄 온 게 있다면, 우선 가장 작은 단계부터 시작해 보라. 그러면 큰 변화를 경험할 수 있을 것이다.

자질구레하게 해야 할 일들이 많이 밀렸을 때는 먼저 예산을 세운 다음에(자신이 처리할 수 있는 일들에 대해서만 예산을 세워라. 그렇지 않고 여러 가지 측면에서 자신에게 고통만 안겨 줄 일이라면 아예 제외해 버려라), 그것들을 단숨에 처리할 수 있는 사람들에게 맡겨라. 나 같은 경우는 차를 수리할 때 그런 방법을 이용한다. 우선은 예산을 세워 놓고 문제가 되는 사항들을 목록으로 작성한 다음 준비된 예산 내에서 이 문제를 처리해 줄 수 있는 자동차 정비소에 문의한다. 그러므로 당신도 그 일을 해 낼 수 있는 여유가 있는지 확인한다. 그러면 얼마든지 순조롭게 출발할 수 있을 것이다.

어떤 골칫거리가 있을 경우에는 곧바로 해결책을 발견하지 못할 수도 있다. 아니면 당신이 먼저 당분간은 아무런 조치도 취하지 않겠다고 마음먹을 수도 있다. 그것도 물론 좋은 방법이다. 일단 문제들을 기록해 두고, 그것 때문에 자신이 괴롭다는 사실을 인정한 다음 그 목록을 한쪽에 치워 두라. 그러다가 나중에 다시 그 목록을 꺼내 읽어 보면 그 문제들 가운데 몇 가지가 저절로 사라진 것처럼 보여서 깜짝 놀라게 될지도 모른다. 그리고 이런 사소하고 귀찮은 문제들을 다 처리한 다음에는 또다시 이런 문제가 생기지 않도록 지켜 나가는 노력이 필요하다. 문제가 생기면 신속하게 처리하고, 다시는 그런 문제들로 인해 장기간 에너지를 빼앗기는 일이 없도록 주의하라. 이렇게 과거를 깨끗이 청산한 상태에서 다시 시작하면 일이 좀 더 쉬워질 것이다.

사소한 골칫거리들을 제거하고 나면 어떤 기분이 들까? 실제로 이런 경험을 해 본 사람들의 말에 따르면 그때의 기분은 다음과 같다고 한다.

- "마치 체중이 몇 킬로그램 줄어든 것 같아요. 정말 홀가분한 느낌이에요."
- "자제력이 좀 커진 것 같고, 언제나 일이 밀려 있다는 느낌이 훨씬 덜 들어요."
- "발전했다는 느낌이 들어요."
- "좀 더 많은 일을 할 수 있어서 즐거워요."

• "좀 더 완전해진 느낌이에요."

사소한 일은 때로 좀 더 큰 일의 조짐이 되기도 한다. 그러므로 자신의 호기심을 늦추지 말고 온갖 사소한 일을 잘 처리할 수 있도록 준비하고 있어라. 내 고객들 중 한 명은 '해야 할 일들'의 목록이 도무지 끝날 것 같지 않은 그런 사람이었다. 그는 자기가 그 목록의 일을 해 나갈수록 점점 더 속도가 느려진다는 사실을 감지하고 있었다. 처음 반 정도는 신속하게 처리해 나가다가도 그 다음 반의 반은 좀 더 느리게, 그리고 마지막 반의 반은 훨씬 더 느리게, 처리하곤 했던 것이다. 결국 그는 자신이 '해야 할 일들'의 목록이 끝나는 것을 아주 두려워하고 있다는 사실을 깨닫게 되었다. 그에게 있어서 일의 목록이 끝난다는 것은 곧 더 이상 할 일이 없다는 것을 의미했고, 수입을 얻으려면 언제까지나 바빠야만 한다는(비록 생산적이지 못한 일이라 할지라도) 의식이 그동안 그를 지배하고 있었던 것이다.

나의 결점 가운데 한 가지는 책상이나 사무실 정리를 꼭 다음 날로 미룬다는 것이다. 그 이유는 아무래도 그래야만 정리 정돈을 위해서 내가 필요해질 거라는 착각 때문이다. 그 일이라도 남겨두지 않는다면 바쁜 일이 없을 테고, 그러면 나는 또 무슨 일을 해야 할 것인지 두리번거리게 될 것이다. 그것이 약간의 두려움이 될 수도 있다. 완벽하게 정리된 책상은 자기 사업을 운영하는 사람에게 불안감을 안겨 줄 수 있다. 물론 지금은 그런 내막을 잘 알기에 전처럼 그렇게 자주 책상 정리를 미루지는 않는다. 하지만 그 습관은 아직까지도 버리지 못하고 있다.

아무리 심각한 문제라 할지라도 자신을 괴롭히고 있는 문제를 정직하게 털어놓기만 한다면 얼마든지 쉽게 대처할 수 있다. 다음에 소개할 탈레인 미다너 코치의 일은 그 사실을 뒷받침해 주는 아주 좋은 예다.

나의 특별한 계획은 일명 '깨끗한 거리' 프로젝트였다. 나는 뉴욕에 살면서 두 가지 문제를 겪고 있었다. 지저분한 거리와 집 없는 사람들. 나는 우리 블록이 언제나 쓰레기통처럼 지저분해 보이는 게 정말 싫었다. 심지어는 맨해튼 중심의 고급 주택가까지도 온통 쓰레기 천지였다. 또한 나는 집 없는 사람들에 대해서도 좋지 않은 감정이 있었다. 나는 그들에게 돈을 주고 싶지 않았다. 돈을 줘 봤자 마약 아니면 술을 살 게 뻔하다고 생각했기 때문이었다. 하지만 그냥 그들을 지나치는 것도 별로 맘에 들지 않았다. 그러던 차에 다음과 같은 생각이 내 머리를 스쳤다. 집 없는 사람들더러 거리를 청소해 달라고 하면 좋지 않을까? 이런 생각이 점점 더 뚜렷해지자 나는 가장 가까운 현금 지급기 쪽으로 갔다. 그곳에는 항상 집 없는 남자 한 명이 컵을 쭉 내밀고 앉아 있었기 때문이다. 나는 그 남자에게 일을 하고 싶지 않으냐고 물었다. 그는 하고 싶다고 대답했다. 나는 내 생각을 그에게 말해 주었다. 만약에 그가 매일 우리 블록을 왼쪽 오른쪽 모두 쓸어 준다면, 내가 우리 블록 거주자들에게 말해서 각자 그에게 매주 1달러씩 기부하도록 하겠다고 말이다. (이곳은 시 블록이므로 우리 블록만 하더라도 무려 150가구가 넘게 살고 있었다.) 그가 과연 얼마만큼의 돈을 벌게 될지는 확실치 않다고 말했지만, 그래도 어쨌든 그로서는 잃을 게 전혀 없는 상황이었다.

다음 날 아침 7시, 그가 우리 블록에 모습을 나타냈다. 나는 그에게 빗자루와 쓰레받기를 건네주었다. 이렇게 해서 '깨끗한 거리'가 탄생하게 되었다. 그 집 없는 남자, 제임스는 나중에《뉴욕타임스》에도 사진이 실리고, 텔레비전에도 출연하게 되었다. 그는 정식으로 공동체의 일원이 되었고, 비가 오나 눈이 오나 열심히 우리 블록을 청소했다. 그리고 마침내 그는 친구와 힘을 합쳐 아파트를 한 채 장만할 수 있을 만큼 돈을 모으게 되었다. 지금은 이 '깨끗한 거리'가 다른 블록들까지 널리 퍼져나가고 있으며, 온갖 단체들이 나서서 집 없는 사람들에게 거리의 청소부 자리를 제공하고 있다. 이러다가 언젠가는 뉴욕 시 전체가 티 한 점 없이 깨끗한 거리가 될지 또 누가 알겠는가!

한 고객은 내게 말하기를, 자기를 괴롭히는 일들의 목록에 자신의 결혼 생활도 적어 넣고 싶지만 아무래도 그렇게 하면 본인 스스로도 모든 문제가 자기에게 있다고 인정하게 될까 봐 차마 그럴 수 없다고 했다. 그로부터 3년 뒤, 아내 쪽에서 먼저 이혼 소송을 해 왔다. 처음에 그는 망연자실했지만 몇 달 뒤엔 어쩌면 지난 몇 년간의 결혼 생활이 별로 행복하지 않았었다는 점을 인정하게 되었다. 그리고 결국엔 그 상황을 잘 극복해 냈다. 그는 정말 즐거운 마음으로 교제를 할 수 있는 사람을 만나게 되었고, 그로 인해 과거보다 훨씬 더 행복해질 수 있는 가능성을 내다볼 줄 알게 되었다. 그는 아직도 성가신 이혼 소송이 끝나지 않은 상태에 있다. 하지만 미래를 생각하면 훨씬 더 행복한 기분을 느낀다고 한다. 심지어는 아주 큰 일도 처리할 수 있게 되었다. 그 출발점은 문제가 무엇인지를 정직하게 털어놓는 데 있었다.

당신에게 적용해 보라

1. 이 일을 위해서는 20분의 시간과 펜이 필요하다. 당신의 삶 속에서 당신을 괴롭히고 있는 온갖 사소한 일들의 목록을 두 가지로 작성해 보라. 당신의 직장과 관련된 일들, 그리고 당신의 개인적인 삶과 관련된 일들. 이렇게 하면 현재 자신이 원하지 않는 방향으로 진행되고 있는 일들이 얼마나 많은지를 점점 더 확실히 알 수 있을 것이다. 당신은 자신의 민감함이 점점 더 증가함을 느낄 수 있게 될 것이다. 자, 시간을 내서 다음의 목록을 작성해 보라.

2. 그런 다음에는 제일 쉬운 문제 3가지를 골라서 다음 주까지 해결해 보라. 여기에서 '쉬운' 문제라 함은 그 문제의 해결을 위한 방법을 다 알고 있으며 동시에 그리 오래 걸리지도 않는 문제를 뜻한다. 예를 들자면 다음과 같은 것들이다. 단추를 다는 일, 차를 청소하는 일, 흔들리는 탁자의 나사못을 죄는 일. 그

직장	사생활
_____	_____
_____	_____
_____	_____
_____	_____
_____	_____
_____	_____

문제를 해결했을 때의 느낌이 어떤가를 잘 살펴보라. 그리고 계속해서 이런 식으로 문제를 해결해 나가라. 그러다 보면 추진력이 붙을 것이다. 각각의 목록에 하나를 보탤 때마다, 그리고 하나씩 지울 때마다 규칙적으로 이렇게 자신의 느낌을 살펴야 한다. 그리고 자신의 예민한 감각이 성장하기를 기대하라. 문제를 어떻게 해결해야 하는지 전혀 모르겠거나 그 문제를 도저히 해결할 수 없는 경우 또는 문제가 무엇인지조차도 전혀 알고 싶지 않은 경우에는 그냥 기록만 해 두어라. 기록을 하는 행위, 진실을 털어놓는 행위 그 자체에서 힘이 솟아나는 법이니까.

3. 일을 할 때나 또는 친구와 커피를 마실 때 일단 모임이 시작되면 잠시라도 짬을 내서 스스로에게 다음과 같은 질문을 던져 보라. 우리가 좀 더 편안하게 이야기를 나누기 위해서 바로 지금내가 할 수 있는 일은 무엇인가? 조명을 바꾼다거나, 음악을 끈

다거나, 블라인드를 내린다거나, 창문을 연다거나, 방문을 닫는 다거나, 좌석을 재배치하는 등, 당신이 할 수 있는 일은 얼마든 지 있다. 당신이 좀 더 편안한 분위기에서 이야기를 나눈다면 그만큼 당신의 에너지를 고갈시키는 요인도 줄어들 것이고, 따라서 불편을 참아야 할 일도 없어질 것이다.

실행을 방해하는 장애물들

이 책의 생각들을 실행에 옮기는 일이 언제나 수월한 것은 아닐 것이다. 그것은 아무리 그럴듯한 아이디어라 할지라도 마찬가지다. 만일 우리가 좋은 온갖 일들을 곧장 실행에 옮길 수 있었다면 지금쯤 인간이 아닌 다른 종이 되어 있을 것이다. 아마도 건강에 좋은 것들을 잘 먹고, 규칙적으로 운동을 하고, 하루에 세 번 치실로 치석을 제거하고, 담배를 끊고, 스케줄을 잘 관리하는 사람이 되었을 것이다. 하지만 그러기에는 장애물이 너무나도 많다. 장애물은 매력적이기도 하고 아주 짜증나기도 한다. 어떤 장애물은 가볍고, 어떤 장애물은 큼직하며, 어떤 장애물은 합리적이고, 또 어떤 장애물은 남들에게 이야기하기 부끄러울 정도로 매우 어리석어 보인다. 하지만 당신이 앞으로 나아가기 시작할 때 속도를 늦추거나 또는 아예 멈춰 서게 해 버릴 수도 있다는 점에서 그것들은 모두 진짜 장애물이다. 그렇기 때문에 당신은 그 장애물들을 진지하게 받아들여야 한다.

자, 여기에서 일단 책 읽기를 멈추고 잠시 시간을 내서 생각해 보

라. 당신이 이러한 생각들을 열심히 실천해 나가는 데 있어서 방해가 될 만한 것들은 무엇인가? 그 장애물들을 아래에 열거해 보라.

다음은 이 장의 자료들을 실행에 옮기는 것과 관련해 여러 사람들로부터 전해 들은 장애물들의 예다. 부디 당신의 장애물도 아래에 포함되었기를 바란다. 만일 여기에 포함되지 않은 장애물이 있다 해도 다음 장에서는 그와 비슷한 것들을 다루게 될지도 모른다.

- *이런 종류의 일을 할 때 나는 제대로 출발했다가도 어느새 예전 방식으로 되돌아가곤 해요. 어떻게 하면 초점을 유지할 수 있죠?*
  새로운 습관을 형성하기까지는 보통 21일이라는 기간이 소요된다. 그 기간에는 나중보다 훨씬 더 많은 노력이 필요하다. 어떻게 보면 이 기간은 새로운 습관을 당신의 일상생활의 일부로 자연스럽게 형성하기 위한 하나의 투자 기간이라고도 할 수 있다. 이 기간 동안 당신은 어떤 습관이라도 새롭게 길들일 수 있다.
  내가 다니는 안경점 주인은 내가 티슈로 안경알을 닦는 버릇 때문에 플라스틱 렌즈가 그만 종이의 나무 섬유질에 긁혔다고 했다. 그 뒤 나는 날마다 안경을 비눗물로 씻은 다음 타월로 말리기 시작했다. 처음에는 그 일이 아주 귀찮았다. 때로는 하루의 시작부터 그런 일에 매달려야 한다는 것 때문에 화가 나기도 했다. 하지만 지금은 오랫동안 그 일을 계속해 와서 그런지 안경을 씻지 않고 그냥 쓴다는 생각만 해도 불편하기 그지없다. 안경을 씻지 않으면 지저분하다는 느낌이 강하게 들고, 내 마음속에서는 계속해서 이 안경을 어떻게 해야 하지 않겠느냐고 나지막이 속삭인다. 그 메시지를 무시하는 데에도 불필요한 에너지 소모가 일어난다. 이제는 안경을 씻는 것이 마치 자동 행동으로 되어 버렸으며, 안경을 씻는 데 걸리는 시간도 별로 의식하지 못할 정도가 되있다. 즉 그것은 이제 일부러 시간을 내야만 하는 '임무'가 아니라 아주 자연스러운 나의 일상에 속하게 된 것이다. 굳이 이야기하지면 이제는 안경을 씻는 일이 외출을 하기 전에 구두를 신는 것만큼이나 자연스러운 행동이 되었다 — 거의 아무런 생각 없이 일체의 저항감도 느끼지 않고 실행에 옮길 수 있게 된 것이다. 일상적인 습관을 새롭게 형성하기 위한 여러 가지 방법에 대해서는 제1장을 참조하라.

• 이런 사소한 일들이 내 에너지를 감소시킬 수 있으리라고는 *생각되지 않는데요?*

조금만이라도 노력해 보라. 그런 다음에 결정을 내려도 늦지 않는다. 한두 시간 정도만 짬을 내서 몇 가지를 실천에 옮겨 보라. 그리고는 멈춰 서서 깊이 생각해 보라. 그렇게 한 뒤에 하루 종일 당신 자신에 관해 어떤 느낌이 들었는가? 현재 당신의 에너지 수준은 어느 정도인가? 전과 비교했을 때 어떻게 다른가?를 곰곰히 생각해 보라.

- *무엇부터 시작해야 할지 전혀 모르겠어요.*

  하루 저녁 또는 몇 시간 안에 해 낼 수 있을 만한 일부터 몇 가지만 골라서 해 보라. 빠른 속도로 발전하고 있다는 느낌이 들어야 계속해서 노력하고 싶은 마음이 드는 법이다.

- *문제를 어떻게 해결해야 할지 정말 모르겠어요. 만일 알았다면 벌써 다 해결했겠죠.*

  그 문제는 어떤 연속적인 단계를 필요로 하는 복잡한 과제일 수 있다. 그리고 어쩌면 당신 자신도 그 단계들을 정확히 모르고 있을 수가 있다. 발전을 이루기 위한 한 가지 방법은 당신이 앞으로 나아가기 위해 필요한 여러 개의 단계들 중에서 가장 간단한 단계 하나만을 골라내는 것이다. 예를 들면 당신을 도와줄 수 있는 사람의 전화 번호를 찾아보는 것처럼 그야말로 간단한 일일 수도 있다. 그 단계를 확실히 완수해 낸 다음에는 그 다음으로 간단한 단계를 고르면 된다. 이렇게 하는 것만으로도 얼마든지 발전하는 듯한 느낌을 가질 수 있으며, 그러한 느낌은 당신에게 추진력을 가져다 줄 것이다. 너무 먼 미래를 내다보려고 애쓰는 것은 대부분 당신을 힘들고 지치게만 하는 도무지 의미가 없는 일이다. 다음 단계를 완수해 낸 다음에는 모든 상황이 달라져 보이게 마련이기 때문이다. 다시 말해서 첫 단계를 제대로 완수해 낸 다음에야 비로소 당신은 제2단계와 제3단계를 확실히 알 수 있을 것이다.

제3장

잡동사니들을 치워라

에너지를 발산하려면 먼저 당신의 삶 여기저기에 어지럽게 흩어져 있는 잡동사니들부터 치워라.

이 부분은 특별히 주의를 기울여야 한다. 왜냐하면 잡동사니들은 곧 잘 사람들을 현혹시키며, 또한 겉보기보다 훨씬 더 중요한 요소이기 때문이다. 이 잡동사니들은 불균형적인 측면을 지니고 있는 것 같다 ― 어느 단계에서는 그것이 별로 문제가 되지 않는 것처럼 보이지만, 실제로는 큰 문제로 떠오르기도 한다. 우리는 그 잡동사니들을 곁눈질로 살짝 보고 나서 말없이, 그리고 자주 우리 자신을 질책하곤 한다.

> 우리가 가정에서 매일 연습하는 평범한 기술들은 그 단순함과는 비교가 되지 않을 정도로 우리의 영혼에 중요한 요소다.　_ 토마스 무어

잡동사니는 우리의 직장, 가정, 차고, 자동차, 다이어리, CD 보관

함, 지갑, 핸드백, 주머니, 머릿속(이것이 가장 중요하다), 그 어디에나 있다. 그리고 당신의 컴퓨터(특히 삭제하지 않은 오래된 파일을 불러올 때와 저장할 때), '해야 할 일들'의 목록, 재정, 서류, 서랍에도 있다.

도대체 어쩌다가 이 지경이 되었을까? 우리는 대개 너무도 많은 것들을 소유하고 있다. 그중에는 우리가 자주 사용하지 않는 것들도 많다. 그래서 좀 더 나은 방식으로 다른 데 사용할 수도 있었을 에너지가 이런 것들에 저당 잡혀 있는 것이다. 그러면 그것들 중에서 무엇 무엇을 제거해야 할지 과연 어떻게 결정을 내릴 수 있을까? 잡다한 것들을 제거해 버리기 위해 다음의 기준을 한번 사용해 보라.

그러니까, 쓸모가 없거나 아름답지 않은 것들은 제거해 버리고 (물론, 사람은 여기에서 제외된다) 그것에 묶여 있는 에너지를 풀어 버려라. 만일 지난 1년 동안 한 번도 사용하지 않은 것이 있다면 그것부터 과감히 치워 버려라. 크리스마스 장식품처럼 계절에 따라 사용되는 항목들은 물론 제외하고 말이다.

> 당신에게 확실히 쓸모가 없는 것들, 전혀 아름답지 않은 것들은 단 하나도 자신 집에 남겨두지 마라.
>
> _ 윌리엄 모리스

어떤 사람들은 분명히 이 의견에 반대할 것이다. 그런 것들도 다 어딘가에는 쓸모가 있다고요! 그것이 어쩌면 살 때 돈이 좀 들었고, 또 아직은 쓸모가 있다고 치자. 그렇지만 도대체 그걸 가지고 무얼 할 것인가? 만일 당신이 진심으로 그것을 사용할 생각이라면 그대로 가지고 있어라. 하지만 반드시 시간의 틀을 짜놓기 바란다. 당신은 다음 4가지 중에서 하나를 선택할 수 있다.

- 팔아 치워라.
- 그것을 좀 더 유용하게 쓸 수 있는 사람에게 주어라(나는 내 파스타 제조기를 어느 학부모에게 주었다. 그 집 아이들은 그걸로 종이를 갈기갈 기 찢곤 했다. 물론 내가 의도한 바는 아니었지만 그래도 그것이 자주 사 용되고 있다는 사실만은 확실했다).
- 자선 바자회에 내놓아라.
- 내다 버려라.

당신이 소유하고 있는 물건들은 과거에 자신이 어떤 사람이었는가 를 보여 주는 것들이다. 즉 당신 과거의 일부인 셈이다. 하지만 당신 은 계속해서 앞으로 걸어나왔을 것이다. 따라서 이제는 새로운 자신 을 위한 장소를 만들어 줘야만 한다. 결핍에 기반을 둔 사고방식은 이제 그만 버려라. 지금부터는 풍요에 기반을 둔 사고방식을 지니 고, 당신의 삶을 훨씬 더 좋은 것들로 채워라. 좀 더 많은 여유를 마 련해 두는 것이 본질적으로 좀 더 나은 선택일 수 있다고 생각하라.

어떤 사람들에게는 잡동사니를 제거하는 일이 무척 어려운 과제 일 수도 있다. 그런 경우에 한 가지 해결책은 바로 도움을 요청하는 것이다. 배우자나 친한 친구에게 도움을 청하라. 내가 아는 어떤 두 사람은 서로의 잡동사니를 제거해 주고 싶어했다. 그래서 그들은 크 리스마스와 새해 연휴 기간에 이 일을 하기로 결심했다. 그들은 한 시간에 한 번씩 서로에게 짤막한 전화를 걸어서 그들의 사무실을 치울 수 있는 추진력을 잃지 않도록 서로를 격려해 주었다.

> 서류를 모두 정리했다. 상당량을 갈가리 찢어서 가차없이 파기해 버렸다. 이런 일은 언제나 엄청난 만족감을 안겨 준다. _ 캐서린 맨스필드

또 한 사람은 내 세미나에 참석했던 사람인데, 그녀는 자신이 잡동사니를 치우는 일에 별로 익숙치 않다는 것을 알면서도 무척이나 그 일을 하고 싶어했다. 그래서 그녀는 자기 사무실을 치우는 일을 가장 잘 도와줄 수 있는 동료에게 도움을 청했다. 그리고 그 대가로 동료가 미래를 잘 설계할 수 있도록 도와주기로 했다. 이런 식으로 각자의 장점을 교환하는 것에 관해서는 제7장에서 다시 한번 짚고 넘어갈 것이다. 그녀를 다시 만났을 때 그녀는 어느 정도 일을 매듭지었다고 했다. 그리고 그 다음 날 커다란 상자로 7개나 되는 잡동사니들을 모두 다 버렸다. 이날 그녀는 굉장히 많은 에너지가 새로 생겨난 듯한 기분을 느낄 수 있었다고 한다.

그러면 당신의 머릿속에 들어 있는 잡동사니들은 어떻게 처리해야 할까? 제일 먼저 해야 할 일은 잡동사니의 출처나 영역을 확실히 알아낸 다음 그로 인한 에너지 고갈 효과를 감소시킬 수 있는 적절한 해결책을 찾아내는 것이다. 일단은 긴 목록을 작성하고 그 목록에 적힌 항목들을 다시 논리적으로 분류하면 된다. 이런 식으로 분류를 하고 나면 잡동사니들에 대한 생각도 줄어들 뿐 아니라 에너지도 강화될 것이다.

내 경우에는 사무실의 미결제 서류함이 정신적 잡동사니의 형태

로 다가오곤 했다. 내 책상 한구석에는 미결제 서류함이 있었는데, 직원들은 하루에도 15건이 넘는 서류들을 그 안에 집어넣곤 했다. 심지어는 내가 다른 일을 하고 있는 동안에도 말이다. 그럴 때마다 나는 당장 눈앞의 업무에 정신을 집중하려고 노력했지만 내 머리 뒤편에서 들리는 작은 음성은 지금 막 미결제 서류함에 추가된 귀찮고 사소한 일이 과연 무엇일까 하고 궁금해하기 일쑤였다. 그것은 우리 회사가 이전에 간담이 서늘해질 정도의 일을 겪은 적이 있었기 때문이었다. 그때 나는 (다른 빌딩에서 근무하고 있는) 전무 이사에게 팩스를 한 장 보냈는데, 30분도 채 안 되어서 그가 나에게 전화를 걸어왔다. 숫자 몇 개를 확실히 알려달라고, 그리고 나 자신의 판단을 말해 보라고 말이다.

나는 그 미결제 서류함이 업무를 방해할 정도로 내 정신을 혼란스럽게 만든다는 사실을 깨달았다. 그것들은 지금 당장 관심을 쏟지 않아도 되는 일이 태반이었지만, 그래도 내가 다른 일에 집중하지 못하도록 방해하기는 마찬가지였다. 그래서 나는 그 미결제 서류함을 내 사무실 바로 밖에 있는 비서의 책상으로 옮겨 버렸다. 그리고 비서에게 먼저 우편물들을 살펴본 다음에 바로 처리해야 되는 것처럼 보이는 것들만 곧바로 가져다 달라고 일러두었다. 그날 하루 종일 비서는 그 많은 우편물들을 다 훑어본 다음 아래와 같은 항목들로 모두 분류해 놓았다.

- 버려야 할 것
- 며칠 연기해도 되는 것

- 우리 팀에서 적절한 사람을 골라 위임할 수 있는 것
- 내가 직접 언제까지 해야 할 것, 5분이 채 안 걸리는 일은 가급적 지금 바로 하는 게 좋음

그녀는 퇴근을 하기 직전, 분류된 꾸러미들을 나에게 가져왔다. 나는 혼자서 그 꾸러미들을 훑어본 다음, 그녀의 추천에 동의하는 것과 동의하지 않는 것들을 일일이 메모했다.

다음 날 아침, 우리는 5분간 시간을 내서 그 추천 목록들을 함께 살펴보았다. 나는 변경 사항들에 대해서 설명을 해 주었고, 그 이후 그녀는 더 좋은 입장에서 제안할 수 있게 되었다. 이 일로 인해서 나는 에너지와 생산성이 놀랍게 향상되는 것을 느꼈다. 왜냐하면 누군가 계속 주시해야 하는 중요한 일에 더 잘 집중할 수 있게 되었고 나의 관심이 필요한, 긴급한 일을 잘 알고 있다는 안심이 들었기 때문이다.

> 잡동사니들로부터 벗어나 단순성을 발견하라. _ 알버트 아인슈타인

당신에게 적용해 보라

1. 생활 속에 존재하는 온갖 영역의 잡동사니들을 목록으로 작성하라. 자동차, 사무실, 차고, 거실, 화장실 캐비닛, 서류 가방, 테니스 가방, 지갑, 컴퓨터, 사진, CD 등등의 영역으로 분류해서

말이다. 목록을 작성할 때는 최대한 구체적으로 작성하라. 각각의 목록들은 결국 당신이 다루어야 할 하나의 영역으로 발전할 테고, 그 영역이 작으면 작을수록 처리하기도 쉽기 때문이다. 목록을 작성한 다음에는 한 번에 한 개의 영역만 골라서 15분씩 할애해 보라. 이 15분이 지나면 그 영역을 계속 다룰 것인지 아니면 그만둘 것인지 스스로 결정을 내리면 된다. 만일 그 영역을 그만두기로 결정했다면 그 다음 영역에 다시 15분을 할애하고 이런 식으로 모든 영역을 다루면 된다. 언제가 이 일을 하기에 안성맞춤인지를 스스로 결정하고, 그 시간을 다이어리에 기록해 두어라. 파트너에게도 얘기해 놓고, 또 만일 가능하다면 둘이 함께해도 된다. 이런 일은 아마 자주 일어날 것이다.

한 고객은 자기들 부부는 매일 저녁 10시가 되면 15분씩 언제나 정리 정돈을 한다고 했다. 그런 습관을 들이기 전에는 너무나도 할 일이 많아서 항상 우울하게 지냈다고 한다. 그러다가 어느 날, 자신들의 목표는 완벽함이 아니라 개선이라는 사실을 인정하게 되었고, 그 전략은 성공을 거두게 된 것이다. 그들은 결과에 무척 만족했다. 가정이 좀 더 화목해졌으며, 집 안에 있을 때에는 언제나 에너지가 솟아나는 것을 느낀다고 한다.

아이들의 경우, 잡동사니를 치우는 일은 하루를 꼬박 바쳐야 하는 일일 수 있다. 아이들 방에는 언제나 레고 부품이나 퍼즐 조각이 전혀 엉뚱한 곳에 어질러져 있기 일쑤다. 그렇지만 당신이 계속해서 개선해 나가기만 한다면 반드시 에너지가 증가할 것이다.

잡동사니들의 영역

1. _____

2. _____

3. _____

4. _____

5. _____

6. _____

7. _____

8. _____

9. _____

10. _____

실행을 방해하는 장애물들

언제나 그렇듯이 잡동사니들을 치우는 일을 실행하는 데는 수많은 어려움이 뒤따른다. 다음은 당신의 빠른 발전에 방해가 되는 몇 가지 생각들이다.

• 그렇게 모든 것을 깔끔히 정리하려고 애쓰다 보면 사소한 일들에 너무 얽매이게 되지 않을까? 내가 신경 써야 할 중요한 일들이 얼마나 많은데. 사소한 일에 너무 신경 쓰는 사람만이 자기가 방금

사용했던 물건들을 금방 치워 버리는 것 아닌가?

당신이 원하는 결과가 무엇인지를 잊지 말기 바란다. 방해물에는 초점을 맞추지 말라. 만일 좀 더 생산적인 사람이 되고 싶다면 그 정도를 어떤 식으로 측정할 수 있을까? 만약에 객관적으로 측정할 수 없다면 10개의 주관적인 등급을 사용하면 된다. 물론 두 가지 방법 모두 효과는 있겠지만 아무래도 전자가 더 효과적일 것이다. 그러므로 당신도 한번 시도해 보라. 그리고 당신이 원했던 결과와 비교해 그 결과를 한번 측정해 보라.

'사소한 일에 지나치게 신경을 쓰는 사람'이니 '다른 사람이 재미없다고 생각하는 것에 아주 큰 관심을 갖고 있는 사람', '멍청이', '까다로운 사람', '유별난 사람'과 같은 등급들은 남들이 우리를 어떻게 보느냐에 따라서 달라지며, 누군가 그 명칭을 우리 또는 우리가 아는 사람에게 악의적으로 사용할 경우 종종 변하기도 한다. 예를 들면 우리들 대부분은 자라면서 '선생님의 귀염둥이'가 되지 않으려고 갖은 애를 다 쓴다. 하지만 직장은 다른 세계다. 그런데도 직장의 규칙에 자신을 맞추는 속도가 늦다. 만일 당신이 직장에서 많은 일들을 수행했는데도 불구하고 상사들이 그 사실을 몰라준다면, 결국 당신의 위치는 위험에 부딪히게 될 것이다. 그러므로 다른 사람들이 당신의 공헌과 성취를 제대로 알 수 있도록 하는 것이야말로 업무 기술의 주요 열쇠라 할 수 있다. 위에 언급된 것과 같은 등급들은 전혀 도움이 되지 않을 뿐 아니라 오히려 속도만 늦출 뿐이다. 효과적인 방법을 사용하라. 그리고 그 방법을 다시 사용할 것인지 말 것인지를 결정할 때도 그것이 당신의 기준이 되게 하라. 장애물에 집착하지 말고 결과에 집중하라.

하지만 결과에 집중할 때도 도가 지나쳐서는 안 된다. 도가 지나치면 또다른 에너지 감소의 원인이 되기 때문이다. 우리의 목표는 언제나 완벽해야 한다는 것이 아니라 잡동사니들을 깔끔하게 정리하는 것, 그래서 그 물건들을 찾느라 낭비하는 시간을 줄이는 데 있다. 깔끔히 정리가 되어 있지 않으면 물건들을 치우고 다시 꺼내는 데 많은 시간을 낭비할 수밖에 없기 때문이다.

- *치워 버리는 것은 전혀 도움이 되지 않는 행위다.*
  단기적으로 보면 물론 그럴 수도 있다. 하지만 물건들을 바로 가까이 두고서도 몇 주 또는 몇 달씩 사용하지 않는다면 문제가 달라진다. 원칙상으로는 타당하지만 현실적으로는 어려운 이야기다. 나는 종종 어떤 물건을 몇 주일간 내버려두기도 한다. 그러다가 그것에 관해 생각이 나서야 비로소 그것을 어디에 두었는지 전혀 생각이 나지 않는다는 사실을 깨닫게 된다. 이것은 내가 그동안 그것을 어디에 둘까라는 고민을 끝내지 않았다는 증거다. 따라서 그것은 편리함을 가장한 일종의 지연이라고도 할 수 있다. 종종 아주 힘겨워 보이던 문제들이 열매를 맺는 순간을 보는 것은 아주 기분 좋은 일이다.

- *나는 잡동사니들을 치우는 데 별로 소질이 없다.*
  이것은 아주 해묵은 고정관념이라서, 당신에게만 해당되는 것은 아니다. 이제는 그것을 정식으로 테스트해 보고, 가능하다면 새롭게 변화시켜야 한다. 스스로에게 한번 물어보라. "내가 만일 물건들을 깔끔히 정리하는 사람이라면 지금 어떤 식으로 달라져 있을 것인가?" 그런 다음에는 작은 일부터 시작하라. 처음에는 하루에 한 번씩 5분간만 시간을 내서 이 일에 착수해 보라. 그리고 가능하다면 당신을 도와줄 만한 친구를 찾아보라.

• *나는 그렇게 깔끔 떠는 사람은 되고 싶지 않다.*
이러한 생각은 우리의 행동에 좀 더 심각한 문제를 야기한다. 우리는 대개 원인이나 심각한 동기에 관해서 충분히 생각해 보지도 않고 일단 행동을 정당화하려는 경우가 많다. 내 고객들 가운데 한 명은 좀 더 자주 임무를 위임하고 싶으면서도 언제나 그래서는 안 되는 이유만을 정당화해 왔다. 그녀는 항상 특별한 임무를 위임해서는 안 되는 이유들을 그대로 받아들여야 한다는 유혹에 빠지곤 했다. 하지만 그 이유들은 대개가 일종의 회피 행동을 위한 변명에 지나지 않았다. 그녀가 좀 더 자주 임무를 위임하지 않으려 한 진짜 이유는 그녀 생각에 다른 사람들이 자기가 위임한 일을 별로 반갑게 받아들이지 않을 것 같아서였다. 그녀는 어떻게 해서든지 사람들로부터 인기를 잃을 만한 행동은 하고 싶지 않았던 것이다. 하지만 이제는 그녀도 이러한 사실을 잘 알고 있다. 그녀는 이 사실을 인정하고, 자신이 '성공할 수 있을 때까지' 나에게 끊임없이 주의를 환기시켜 줄 것을 부탁했다.

당신이라면 이러한 회피 행동을 어떻게 처리할 것인가? 우선 모든 행동에는 목적이 있다고 생각하라. 심지어는 우리가 좋아하지

094
095

않는 잡동사니조차도 말이다. 자신이 원치 않은 행동을 변화시키려고 노력하기 전에 먼저 그 행동의 목적부터 이해하고 넘어가야 한다.

무언가를 감추면 그것은 언젠가 아주 다양한 변장을 하고 다시 나타난다. 내 고객들 중 한 명은 좀 더 체계적인 사람이 되고 싶었다고 한다. 특히 납세 신고서를 제때 완성하고 싶은 마음이 간절했다. 내가 그렇게 하지 못하는 이유를 물었을 때 처음에는 당황하는 것 같았다. 그러더니 이윽고 웃기 시작했다. 자신이 그 일을 꺼리는 진짜 이유는 사실은 6년 동안 관련 기록을 유지해야 하는 세무 관련 규정들이 모두 우습다고 느꼈기 때문이었음을 깨달은 것이었다. 결국 그녀가 납세 신고서를 제때 완성하지 못했다는 사실은, 그녀가 그 일에 대해서 어떤 감정을 가지고 있었는가를 잘 보여 준다. 그 이후로 그녀는 자기가 주저하는 진짜 이유를 잘 알게 되었으며, 그러한 반응이 얼마나 비효율적인 것인지도 이해하게 되었다. 이제 그녀는 앞으로 나아갈 수 있게 되었다. 당신도 잡동사니들에 대해 적극적인 자세를 취하도록 하라. 그리고 당신에게 공감을 불러일으킬 만한 대답을 찾을 때까지 계속해서 질문하라.

- *잡동사니는 곧 내가 창조적인 인물임을 증명해 주는 것이다.*
  정말로 그렇다면 멋진 일일 것이다. 당신은 과연 다른 식으로 행동하기 위해 노력해 본 적이 있는가? 만일 그렇지 않다면 이것 역시 일종의 감춰진 대가라고 할 수 있다. 저항에는 에너지가 필요하다. 당신이 뭔가 변화를 일으켰을 때 위험에 빠질 수 있을 만한 것들은 모두 다 찾아내라. 그리고 가능한 한 다양한 방식으로 다음 질문들에 대답해 보라.

- 잡동사니들이 나에게 주는 긍정적 효과는 무엇인가?
- 잡동사니들로부터 내가 얻는 것은 무엇인가?
- 잡동사니가 없을 경우 내가 잃게 되는 것은 무엇인가?
- 내 잡동사니들은 나에 관해 뭐라고 말하는가?

　이 일에 시간을 할애하라. 한 번에 최소한 30분 이상이어야 하며, 적어도 다음 날까지 결과를 도출해야 한다. 때로는 자신의 처음 대답이 민감한 곳을 건드려서 뭔가 새로운 사실을 밝혀낼 수도 있다. 하지만 대개의 경우 깨달음은 좀 더 천천히 생겨나며, 그로 인해 처음에 생각했던 것을 좀 더 합리적으로 이해할 수 있다. 일단 위의 질문들에 전부 대답한 다음에는, 그중에서도 나머지보다 특히 더 중요한 것이 무엇인가를 따져 보아라. 어떤 것이 가장 큰 대가인가? 그 다음으로는 좀 더 체계적인 행동으로 그 대가를 잘 치를 수 있는 방법을 찾아야만 한다.

　나는 훈련 과정에서 실제로 이러한 예를 본 적이 있다. 여자 한 명이 담배를 끊고 싶다고 했을 때 나는 그렇게 하지 못하는 결정적인 요인이 무엇이냐고 물었다. 잠시 생각해 보더니 그녀는 담배를 피움으로써 얻는 긍정적 이득을 무려 스무 가지도 넘게 댈 수 있다고 말했다. 예를 들면

- 흡연은 그녀의 부모님께 저항할 수 있는 하나의 수단이다.
- 흡연은 불량한 행동이다.
- 흡연은 그녀에게 동료들과 수다를 떨 수 있는 기회를 제공해 준다.
- 흡연은 신경이 곤두서 있을 때 손으로 뭔가 할 수 있는 일을 제공해 준다.

그녀가 위와 같은 목록을 죽 늘어놓았을 때, 나는 그래도 여전히 담배를 끊고 싶냐고 물었다. 그녀는 목록을 찬찬히 들여다보더니 '아니오' 라고 대답했다. 이로써 그녀는 자신이 흡연을 통해서 무의식적으로 얻는 게 얼마나 많은가를 처음으로 인정하게 되었다. 그리고 그 무의식의 힘이 얼마나 센지는 그녀가 쉽게 담배를 끊지 못하고 있다는 사실이 여실히 증명해 주고 있었다. 이제 다음 단계는 그녀가 얻을 수 있는 가장 중요한 이득들을 자세히 살펴보고, 똑같은 욕구를 좀 더 건설적으로 채워 줄 수 있는 대안을 찾아내는 것이었다. 그 대안을 찾아낸 다음에야 비로소 그녀는 좀 더 성공적으로 담배를 끊을 수 있는 만반의 준비를 갖추게 되었다.

- *나는 어느 정도 혼란스러워야 더 좋은 생각이 떠오른다.*
  믿기 어렵겠지만 전혀 불가능한 얘기는 아니다. 열린 마음으로 다른 방법을 한번 시도해 보라. 어떤 점이 다른지 살펴보고, 자신에게 더 잘 맞는 쪽을 선택하라. 그렇게 하면 좀 더 많은 정보를 입수하게 될 것이다.

- *잡동사니 정리는 별로 효과가 없는 것 같다.*

  물론 모든 이들에게 효과가 있을 수도 있고 또 효과가 전혀 없을 수도 있다. 하지만 효과가 있으면 좋은 일이고, 설령 효과가 없다 치더라도 최소한 노력은 해 본 셈이 되는 것 아니겠는가? 다시 한 번 말하지만, 방법에 대한 당신 자신의 장애에만 초점을 맞추지 말고 결과에, 즉 에너지를 좀 더 많이 갖게 되는 것에 초점을 맞추어라.

- *잡동사니는 나의 위신을 떨어뜨린다.*

  잡동사니를 제거하는 일은 좀 더 생산적인 사람이 되기 위한 일종의 준비 과정이라고 할 수 있다. 최고의 운동 선수들은 다음과 같이 행동한다. 그들은 경주에 출전하기 전에 먼저 자신의 몸과 마음이 이번 경기에 대비할 수 있도록 지루한 준비 과정을 수없이 거치곤 한다. 경기는 단 몇 초 만에 끝나 버릴 수도 있다. 하지만 준비 과정은 몇 달 또는 몇 년이 걸리기도 한다. 그런데 우리는 언제나 우리 주변의 공간을 최소한으로 준비하고, 또 그것이 우리에게 미치는 영향을 거의 인식하지 못한 채, 무조건 최대한의 효과를 보려고만 한다. 이것은 곧 우리가 매우 천재적이거나 아니면 결정적인 실수를 저지르고 있다는 말이 된다.

- *잡동사니들을 모두 다 치우려면 평생을 바쳐도 부족하다. 따라서 그 일을 시작하는 것 자체가 전혀 무의미한 일이다.*

  완벽을 추구하라는 게 아니라 그저 개선을 추구하라는 말이다. 단

10분간만 잡동사니들을 치우는 데 할애해도 얼마나 많은 변화가 생기는가를 알면 당신 자신도 종종 깜짝 놀라게 된다. 우리 부부는 집 안 여기저기를 돌아다니면서 제자리에 놓여 있지 않은 큼직한 물건들을 재빠른 몸짓으로 정리 정돈하는, 이른바 '5분 전격 작전'을 펼치곤 했다. 물론 어떤 것들은 절대로 완벽해질 수 없다. 하지만 상황이 좀 더 나은 쪽으로 변화했음을 느낄 수는 있다. 또 때로는 적극적으로 주변 환경을 정리했다는 사실 때문에 마음이 편해지고 에너지가 솟구치는 것을 느낄 수도 있다. 올바른 방향으로 작은 발걸음을 내딛음으로써 커다란 대가를 얻기도 한다. 그리고 이를 통해 당신은 좀 더 나아갈 수 있는 추진력을 얻고 동시에 긍정적인 순환 과정을 일으키게 된다.

- *무슨 잡동사니요? 내 눈에는 아무것도 안 보이는데요.*
  이 경우는 이미 정리 정돈을 했거나, 아니면 당신이 잡동사니에 익숙해져 있는 것이다. 이미 정리를 했다면, 다음 장으로 넘어가도 좋다. 하지만 잡동사니에 익숙해진 것이라면, 한두 명의 친구에게 자신을 한번 살펴봐 달라고 부탁하라. 때로는 그들이 좀 더 정확한 판단을 내릴 수도 있기 때문이다.

- *잡동사니들을 치워 둘 만한 공간이 전혀 없어요.*
  보관 문제를 해결하기 위해 IKEA*나 비슷한 곳을 가 보든지, 아니

---

* IKEA : 1943년에 설립된 스웨덴에 본사를 둔 종합 가구 기업. 2003년까지 총 31개국에 진출해 있고, 제품의 대부분은 DIY와 기성 제품의 중간 형태인 반 조립식 가구다. 여기서는 IKEA가 운영하는 매장을 말한다)

면 잡동사니들을 버려라. 그래도 문제가 해결되지 않을 경우에는 당신보다 좀 더 지독한 사람에게 도움을 청하라. 그리고 그들의 도움에 대해서는 후한 대가를 지불하라. 그래야만 당신이 이 상황을 좀 더 진지하게 받아들일 수 있다. 지불을 많이 하면 할수록, 당신도 그들의 충고를 더더욱 소중하게 받아들이게 될 것이다.

- 일단은 잡동사니들을 모조리 치운다 해도 그 상태를 계속해서 유지할 수 있는 방법이 없다.

  어쩌면 그럴지도 모른다. 하지만 잡동사니들을 다 치움으로써 얻은 에너지를 유지하기는 좀 더 쉽다. 어쩌다가 뒤로 다시 미끄러진다 할지라도 부디 낙심하지는 마라. 진보에는 좌절이 따르게 마련이다. 이제 막 걷는 법을 배운 아기가 실수를 저질렀다고 해서 쉽사리 좌절하고 마치 어른처럼 자기 비판만 늘어놓는다면, 걷기가 더욱 어려울 것이다. 매일의 습관 체크 리스트에 자신이 확립하고 싶은 습관을 몇 가지를 덧붙여 보라(63페이지를 참조하라).

제4장

비상시에 대비해
여유를 가져라

*스트레스를 줄이고 에너지를 강화하기 위해 실행에 필요한 시간적
여유를 마련해 두어라.*

우리는 모두 다 일터와 부모님, 자녀, 친구들이 우리에게 갖고 있는
기대와 요구 사항들을 처리하느라 매우 바쁘다. 게다가 다른 사람들
에 대한 의무와 우리의 행복과 삶은 앞으로 어떻게 될 것인가에 관
한 생각도 해야만 한다. 그 결과 우리는 뭔가 끝냈다는 것을 거의 느
끼지 못하고 살고 있다. 아니, 때로는 부분적인 통제 의식마저도 느
끼지 못하고 살 때가 있다. 시간의 거의 대부분을 우리는 다음 단계
의 위기 앞에서 한 단계에 머물러 있으려고, 아니면 이전 단계를 추
려내기 위해 몸부림치며 살아가고 있다. 이것은 우리를 엄청나게 지
치게 만들며, 나아가 우리의 에너지를 몽땅 빼앗아가 버린다.

그렇다. 하지만 필자는 일을 적게 하라고 말하려는 걸까?(독자들
중에는 이렇게 말하는 사람도 있을 것이다.) 그것은 내 삶에서 스스로 선
택할 수 있는 사항이 결코 아니다. 만일 필자가 그렇게 말한다면 이

102
103

제4장 비상시에 대비해 여유를 가져라

책도 아무런 소용이 없을 것이다. 다음에 잡동사니를 팔 때 팔기 위해, 이 책을 상자에 넣어 두는 수밖에 없다.

그러나 이것은 결코 일을 덜 맡아야 한다는 말이 아니다. 바로 여기에 역설이 존재한다. 그리고 어떤 때에는 이 역설이 매우 불편하게 여겨지기도 할 것이다. 적어도 처음에는 말이다.

해결책은 딱 한 가지, 바로 안전을 위한 여유를 갖는 것이다. 일이 잘못될 경우를 대비해서 쿠션을 설치하는 것, 지금 당장은 필요하지 않지만 곁에 있다는 사실만으로도 위안을 받을 수 있는 그런 여력을 마련해 두는 것이다. 당신도 차에 기름을 가득 채운 다음에는 왠지 자동차가 좀 더 편안해 보이고 만족스러워 보이지 않던가? 그 반대의 경우를 한번 생각해 보라. 언제 기름이 떨어질지 몰라 전전긍긍하고 항상 마음을 졸이게 되지 않는가? 금방이라도 일이 일어나 기름 없는 차로 달리게 될까 봐 두렵기만 할 것이다. 여유가 별로 없다는 것은 비단 그 문제만으로 그치는 것이 아니라 다른 많은 문제들과도 맞물리게 된다. 이것은 많은 양의 에너지를 소모시킬 뿐만 아니라, 별로 재미있지도 않은 일이다. 결과적으로 남는 것은 언제나 스트레스와 뒤처지고 짜증나는 기분, 그리고 얇은 얼음판에서 스케이트를 타는 기분뿐이다. 여기서 만일 한 가지 일만 더 잘못된다면 — 아이가 아프다거나, 비행기가 연착한다거나, 가정부가 그만둔다거나 — 기어이 문제가 발생하고 말 것이다. 우리 집 가정부 한 명도 어느 날 아침 갑자기 모습을 나타내지 않았다 — 나중에야 나는 그녀가 머리를 금발로 염색하고 그리스로 가서 스트리퍼가 되었다는 소식을 듣게 되었다.

사람들 가운데에는 한 가지 문제만 발생해도 금방 삶 전체가 산산이 무너지는 듯한 느낌을 받는 사람이 있다. 이런 식으로 삶을 살아가는 사람이 옆에 있으면 주변 사람들까지도 고통을 받게 된다. 그런 사람은 아주 사소한 문제 하나에도 지나친 반응을 보이기 때문에 그런 사람 옆에 있으면 자연히 긴장하게 된다. 그런 사람의 삶은 너무나도 **빡빡하게** 짜여 있어서 아주 작은 문제 하나에도 엄청난 신경을 쓴다. 즉 그들의 삶에는 도미노가 너무나도 촘촘히 세워져 있다. 하나가 쓰러지면 나머지도 몽땅 다 쓰러지는 도미노처럼 말이다.

한번은 고객 한 명이 우리 집을 방문한 적이 있었다. 그런데 그는 늦게 출발했던 모양이다. 그는 문을 왈칵 열고 들어오면서 아직도 차에 18마일은 더 달릴 수 있는 기름이 남아 있다고 말했다. 그가 몰고 다니는 차는 사브였는데, 그 차는 현재 상태를 기준으로 남은 연료로 얼마나 더 달릴 수 있는지를 알려 주는 차였다. 그는 이미 8마일 정도를 운전해 왔으므로 돌아가는 길 역시 그 정도는 족히 걸릴 것이었다. 그는 연료를 아끼기 위해 오는 내내 정말로 천천히 조심해서 운전을 했노라고 말했다. 그가 너무나도 열심히 설명을 늘어놓는 바람에 나는 그가 언제쯤이면 마음을 진정시키고 코치 일정에 정신을 집중할 수 있을 것인지, 과연 제 시간에 일정을 마치고 집에 돌아갈 수 있을 것인지 궁금해지기 시작했다. 우리에게 주어진 시간은 딱 한 시간뿐이었다. 나는 자동차 핸들을 쥐고 있는 그의 손가락 관절이 하얗게 변하는 장면을 마음속으로 그려볼 수 있었다. 생각해보라. 그가 만일 연료 탱크를 가득 채우고 출발했더라면, 아니 반만이라도 채우고 출발했더라면 그 운전 시간이 얼마나 달라질 수 있었겠는가 말이다. 우리 집에 도착하는 순간까지 머릿속으로 얼마나 풍부한 생각들을 할 수 있었을까? 또 우리 둘이서 얼마나 다양한 문제들을 논의할 수 있었겠는가? 그 운전 시간에 받았던 스트레스가 그날 하루 종일 그를 얼마나 귀찮게 따라다녔을까?

비상시에 대비해 여유를 갖는 것은 비상용 예비 부품을 가지고 다니는 것과 같다. 예비 연료 탱크나 또는 충분히 쓰고도 남을 정도의 연료를 담고 다니면 연료 걱정 같은 것은 하지 않고도 얼마든지 편안하게 이동할 수 있다. '여분의' 연료를 충분히 갖고 다니면 자신의 에너지를 소모하지 않아도 되며, 그 에너지를 다른 일에 사용할 수도 있다. 또한 다른 걱정을 거의 하지 않고도 운전을 무사히 끝마칠 수 있다.

편안함을 느낄 수 있는 여유를 지닌 사람은 무언가 늘 부족하다고 느끼는 사람보다 더 좋은 것들을 자기 삶으로 끌어들일 수 있다. 보통 공짜 물건들(우대권이나 무료 상품, 친절한 접대)을 곧잘 차지하는 사람들을 보면, 지불 능력이 가장 큰 사람인 경우가 많다. 또 가장 쉽게 돈을 빌릴 수 있는 사람들을 보더라도 그 돈이 필요하지 않은 사람인 경우가 많다. 그런 사람들은 좀 더 많은 돈을 지불할 수 있는 능력도 충분하고 규모의 경제에서 벌어지는 이익을 차지하기 위해서라도 가장 큰 사이즈의 가방을 살 수 있는 능력을 가지고 있기도 하다.

그러면 연료 탱크가 빈 채로 달리는 사람들은 어떨까? 당신 자신이나 주변 사람들을 한번 둘러보고 다음의 항목들 중에서 어떤 것에 해당되는지 생각해 보라.

- 회복이 더딤
- 쉽게 분노하고 불만이 많음
- 자기 자신과 다른 사람들을 방해함
- 너무 큰 소리로 말함
- 불평을 잘함
- 금방 툭 끊어져 버릴 것처럼 잔뜩 긴장해 있음
- 함께 있으면 재미도 없고, 유머 감각도 없음
- 비꼬는 말을 많이 함

그렇게 행동하는 주된 이유는 무엇일까?

- 해야 할 일이 너무 많아서
- 요구 사항과 책임이 너무 많아서
- 모임이 너무 많아서
- 비현실적인 마감 시간 때문에
- 차로 이동을 너무 자주 해서
- 너무 쉽게 "예."라고 대답해 버려서
- 자기 자신을 무시해서

그 결과는 어떤가? 연료가 다 떨어진 채로 달리는 것은 업무의 질
과 스트레스, 가정 생활, 업무 태도, 동료와 고객 등에게 영향을 미

친다. 우리는 종종 사람들이 농담처럼 내뱉는 말을 듣게 된다. 새로운 일거리를 얻지 못해서 조용히 자르지 않은 부하 직원만 없다면 일이 훨씬 더 편해질 거라고 말이다.

내 친구 중 한 명은 런던에 위치한 대규모의 다국적 회사에서 마케팅 관리자로 근무했었다. 그녀는 유리벽을 통해서 자기 부서를 내다보던 중 거기에 하나의 패턴이 존재한다는 사실을 깨닫게 되었다. 하루가 시작될 때면 사람들은 예의바르고 품위 있는 태도로 걸어다닌다. 그러다가 시간이 점점 경과하면 걷는 속도도 빨라지고 소음도 커진다. 그녀는 사람들이 첫 번째 미팅을 시작한 이후로 그런 문제가 생긴다는 사실을 눈치챘다. 그리고 종종 도가 지나칠 경우에는 미팅이 늦어지는 일까지 발생하곤 했다. 이런 상황은 하루 일과가 끝나는 순간까지 계속해서 조금씩 심각해졌다. 그러다 보니 한두 개에서 심할 때는 세 개의 미팅까지도 연기되는 경우가 있었다. 결국 미팅을 하기 위해 기다리는 사람들이 밀리게 되고, 그 '기다리고 있는 사람'이 다른 사람들과 갖기로 했던 미팅에까지 도미노 효과가 미치게 된 것이다.

그렇다면 그것으로부터 벗어날 수 있는 방법은 무엇일까? 우선 주의할 점은 이것이 모든 사람들에게 언제나 효과가 있는 것은 아니라는 사실이다. 그러므로 이것이 당신에게 맞는지 맞지 않는지 즉각적으로 알 수 없다 해서 당장에 거부해 버리지는 말라. 그것을 당신의 삶에 알맞게 변경하여 적절한 곳에 사용할 기회를 찾아보라. 일부만 실행해 보더라도 당신은 당신의 에너지가 많이 증가했음을 느낄 수 있을 것이다.

1. 적게 약속하고, 많이 실천하라.

일이 잘못될 경우를 생각해 어느 정도의 시간을 비워 두어라. 어떠한 요구 사항이나 프로젝트, 또는 토론을 떠맡았을 때에는 가능한 한 따로 여유 시간을 마련해 두도록 하라. 우리는 대개 어떤 일을 맡았을 때 그 일이 얼마나 걸릴 것으로 예상하느냐는 질문을 받게 된다. 그런데 상대방을 도와주고 싶은 마음, 좋은 인상을 심어 주고 싶은 마음, 또는 그 일을 반드시 따내고 싶은 마음에서 우리는 그만 그 일을 할 수 있을 것이라고 생각되는 가장 짧은 시간을 대고 만다. 그러면서 마음속으로 밤에도 일을 하고 주말에도 일을 하면 된다고 생각한다. 다른 사람들에게도 당신과 마찬가지로 그래달라고 설득할 요량으로 말이다. 그리고 나중에 가서야 비로소 그 일을 맡은 사람이 그 주에 휴가를 신청해 놓았다거나 하는 사실을 깨닫게 된다. 만일 누군가가 당신이 다니는 교회나 스포츠 클럽에 광고 전단을 배포해 달라고 부탁을 할 경우에는 먼저 언제까지 그 일을 해야 하는지 물어보라. 당신이 편리한 시간에 아무 때나 가서 배포하면 된다고 미리 짐작하면 절대 안 된다. 자기 자신에게 불필요한 스트레스를 주지 않으려면, 언제 그 일을 해야 하는지 확실히 점검해야만 한다.

물론 최소한의 시간보다 더 많은 여유를 끌어낸다는 것이 언제나 가능한 일은 아니다. 하지만 그런 일이 가능할 때도 분명히 있다. 그런 기회를 잘 찾아보라. 행여 일이 잘못될 경우를 대비해서 시간을 비축해 두어라. 그래야만 혹시라도 어떤 다른 사람이 시간 안에 자기 임무를 다 해 내지 못하는 일이 발생하거나 또는 더 긴급한 일이 발생하더라도 자신의 일을 기한 내에 끝낼 수 있을 것이다. 물론 일이 잘 돌아간다면 훨씬 더 빨리 일을 끝마칠 수 있을 것이다.

다음과 같은 상황이 벌어졌다고 한번 가정해 보라. 뭔가 아주 중요한 물건을 자신의 집으로 배달해 달라고 주문을 했는데, 그것이 목요일에 배달되었다고 말이다. 수요일까지 배달해 주면 좋겠다고 분명히 말해 놓았는데 이런 일이 벌어졌다면 당신의 기분은 어떻겠는가? 반대로 당신이 금요일까지 배달해달라고 말해 놓은 상태라면 그런 경우의 기분은 또 어떻겠는가? 물건이 배달된 날짜는 두 경우 모두 똑같다. 하지만 기대치에 대한 반응은 그야말로 하늘과 땅 차이일 것이다.

2. 미팅에 일찍 나가라

나는 에어로빅 학원을 갈 때 누군가를 태우고 가곤 했다. 하루는 몇 분 먼저 도착해서 엔진을 끄고 차 안에 앉아서 기다리고 있었다. 이윽고 그 사람이 급히 뛰어 오더니 시계를 들여다보면서 나더러 얼마나 기다렸느냐고, 왜 문을 두드리지 않았느냐고 물었다. 그는 몹시 당황한 것처럼 보였고, 나에게 미안해하는 것 같았다. 나는 그에게 괜찮다고, 오히려 오늘 하루를 되돌아볼 수 있는 시간을 가졌노라고, 그러다가 아침에 기대했던 것보다 훨씬 더 멋진 하루를 보냈다는 사실을 깨닫게 되었노라고 말해 주었다. 그 사람은 무슨 일이든지 1분 이내로 시간을 딱 맞추는 것을 좋아하는 사람이었다. 나도 예전에는 그런 사람에 속했었다. 하지만 돌이켜보니 그 시절에는 좀 더 고상하고 유용한 일을 하기보다는 그저 손목시계를 바라보는 데 더 많은 시간을 쏟았던 것 같다. 또 나는 기차가 도착하기 바로 2분 전까지 친구들과 함께 술집에 앉아 있곤 했었다. 1분 30초면 기차 역까지 달려갈 수 있으며, 실제로 그렇게 했다. 하지만 나는 그 마지막 몇 분 동안은 좋은 친구가 되진 못했다.

공항이든지 기차역이든지 학교든지 언제나 조금 일찍 나가는 버릇을 들여라. 미팅에도 5분 일찍 나가라. 그리고 여행을 할 경우에는 15분 정도의 여유 시간을 두고 다이어리에 출발 시각을 기록해 두었다가 꼭 그 시각에 출발하라. 그러면 이동하는 도중에도 사뭇 다른 기분이 들 테고, 그날의 나머지 시간도 매우 다르게 느껴질 것이다. 미팅에 일찍 나갔다면 마음속으로 하늘 끝까지 솟구쳐 올라가서 헬리콥터를 잡아 타고 당신의 하루나 프로젝트, 또는 인생을 내려다볼 수 있는 기회를 가져라. 만일 당신 말고도 일찍 나온 사람이 있다면 짧은 시간 내에 깊은 관계를 맺을 수 있는 기술을 연마하는 기회로 삼으면 된다. 눈에 불을 켜고 도전해 보라. 그러면 좀 더 쾌활해지고 생생해진 당신 자신을 만나게 될 것이다.

한번은 출판업자들과의 모임이 있었는데 그때도 나는 즐거운 마음으로 일찍 나갔고, 사람들을 기다리는 동안 아주 매력적인 여성과 이야기를 나누게 되었다. 그녀는 내게 자신의 아마추어 치유 능력에 관해 굉장히 놀라운 이야기들을 들려주었다. 그녀의 어머니 같은 경우는 병원에서 이미 사망 판정을 받았는데, 그녀가 다가가서 발을 마사지하기 시작하자 잠에서 깨어났다고 했다. 그리곤 이렇게 말했다고 한다. "오, 안녕, 팸." 물론 의사들은 벌어진 입을 다물지 못했다. 그녀는 그동안 자신이 남편의 목숨도 세 번이나 살려 주었다고 말했다. 어쨌든 그녀는 그날 나의 하루를 풍요롭게 만들어 주었다. 그러니까 나는 미팅에 일찍 나갔을 뿐만 아니라, 적극적인 교제도 나누었던 것이다. 제5장을 참조하라.

3. 미팅 시간에 여유를 두어라.

만일 당신이 누구와 약속을 정해야 하는데 대중 교통에 의지해야 할 상황이거나 또는 교통량이 어떨지 예측할 수 없는 경우라면 오후 2시경에 (자신이 편한 시간이라면 언제든지 좋다) 나가겠노라고 말하라. 그리고 나서 자신이 오후 2시에서 몇 분 늦게 나타나도 괜찮은지 상대방에게 확인해 보라. 그렇게 하면 상대방도 당신이 몇 분 정도 늦는 것쯤은 괜찮다고 허용해 줄 것이고, 따라서 그 다음 미팅 시간을 정할 때에도 당신과의 미팅이 끝나게 되어 있는 시간과 너무 가깝지 않게 여유를 두고 정할 것이다. 당신 역시 이렇게 함으로써 궁지에 몰리지 않게 되고, 또 차로 이동하기 전이나 이동하는 도중에도 불안해하지 않게 될 것이다.

4. 미팅 시간은 현실적으로 정하라.

미팅 시간을 정할 때에는 모든 일이 잘되어서 최대한 빨리 마칠 수 있는 시간보다는 좀 더 길게 정하라. 내가 아는 한 사람은 이 규칙을 아주 잘 지키는 사람인데, 그는 약 45분 정도 걸릴 것으로 예상되는 일의 경우에는 미리 1시간을 약속 시간으로 잡아 놓는다. 물론 그가 처음부터 그랬던 것은 아니다. 예전에는 45분이 걸릴 것으로 예상되는 미팅이라도 가능한 한 30분 내에 끝마칠 수 있도록 급하게 해치운 다음 나머지 15분은 다른 일을 하곤 했었다. 따라서 직원들은 그가 손목시계에 귀를 대고 산다고 비난하기 일쑤였다.

새로운 접근법은 그에게 두 가지 이득을 안겨 주었다. 첫째는 예전처럼 정신없이 서두르지 않아도 된다는 것이었다. 하지만 신기하게도 미팅은 오히려 예전보다 더 빨리 끝났다. 그래서 그는 시간 때문에 불안해할 일이 거의 없었다. 둘째는 그의 다이어리에 연속적인 미팅 계획이 거의 잡혀 있지 않았다는 점이다 ─ 그는 보통 미팅과 미팅 사이에 어느 정도의 시간적 여유를 두었다. 이것은 그가 숨을 돌릴 만한 시간이 있다는 것을 의미하며, 나아가 다음 미팅도 좀 더 신속하게 끝마칠 수 있다는 것을 의미한다.

미팅 시간에 동의하는 것이 에너지를 높인다는 목적에 이롭다. 예를 들어서 당신이 지금 하나의 공동체 행사를 계획하기 위한 회의에 참석했다고 가정해 보라. 이런 경우 당신이 가장 먼저 협의해야 할 사항은 바로 그 미팅이 얼마나 지속될 것인가 하는 문제일 것이다. 그리고 허용된 시간 안에 끝마칠 수 없는 논의들을 완성하기 위한 계획을 세워야 할 것이다. 이렇게 하면 사람들의 기대를 조정할 수도 있고, 또 참석자들이 과연 언제쯤에나 미팅을 마치고 나갈 수 있을지, 협의 사항들의 일부를 끝까지 논의하지 못할 경우엔 어떻게 될 것인지 궁금해서 자칫 에너지를 소모하는 일도 일어나지 않을 것이다.

5. 자유 시간

한 고객은 정리 정돈을 하거나 아니면 미처 해치우지 못한 일들을 따라잡기 위해 일주일에 한 번씩 반나절을 '자유 시간'으로 남겨 둔다고 한다. 그는 처음부터 비서에게 미팅을 개최해야 할 경우 마음대로 '자유 시간'을 변경해도 좋다고 일러두었다. 그렇지만 그 주간에 '자유 시간'을 옮길 만한 여유 시간이 전혀 없을 경우는 제외하라고 했다. 그는 결코 이 시간을 취소하지 않을 작정이었던 것이다. 이 '자유' 덕분에 이제 그는 스스로에 대한 통제가 불가능하다는 느낌을 거의 받지 않는다.

그러다가 연말이 지날 무렵 한 가지 재미있는 사건이 발생했다. 평소에 그 고객은 매주 자신의 수행 능력을 평가해 본 다음 자신의 행동들 가운데 변화를 원하는 부분이 무엇인가에 관해 내게 이메일을 보내곤 했었다 ─ 예를 들면 '남을 방해하는 일을 그만둬야겠다'라든가, '남의 말을 전념해 들어야겠다'라든가, '내가 그 일을 어떻게 해라는 말을 그만해야겠다'라든가 '나를 도와주는 직원들에게 감사해야겠다' 같은 내용의 메일을 말이다. 그러던 어느 날, 새해가 되고 나서 몇 주가 지났을 무렵 그는 자신의 수행 평가가 점점 더 나빠지고 있다는 사실을 깨닫게 되었다. 그리고 새해가 시작된 다음에는 훨씬 더 상황이 악화되었음을 알게 되었다. 그 이유는 자신의 자동 스케줄러가 더 이상 '자유 시간'을 다이어리에 기입하지 않는다는 데 있다는 사실을 발견했기 때문이다. 바로 그것 때문에 그의 옛날 습관이 점점 더 모습을 되찾고 있었던 것이다.

6. 매주 생각할 만한 시간적 여유를 가져라.

하루에 한 시간이 가장 이상적이다. 하지만 이것이 너무 벅차다면 우선 일주일에 두 번씩 15분간이라도 시간을 할애하는 것부터 시작하라고 권하고 싶다. 이때 당신이 해야 할 일은 아무런 방해도 없이 노트와 펜만 가지고 앉아 있다가 어떤 생각이 떠오르면 즉시 기록하는 것이다. 이렇게 조용한 공간에 있다 보면 당신의 직관력도 점차 강해질 것이고, 일상생활의 소음들 속에서 그냥 놓쳐 버리기 쉬운 생각들도 좀 더 귀 기울여 들을 수 있는 기회가 생길 것이다. 나아가 이 명상 시간은 당신이 생각을 좀 더 체계화할 수 있도록 도와줄 것이며, 따라서 당신이 그날 하루를 좀 더 생산적인 방향으로 이끌어 나갈 수 있도록 도와줄 것이다.

7. 지각의 패턴에 주의하라.

나는 수많은 미팅에 매번 지각하는 사람이었다. 상당히 여러 번이 아니라 거의 매번 말이다. 그 패턴은 다음과 같다. 내 생각에 채비를 갖추고 차로 이동하기에 충분할 것 같은 시간에 출발을 한다. 하지만 언제나 생각지도 못했던 일이 갑자기 발생한다. 그 일을 처리한 다음에는 혹시나 지각하지 않을까 내내 불안해하면서 운전을 한다. 그리고 늦는다면 얼마나 늦게 될까, 사람들에게는 뭐라고 변명을 해야 할까, 그 말을 할 때에는 어떤 목소리로 얘기해야 하나 등등을 걱정한다. 이렇게 지내던 중에 한 치료학자의 도움을 받게 되었다. 치료를 통해 나는 내내 지각하면 어쩌나 걱정하느라고 정작 그 미팅에 관한 계획은 하나도 세우지 못하고, 결국 마음의 준비도 제대로 갖추지 못한 채 미팅 장소에 도착하게 된다는 사실을 깨닫게 되었다. 사실 나는 내가 너무 많은 성공을 거둬서 다른 사람들의 질투의 대상이 되는 것을 바라지 않았다. 이 사실을 똑바로 직시하게 된 나는 그때부터 차로 이동할 일이 생기면 아주 여유 있게 시간을 남겨 두고 미리 출발하게 되었다. 그러다 보니 모임 장소에 도착해서도 전보다 훨씬 더 차분한 마음으로 사람들을 대할 수 있게 되었다. 이제 나는 사람들에게 질투의 대상이 되는 것에 대해서도 별로 걱정을 하지 않는다. 그러한 행동의 원인이 무엇인가를 잘 알기 때문이다.

당신에게 적용해 보라

당신이 실행에 옮길 수 있을 만한 아이디어들을 몇 가지 골라내라. 그리고 가능하다면 자신의 다이어리에 기록해 두라. 명상 시간은 다른 사람들과의 미팅 시간만큼이나 진지하게 다루어라. 미팅에 참석하기 위해 집을 나서야 하는 출발 시각도 다이어리에 기록해 두어라. 이것들 가운데 어느 하나도 확신이 서지 않더라도 어떤 식으로든 실천하라고 권하고 싶다. 반드시 당신에게 효과가 있는 방법을 찾을 수 있을 것이다.

실행을 방해하는 장애물들

- 이 일은 시간을 벌어 주는 게 아니라 오히려 시간을 잡아먹는 일이다. 괜히 스트레스만 더 쌓이게 될 거예요.

  일단 한 번 시도해 보고 나서 평가하라. 이 일에 한없이 매달릴 필요는 전혀 없다. 당신에게 효과가 있는 경우에만 사용하라. 하지만 노력해 보지도 않고 판단부터 내리지는 마라.

- 듣기에는 참 좋지만 너무 이상적이군요. 내 삶에 실제적으로 적용할 수는 없는 방법이에요.

해결책을 찾기 위해서는 일단 친구나 코치와 함께 시도해 보라. 어쩌면 당신은 문제에 너무 가까이 붙어 있어서 명확하게 보지 못하고 있는지도 모른다. 다른 사람이라면 당신이 문제를 좀 더 잘 볼 수 있도록 어느 정도의 거리를 만들어 줄 것이다.

- 도대체 어느 누가 시간적 여유를 마련해 둘 수 있다는 말인가요? 나는 급박한 일들만 해치울 시간도 부족한 사람이에요. 좀 덜 바쁠 때 한번 생각해 보도록 하죠.

당신의 말이 옳다. 여기에는 역설이 존재한다. 그렇지만 여유 시간을 미리 마련해 둔다면 좀 더 시간이 많다고 느낄 수 있을 것이다. 일단 한번 경험해 보고 나면 당신도 확신을 갖게 될 것이다. 처음에는 우선 5분씩만 일찍 모임 장소에 나가도록 노력해 보라. 그리고 나서 어떤 느낌이 드는지 보라.

- 다른 사람들이 내 시간을 통제하고 있는걸요. 그래서 나에게는 선택권이 전혀 없어요.

절대 그렇지 않다! 당신은 언제나 선택권을 쥐고 있다. 단지 당신이 너무도 급하게 몰아치는 것 같은 느낌을 받기 때문에 그런 기분이 드는 것뿐이다. 만일 당신이 진심으로 이런 상황을 변화시키고 싶다면 좋은 친구나 코치에게 지금 당장 도움을 청하라.

- 내 삶은 엉망진창이에요. 이젠 너무 늦었어요.
  결코 그렇지 않다! 지금 바로 시작하라. 너무 늦었다는 말은 당신
  이 죽었을 경우에만 성립되는 말이다.

제5장

당신의 천부적인 재능을 찾아내라

당신의 장점이 무엇인가를 아주 명확히 파악함으로써 에너지를 강화하라.

당신의 장점이 무엇인지 잘 알고 있는가? 어떤 일에 재능이 있는가? 우리는 자신이 잘하는 일들을 즐겁게 하면서도 종종 자신의 장점을 경시하는 경향이 있다. 우리는 자기가 잘하는 일들은 너무 하찮게 여기는 반면, 다른 사람들이 잘하는 일들은 무척이나 동경하는 경향이 있다. 우리는 요리를 할 줄 알고, 운전을 할 줄 알고, 톱스핀 백핸드를 칠 줄 알고, 회계 장부를 결산할 줄 알고, 엑셀 같은 계산 프로그램을 사용할 줄 알면서도 그런 건 다른 사람들도 다 할 줄 아는 일이라고 생각해 버리는 경향이 있다. 그러다가 그 일을 할 줄 모르는 사람을 만나도 그 기술이 별로 유익하지 않거나 고난도라고 생각해 버리곤 한다. 이런 식의 태도는 자기 자신을 업신여기기에 딱 좋은 방법이며, 우리의 에너지를 고갈시키는 태도이기도 하다.

> 당신이 상대방에게 베풀 수 있는 가장 선한 일은 그저 자신의 부를 나눠주는 게 아니라 혼자 힘으로 부를 획득하는 방법을 가르쳐 주는 것이다.
>
> _ 벤자민 디즈랠리

어떤 사람의 이야기

내 친구 중 한 명은 영화와 다큐멘터리를 만들어 여러 번 수상한 적이 있는 프로듀서다. 하지만 그 친구는 자신의 원래 비전과는 전혀 상관없이 프로젝트를 진행하고 성공적인 결론을 이끌어 내야만 하는 일에 그만 싫증을 느꼈다. 그로부터 2년을 그는 자신의 놀라운 재능을 발휘할 만한 새로운 일자리를 찾아 헤매면서 매우 불행하게 지냈다. 그러다가 결국은 꽤 성공을 거둔 광고 에이전시에서 카피라이터 일을 맡게 되었다. 그 회사에서 그는 일을 잘한다는 말을 여러 번 들었는데, 사람들이 그런 식으로 말하는 것은 자기에게 특별한 재능이 있다는 사실을 전해 주기 위해서라는 것을 그도 잘 알고 있었다. 하지만 그에게는 이 일이 너무나도 쉬웠다. 그래서 그는 좀 더 어려운 도전을 찾아 떠났다. 그는 자기가 지닌 재능을 별로 소중하게 여기지 않았다. 내가 마지막으로 그의 소식을 들었을 때 그는 두 가지 시간제 직업을 가지고 있다고 했다. 그중 한 가지가 전업 직업이 되기를 기다리면서 말이다. 하지만 그 두 가지 모두 그의 재능을 전적으로 발휘할 수 있는 일은 전혀 아니었다. 그는 자신이 굉장한 재능을 가지고 있다는 말을 명확하게 들었음에도 불구하고 그것을 전적으로 인정하지 않았다. 만일 그가 자신의 재능을 인정했더라면 그 직장에 머물러 있으면서 자기가 맡은 역할 내에서 얼마든지 도전의 강도를 높일 수 있었을 것이다. 아니면, 또다른 도전을 향해 떠날 적에도 최소한 자신의 재능을 계속해서 발휘할 수 있는 일을 찾아 떠났을 것이다.

나는 의사 소통 기술에 관한 훈련 과정에서도 이 같은 사실을 다시 한번 확인하게 되었다. 하루는 도우미가 한 그룹에게 대부분의 사람들은 자기 자신보다 다른 사람이 좀 더 큰 성공을 거두었다고 생각하는 경향이 있다고 말했다. 그러자 참석자들 가운데서 여러 명이 그 도우미의 말에 이의를 제기하고 나섰다. 자기들은 그렇게 생각하지 않는다는 것이었다. 그러자 도우미가 급기야는 사람들에게 이 사실을 증명해 보이겠노라고 말했다. 우선 그녀는 모두에게 눈을 감으라고 하곤, 이 방에서 자기가 가장 덜 성공했다고 생각하는 사람이 있으면 손을 들라고 말했다. 그리고는 그대로 손을 든 채 눈을 뜨라고 했다. 그러자 그 방에 있던 사람들 전부가 손을 들고 있는 모습이 그들의 눈에 들어왔다.

그중 한 사람에게 모두의 관심이 집중되었다. 다른 사람들이 그에게 이렇게 물었다. "도대체 당신은 어째서 손을 들었지요? 당신은 영리하잖아요? 당신은 성공도 했고, 전 세계를 돌아다니면서 높은 사람들과 함께 아주 엄청난 프로젝트들을 수행하잖아요? 커다란 차도 몰고 다니고, 커다란 사무실에 커다란 집까지 있으면서 왜 손을 들었어요?"

그러자 그가 사람들에게 이렇게 대답했다.

"예, 그런 것들은 다 가지고 있지요. 하지만 현관문을 열기 위해 열쇠를 작동하는 방법도 모르고, 쇼핑 리스트를 작성할 줄도 모르고, 수퍼마켓에서 장을 볼 줄도 모르고, 고기를 요리할 줄도 모르는 걸요."

이런 식으로 그는 다른 사람들은 다들 쉽게 하는 것처럼 보이는데 유독 자기만 할 줄 모르는 일들에 더 많은 비중을 두고 있었던 것이다. 조금씩 정도의 차이는 있겠지만 우리들도 대개는 이런 식으로 생각한다. 다른 사람이 나보다 더 재능이 많은 것으로 느끼는 것이다. 다른 사람들이 좋은 기억력을 가지고 있다거나, 아이들을 아주 잘 돌본다거나, DIY 실력이 꽤 좋다거나 하는 사실들을 볼 때마다 우리는 그 사람들에 비해 자기 자신이 무척 부족한 사람이라고 느끼게 된다. 이것은 어디까지나 문제 중심적인 접근 방법이다. '벌써 컵이 반이나 비었네' 라고 생각하는 것 말이다. 이런 식의 접근 방법은 우리에게 그리 좋은 영향을 미치지 않는다. 거기에는 적어도 다음의 두 가지 이유가 있다.

1. 우리는 자신의 장점을 발휘함으로써 에너지도 얻고, 자존심도 높일 수 있는 기회를 놓치고 있다.
2. 우리는 자신의 장점이 가져다 주는 혜택을 전적으로 거부해 버리고 있다(이것에 관해서는 다음 장에서 좀 더 자세히 다루겠다).

그렇다면 어떻게 해야 우리의 장점을 명확히 파악할 수 있을까? 한 가지 확실한 것은 우리 자신보다도 다른 사람들이 우리의 재능을 좀 더 잘 알아볼 수 있다는 점이다 — 우리 자신은 그 장점들을 이미 오래전부터 당연한 사실로 받아들이고 있기 때문이다. 학교 교육 역시 우리의 장점이나 재능보다는 우리의 결점에 더 많은 관심을 기울이는 편이다. 그 결과 학창 시절, 시험을 보고 나서도 10문제 중 9문제를 맞혀 90%가 정답이었다는 사실보다는 나머지 10%를 맞추지 못했다는 사실에 더 많은 관심을 기울이곤 했던 것이다. 이것은 성인이 되고 나서도 마찬가지다. 내가 어떤 사람의 장점과 단점(또는 발달 기회)에 관해 동료들에게 피드백을 요청할 경우, 그들은 보통 자신의 강점은 버리고 자신들이 피드백의 '골자'라고 여기는 부분에만 신경을 쓴다. 그런 경우 내가 할 수 있는 일은 그들이 자신의 장점에도 귀를 기울일 수 있도록 그들의 속도를 늦춰 주는 일이다. 하지만 그들은 장점을 다룰 때 마치 자기 말이 틀린 것처럼 공손하게 행동한다. 사실 그들과 동료들 간에 가장 눈에 띄는 차이는 언제나 장점과 관련된 부분이었다.

자, 그러면 당신의 장점과 단점을 파악해 줄 만한 사람이 아무도 없을 경우, 과연 당신은 다른 사람들이 당신을 어떻게 생각하는지 어떻게 알 수 있을까? 한 가지 방법은 다른 사람들에게 직접 물어보는 것이다. "저의 가장 큰 장점과 단점은 무엇이라고 생각하세요?" 직장에서 함께 일하는 사람들이나 그 밖의 사람들 가운데서 다섯 명 정도를 고른 다음 당신이 지금 어떤 훈련을 받고 있는데 그들의 도움이 꼭 필요하다고 말해 보라. 단, 사람을 고를 때는 신중히 골라

라. 반드시 당신과 오랫동안 알고 지내온 사람일 필요는 없다. 하지만 당신과 대체로 편안한 관계를 맺고 있는 사람일수록 좋다. 그리고 결과를 전달받은 다음에는 당신이 신뢰할 수 있는 사람과 함께 그 결과에 관해 논의해 보는 것이 좋다.

다섯 사람에게 당신의 장점과 단점을 물어본 다음에는 그들이 대답하기 전에 어느 정도 시간을 주어라. 한번은 아주 바쁜 사람에게 이메일로 이런 요청이 접수되었다. 그녀는 30분 동안 사무실을 왔다갔다하면서 그것에 관해 생각해 봤다고 말했다. 피드백을 전달받을 때에는 그것을 가지고 논쟁하지 말라. 그저 귀 기울여 듣고 있다가 확인이 필요한 경우에만 질문을 하라. 이 단계에서 당신이 해야 할 일은 그저 그 사람들이 왜 그런 식의 관점을 갖게 되었는지 이해하려고 애쓰는 것뿐이다. "그런 것을 장점이라고 하다니!", "당신이 그것을 장점이라고 생각하는 것도 별로 놀라운 일은 아니군요", "이게 당신이 최선을 다한 결과인가요?"처럼 너무 성급하게 판단하려 하지 마라.

내가 사람들에게 이런 훈련을 한번 해 보라고 권유하면, 사람들은 대체로 다른 사람의 평가가 사실인지 아닌지 어떻게 알 수 있느냐며 의아해한다. 하지만 대부분의 경우 다른 사람의 평가는 사실이다. 당신의 요청을 받은 사람들은 대체로 그런 개인적인 피드백 때문에 당신이 쉽게 상처받지 않을 것을 잘 알고 있기에 최선을 다해서 그 부탁에 임할 것이다. 이런 요청은 평상시보다 좀 더 깊은 단계의 접촉을 필요로 하기 때문에 어떤 사람은 당신의 부탁을 받고 깜짝 놀랄지도 모른다. 그러므로 그들이 요청을 받고 준비할 만한 시간을 어느 정도 주는 것이 좋다. 그런 다음에는 그들에게 다음 사항들을 전달하라.

- 당신에게 부탁이 있다.
- 나는 지금 에너지를 증가시키는 일에 관한 책을 읽고 있는데, 이 것도 그 책의 연구 과제들 중 하나다.
- 특별히 다섯 사람을 정해서 부탁하려고 하는데, 당신도 그 다섯 명에 속한다.
- 이 일은 나 자신을 제대로 파악하는 데 많은 도움이 될 것이다.

　물론 약점에 관해 묻거나 이야기하는 일을 누구나 다 편안하게 받아들일 수는 없을 것이다. 하지만 여기에서의 '약점'이란 결코 부정적인 의미의 약점이 아니다. 이것은 단지 어떤 면에서 보면 유리한 자산일 수도 있고 또다른 면에서 보면 불리한 부채일 수도 있는, 어떤 속성을 다른 식으로 표현하는 것에 불과하다. 따라서 약점에 관한 질문을 통해 당신은 자신의 강점에 대한 더 많은 정보를 얻을 수 있다. 상황에 따라서는 아주 똑같은 속성도 다음과 같이 전혀 다른 식으로 표현될 수 있다.

- 창조적인 또는 쉽사리 산만해지는
- 집중을 잘하는 또는 고집이 센
- 대담한 또는 둔감한
- 재미있는 또는 경박한

124

> 어떤 상황에서는 강점이 될 수 있는 것도 다른 상황에서는 약점이 될 수 있다. 나는 참을성이 있다 ─ 당신은 완고하다. 나는 유순하다. ─ 당신은 연약하다 …
>
> _ 말콤 포브스

약점이 무엇인가를 묻는 것은 강점이 무엇인가를 확인할 수 있는 또 하나의 방법이다. 약점의 이면을 들여다봄으로써 당신은 자신의 강점이 될 수도 있는 어떤 특성에 관해 좀 더 잘 이해할 수 있는 기회를 한 번 더 얻게 되는 것이다.

자신에게 적용해 보라

아래에 당신이 부탁하고 싶은 사람 다섯 명의 명단을 작성하라. 직장 동료 다섯 명과 친구 다섯 명 중에 부탁하고 싶은 사람이 있을지도 모른다. 부탁을 하기 전에 먼저 각자에게 필요한 준비 사항이 무엇인지 계획을 세워라. 그런 다음에는 전화로 부탁할지, 이메일로 부탁할지 아니면 직접 만나서 부탁할지를 결정하라. 그리고 실행에 옮겨라. 결과를 전해 들은 다음에는 당신이 신뢰할 수 있는 사람과 함께 그 결과에 관해 논의해 보라. 이것은 아주 중요한 일이다. 당신이 혹시라도 그 강점들 가운데 어떤 것을 무시하고 싶을 때 그 사람의 객관적 평가가 아주 유용하게 쓰일 것이기 때문이다. 일단 이 일을 다 마쳤으면 다음 장으로 넘어가라. 다음 장에서는 자신의 강점을 극대화할 수 있는 방법과 자신의 약점을 극복할 수 있는 방법에 관해 논의하게 될 것이다.

개인적인 친구	직장 동료

실행을 방해하는 장애물들

- *나는 그런 부탁을 할 만한 사람이 다섯 명도 되지 않아요.*

  우리는 누구나 다섯 명 정도는 알고 지낸다. 물론 그런 부탁이 지니는 개인적 특성 때문에 방해가 되긴 하겠지만 그래도 당신이 좀 더 긴밀한 관계를 맺고 싶은 사람을 대상으로 고른다면 오히려 그들과의 관계를 더더욱 탄탄하게 만들 수 있는 좋은 기회가 될 것이다. 간혹 어떤 사람이 당신에게도 똑같은 부탁을 해 올 수 있으며, 그렇게 되면 특별한 유대 관계가 맺어질 것이다.

- *창피한 생각이 들어요.*

  당신은 지금 자신을 좀 더 에너지가 넘치는 사람으로 만드는 여정에 있다. 그런데 조금 창피한 것이 뭐 대수로운 일이겠는가? 창피한 생각이 드는 이유는 당신이 무슨 이유에선가 그런 부탁을 해선 안 된다고 생각하기 때문이다. 하지만 안 될 게 뭐 있겠는가? 당신이 이런 종류의 피드백이나 자기 확인을 원한다고 해서 사람들이 당신을 조금 이상한 눈으로 바라보거나 뭔가가 부족한 사람으로 볼 것 같은가? 나 역시 자긍심 향상을 위한 훈련 과정에서 똑같은 기분을 느낀 적이 있다. 그 당시 나의 연구 과제는 두 명의 오랜 친구들에게 전화를 걸어서 내가 지금 자긍심 향상 훈련을 받고 있다고 말한 다음 특별히 나의 어떤 점이 맘에 드는지를 물어보는 것이었다. 그때 나는 나 자신의 자긍심에 문제가 있어서 다른 사람의 도움이 필요하다는 사실을 인정하는 것이 무척 당혹스러웠다. 하지만 그들의 반응은 너무나도 좋았다. 그러면서 두 친구 모두 내가 그런 훈련을 받고 있다는 데 대해서 칭찬을 아끼지 않았다.

대부분의 사람들은 적절한 부탁을 받았을 경우 진심에서 우러나오는 질문을 하고 있다는 것을 직관적으로 눈치채면 그에 상응하는 반응을 해 주는 것 같다. 종종 그들은 자신이 그런 부탁을 받았다는 데 대해서 특별한 대접을 받는다는 느낌을 갖기도 한다.

- 그들은 나에게 친절히 대해 주겠지만 자신의 솔직한 감정은 말해 주지 않을 거예요.

그들은 당신의 감정을 상하게 하고 싶지 않을 것이다. 그래서 어쩌면 당신의 진짜 결점에 관해서는 전혀 말해 주지 않으려 들거나, 아주 조금 내비치기만 할지도 모른다. 하지만 그들도 당신이 진실을 원하지 않는다면 애당초 이런 일을 하려고 들지도 않았으리라는 점을 잘 알고 있을 것이다. 그러므로 그들이 말해 주는 것은 뭐든지 중요하게 다루고 유용하게 쓰기 바란다.

- *지극히 개인적인 일이에요.*
  이런 이유 때문에 두려울 수도 있다. 스스로에게 한번 물어보라. 최악의 사태가 벌어진다면 과연 어떤 일이 벌어질까? 그 질문에 대한 대답은 당신의 삶을 조금 다른 각도에서 바라볼 때 아주 중요한 주제가 될 수 있다. 이빈 과제를 당신의 안선 지대를 확장할 수 있는 기회로 삼아라.

- *다른 사람의 시간을 너무 많이 빼앗는 일이에요.*
  이 일을 하는 데는 몇 분밖에 걸리지 않는다. 하지만 그들이 좀 더 많은 시간을 달라고 한다면 그들 마음대로 하도록 내버려두라.

제6장

당신의 재능을 발휘할 수 있는
일을 찾아내라

*당신의 강점을 훨씬 더 자주 발휘할 수 있도록, 그리고 당신의
약점을 극복하는 데 도움이 될 수 있도록 당신에게 주어진 기회를
적극 활용하리.*

당신은 제5장의 훈련 과정에서 피드백을 부탁한 사람들로부터 전해
받은 결과를 보고 어쩌면 깜짝 놀랐을지도 모른다. 이제 당신은 다
른 사람들이 바라보는 당신의 강점에 대해서 좀 더 잘 알게 되었을
것이다. 하지만 한편으로는 사람들이 언급하지 않는 다른 강점들도
있지 않을까 하는 생각이 들기도 할 것이다.

　당신의 장점을 목록에 추가하는 방법은 당신의 하루 일과를 직
접 분석해 보는 것이다. 하루를 보내면서, 아니면 하루 일과가 끝난
다음에 그날 자신이 즐겁게 수행했던 일과 즐겁지 않았던 일들의 목
록을 작성해 보라. 그리고 목록을 작성할 때에는 당신 자신의 판단
을 잠시 보류하고 그야말로 중립적인 관찰자의 입장에 서서 생각하
라. 만일 당신이 친구에게 우습거나 사색적인 이메일을 보내면서 그
일을 무척 즐겼다든지, 또는 서류 파일에 라벨을 붙이면서 그 일이

130

131

재미있었다면 그것을 있는 그대로 기록해 두면 된다. 그러나 그 일이 중요한 일인지 아닌지, 그 일이 어떤 면에서 유익한 일인지 아닌지 같은 판단은 내리지 말라. 더 나아가서 과거의 경력을 돌이켜보고 그때 즐겼던 일과 즐기지 않았던 일들을 떠올려 보는 것도 자신의 목록을 훨씬 더 길게 만들 수 있는 좋은 방법이다. 작은 불꽃이 일었던 순간 당신의 생명력을 점화시켰던 순간을 찾아내라.

이번에는 개별적인 구성 요소들을 한번 살펴보기로 하겠다. 이것은 당신이 한편으로는 즐겁게 여겼지만 다른 한편으로는 별로 즐거워하지 않았던 요소를 기록하는 것이다. 우선 이것들을 두 줄로 나눠라. 예를 들면 한 줄에는 자신이 프로젝트 구상을 즐겼다고 기록하고, 다른 줄에는 그 프로젝트를 실행하는 일이 싫었다고 기록할 수 있다. 또 한 줄에는 자신이 요리를 즐겼다고 기록하고 다른 줄에는 요리 준비나 쇼핑이 싫었다고 기록할 수도 있다. 여기에서 주의해야 할 점은, 처음부터 정직하게 기록해야 한다는 것이다. "분석 자체에 조금도 관심이 없는데 정보를 모은다고 무슨 소용이 있겠어?"라든가 "그깟 정보를 모은다고 해서 누가 돈이라도 준대?"와 같은 극단적인 생각은 버려라. 그런 식의 주장은 극단적일 뿐만 아니라 관찰에 방해가 될 수 있다. 이 단계에서 가장 바람직한 것은 가능한 한 추측은 하지 말고 그저 자신이 관찰한 바를 그대로 인정하는 태도다. 위의 표에서 정보를 수집하는 일이 즐거웠던 것은 사실 그 정보를 갖고 있는 사람과의 대화가 즐거웠기 때문일 수도 있다. 그럴 경우 당신의 강점은 정보 수집이 아니라 상호 관계나 설득 또는 협상일 수도 있다. 그러므로 이 단계에서는 호기심을 갖고 개방된 자

내가 즐겼던 일들	내가 싫어한 일들
사실 탐구	리포트 작성
다른 부서와의 접촉	
문제 해결	해결책 실행
프리젠테이션 준비	이사회에서의 프리젠테이션
요리	쇼핑
요리할 메뉴 결정	쇼핑 리스트 작성
	요리 재료 썰기
다림질	세탁
설거지	뒷정리

세를 유지해야 한다.

만일 당신이 즐겁게 여겼던 일이 하나도 없을 경우엔 어떻게 해야 할까? 또 만일 당신이 어떤 일이 즐겁고 어떤 일이 싫은가를 제대로 모른다면 어떻게 해야 할까? 그런 경우엔 당신의 내부에서 뭔가 자신의 판단을 방해하는 일이 벌어지고 있을 수 있다. 그게 아니라면 당신은 앞으로 좀 더 예민해지고, 좀 더 민감해지고, 좀 더 섬세해질 필요가 있다. 시간을 들여서 잘 살펴보라. 당신이 하고 있는 행동에 대한 내부의 반응을 좀 더 주의 깊게 들여다보라. 이 모든 일에는 시간과 관심이 필요하다. 물론 단 몇 분이면 할 수 있는 일도 있긴 하다. 예전에 나는 자기 동료와 좀 더 좋은 관계를 맺고 싶어 하는 고객을 코치해 준 적이 있다. 나는 그에게 좋은 관계를 맺을 경우엔 그의 몸이 무슨 신호를 보내느냐고 물었다. 처음에 그는 내 질문의 진의를 제대로 파악하지 못하고 무시했다. 적어도 내 눈에는 그

렇게 비쳤다. 그러나 2주일이 지난 다음에야 비로소 그는 나에게 말
했다. 그러면서 좋은 관계를 맺을 때면 가슴 언저리에서 윙윙거리는
듯한 느낌이 든다고 말했다. 그리고 다시 2주일이 지난 다음에 그는
한 가지 신호를 더 찾아 가지고 나타났다. 그의 눈이 촉촉해진다는
것이다. 그는 내 질문에 관심을 기울임으로써 더 이상 거부하지 않
고 답변을 찾게 된 것이다. 이런 종류의 발견은 정말 멋진 일이다.
이러한 발견을 통해 당신은 자기가 전혀 관심을 기울이지 않았던 나
머지 부분들도 얼마나 많은가를 새삼 깨닫게 될 것이다. 의식을 깨
우는 방법에 대해서 좀 더 알고 싶으면 제1장을 참조하라.

　이 훈련을 통해서 가장 소중한 가치를 얻으려면 자신이 즐기는
일들을 점검하거나 삭제하는 일이 없어야 한다. 내 아내는 시장 조
사를 전문으로 하는 회사의 '간부'다. 그녀가 정말로 즐기는 일은
여러 가지 프로젝트를 분류하고 계획하는 일, 다시 말해서 업무를
좀 더 부드럽게 처리할 수 있도록 시스템을 관리하고 개발하는 일이
다. 그렇지만 가끔씩 그녀는 이런 일들이 별로 지적인 기술이 아니
라는 생각, 따라서 그 일을 하기 위해 최선을 다할 필요는 없다는 생
각을 하곤 한다. 특히 지적인 기술을 더 소중하게 여기는 회사에 근
무한다면 말이다. 그러나 엄청난 양의 일감이 쌓이고 그것들을 좀
더 효율적으로 처리하기 위해 제대로 정리해야 하는 직업으로 바꾼
뒤부터 그녀의 생각은 변했다. 이제 그녀는 본래의 자신으로 되돌아
갔으며, 자신이 이런 기술을 지니고 있다는 것에 대해서 아주 기쁘
게 생각하고 있다.

　변화에 대해 개방적인 태도를 보여라. 예전에 나는 설거지하는

것을 엄청 싫어했다. 내 아내 로즈메리는 내가 30분만 싱크대 앞에 서 있어도 내 머리 위로 검은 먹구름이 끼기 시작하는 게 보인다고 말하곤 했다. 나는 설거지를 하고 나면 그 뒤로 몇 시간 동안이나 기분이 나쁘고 심술이 나곤 했었다. 그것이 불과 몇 년 전의 일이다. 그런데 최근 들어서 우리 집 세척기가 고장난 적이 있었다. 열흘 정도 세척기 없이 지내면서 손으로 직접 설거지를 하게 되었다. 그리고 이 기간 동안 나는 손으로 설거지하는 일이 무척 만족스럽고 건강에도 도움이 되는 일이라는 사실을 깨닫게 되었다. 왜 그런지는 모르겠지만 어쨌든 실거지를 다하고 나면 왠지 만족스러운 기분이 들었다. 세척기에 많은 그릇들을 포개 넣고 설거지하는 것과는 또 다른 느낌이 들었던 것이다. 그래서 새 세척기가 배달되던 날 나는 약간 슬픈 느낌까지도 맛보아야 했다. 그동안 내 안에서 뭔가 커다란 변화가 일어났던 것이다. 그러므로 당신 역시 무언가 변할 수 있다는 마음의 준비를 갖춘 다음 자신이 좋아하는 것과 싫어하는 것들을 새로운 시각에서 바라보라. 언제나 한결같아야 할 필요는 전혀 없다.

어떤 사람의 이야기

우리가 무엇을 좋아하느냐는 순전히 개인적인 문제다. 한번은 어떤 사람이 내게 말했다. 자신이 만일 전선을 고친다거나, 원격 회의를 조정한다거나, 소프트웨어 문제를 수리한다거나 하는 이른바 '고생스러운 일'을 해야 한다면 물론 그 일을 할 것이라

고 말이다. 그러나 그는 자기가 별로 좋아하지 않는 일은 남에게
도 부탁하고 싶지 않다고 말했다. 하지만 그의 직위는 전무이사
였다. 우리는 이것이 시간을 최대한 잘 활용할 수 있는 방법은
아니라는 데 둘 다 동의했다. 그 후 그는 모든 사람들이 자기와
똑같지 않다는 사실을 여러 번 깨닫게 되었다. 그가 싫어하는 일
을 오히려 즐겨 하는 사람도 있었던 것이다. 이제 그는 훨씬 더
행복한 마음으로 다른 사람에게 일을 위임하고 있다. 그리곤 자
기가 너무너무 싫어하는 일을 다른 사람들이 열정적으로 하는
게 좋아 보인다고 말한다. 하지만 아직도 그는 비서가 자기를 위
해 회의 전화를 준비하면서 정말로 그렇게 즐거운 마음이 드는
지는 알 수 없다고 한다.

나는 너무나도 바쁜 나머지 내가 무슨 일을 즐겁게 여기는지 깨
닫지 못하고 지나갈 때가 많다. 마케팅 업무를 수행할 때도, 가게 직
원들을 훈련시킬 계획이 없느냐는 질문을 받곤 했었다. 그러면 나는
다이어리를 들여다보고 아직 몇 주 남았으니까 가능하다는 판단이
설 경우 '그렇게 하겠다'고 대답한다. 그러다가 훈련이 이틀 앞으로
다가오면 다시 한번 다이어리를 들여다보고 내 업무량을 파악한 다
음 아무래도 시간이 없을 것 같다는 결론을 내리게 된다. 그러면 나
는 사무실 유리벽 너머로 내 부서를 훑어보면서 사람 좋아 보이는
팀원을 골라낸다. 그 직원은 내 일을 대신 떠맡아야 하는 불행을 맞
게 되었지만 특별히 바쁜 일이 있는 것 같아 보이진 않기 때문이다.

매번 일이 코앞에 닥친 다음에야 비로소 직원 계발이 나에게 에너지를 주는 하나의 방법이라는 사실을 깨닫게 되다니 참으로 얄궂은 일이다. 나는 너무나도 바쁜 나머지 그동안 내가 얼마나 많은 일들을 포기했는지, 또는 깨닫지 못하고 놓쳤는지 문득 궁금해지기 시작했다. 당신이 부디 나의 실수를 통해서 뭔가 새로운 것을 깨달았기 바란다.

당신은 이미 당신의 강점을 확인했다. 이제는 그것들을 최대한 활용하라. 이것은 당신의 재능이다. 당신이 자신의 재능을 발휘하면 할수록 세상은 점점 더 풍요로워질 것이다. 당신이 잘하는 것을 소유할 필요가 있다. 당신이 가지고 있는 재능을 사용하면 할수록 당신의 에너지도 증가할 것이다. 이것은 전통적인 지혜와는 정반대의 것이다. 전통적인 지혜에 따르면, 당신이 뭔가에 능통하다면 그것을 무시해도 좋지만 반대로 당신이 뭔가에 서툴다면 좀 더 많은 노력을 기울여야 한다고 한다. 물론 당신이 특별히 잘하지 못하는 일에 최대한의 노력을 기울인다면 처음에는 엄청난 노력과 에너지를 손실하긴 하겠지만 나중에는 다른 사람들과 비슷한 보통 수준에는 이를 수 있을 것이다. 하지만 만일 이와 똑같은 노력을 당신이 능통한 일에 쏟아 붓는다면 아마도 당신은 전 세계적으로 유명한 사람이 될 수도 있을 것이다. 세계적으로 명성을 떨치는 사람들은 대체로 팔방미인이 아니라 한 가지 일 또는 단 몇 가지 일에만 탁월한 실력을 지닌 전문가라는 사실을 명심하라.

자신의 강점을 가능한 한 모든 일에 발휘하라. 나는 코치 유 (Coach U)에서 코치 기술에 관한 통신 교육을 받던 시절, 자그마치

2,600페이지가 넘는 자료를 우편으로 받은 일이 있었다. 그런데 설상가상으로 그 자료는 전혀 순서대로 정리가 되어 있지 않았다. 나의 첫 번째 도전 과제는 그 자료를 링 바인더에 순서대로 정리하는 일이었다. 그런데 나와 똑같이 그 자료를 전해 받은 한 동료에게서 전화가 걸려왔다. 그 자료를 정리하는 일을 조금만 거들어 줄 수 없느냐는 것이었다. 그 부탁을 받은 순간 나는 당황했다. 도대체 어떻게 생긴 사람이기에 잘 알지도 못하는 사람에게 전화를 걸어서 그런 끔찍한 일을 도와달라고 부탁할 수 있단 말인가? 하지만 나는 뜸들이지 않고 금방 그렇게 하겠노라고 대답했다. 너무 신랄한 목소리가 나오지 않도록 조심하면서 말이다. 그리고는 서둘러 내 폴더들을 그녀에게 보여 주었다. 그녀가 첫 번째 폴더를 정리하던 날, 나는 그녀와 함께 있었다. 그녀는 무엇이 어디에 속하고, 또 무엇이 잘못된 위치에 스크랩되어 있는지를 확인하면서 자신의 폴더와 내 폴더를 속속들이 비교해 보았다. 우리는 둘이서 함께 그 도전 과제를 해결해 나가는 동안 서로를 좀 더 잘 알 수 있는 기회까지도 누리게 되었다. 그녀는 자신의 강점을 활용하되 그것을 하나의 일로 받아들이지 않고 순전히 즐기는 것 같아 보였다.

그렇다면 당신이 좋아하지 않는 잡다한 일거리들을 누가 해치워 줄까? 당신은 납세 신고서나 문서 업무를 그냥 무시해 버릴 수 있는가? 아마 그럴 수 없을 것이다. 가장 이상적인 해결책은 당신의 일을 제대로 수행해 줄 수 있을 만한 강점을 지닌 사람을 찾아내는 것이다. 나는 부서의 월별 예상 지출을 작성할 때마다 골치가 아프곤 했었다. 내가 그 일에 정말로 능통해야만 한다는 것을 잘 알고 있었으면서도 말이다. 결국 나는 우리 팀원들 가운데서 숫자에 놀라운 재능을 지닌 사람, 별다른 노력 없이도 이 일을 해 낼 수 있는 사람을 골라 그 일을 위임하곤 했다. 그러면 나는 그 사람이 해 놓은 일을 다시 한번 훑어보기만 하면 되었다. 그런 다음에는 좀 더 일찍 그런 방법을 생각해 내지 못한 것에 대해 후회하곤 했다.

당신이 싫어하는 일을 부탁할 만한 사람을 선정할 때에는 사람들마다 놀라울 정도로 많은 차이점을 지니고 있다는 사실을 명심하라. 그러나 우리는 때때로 이 사실을 깜빡 잊어버리곤 한다. 이러한 차이를 증명해 주는 것으로써, 우리가 특별히 좋아하는 일은 각각 다르다는 점을 댈 수 있다. 어떤 사람들은 사람들을 상대하는 업무를 좋아하는가 하면 또 어떤 사람들은 문서 업무를 좋아하기도 한다. 큼직큼직한 일을 좋아하는 사람이 있는가 하면 세부적인 일을 좋아하는 사람도 있다. 또 언어를 더 좋아하는 사람이 있는가 하면 숫자를 더 좋아하는 사람도 있다. 어떤 사람들은 창조적인 작업에 더 능통한가 하면 또 어떤 사람들은 마무리 작업에 더 능통하기도 하다. 그런가 하면 눈으로 보는 과정을 더 좋아하는 사람도 있고, 귀로 듣거나 운동 감각에 의존하는 기술을 더 좋아하는 사람도 있다.

하지만 아무리 그렇더라도 단기간에 많은 짐을 벗어 버리기는 힘이 든다. 당신의 팀원들 가운데 당신의 일을 위임할 만한 사람이 없을 경우에는 그 일을 대신해 줄 만한 사람을 고용할 수도 있을 것이다. 예를 들면 기사들을 모아서 그것을 좋아할 만한 사람들에게 보내거나 아니면 회보를 발송하거나 하는 일은 내게는 정말로 힘든 일이다. 그래서 나는 '실질적인 도우미'를 한 명 고용했다. 멀리 떨어진 곳에서 일을 해 주고 자기가 한 일에 대해서 시간당 보수를 받을 사람을 말이다. 그 도우미는 나라면 도저히 신속하게 해 낼 수 없는 그 일을 아주 잘해 냈다. 그리고 그 일은 효과가 있었다. 이렇게 해서 나는, 고객에게 받기로 한 금액보다 더 적은 보수를 치르고도 내가 싫어하는 일을 다른 사람을 통해 완수했다. 그리고 그 덕분에 남은 자유 시간을 내가 정말로 좋아하는 일들을 하는 데 활용할 수 있었다. 결국은 더 많은 에너지를 갖게 됨으로써 나 자신이 좀 더 생산적이고 유익한 인물이 되었다는 말이다.

그런데 만일 당신의 일을 위임할 만한 사람도 못 찾고, 그 일을 도와줄 만한 사람도 고용하지 못했을 경우에는 어떻게 해야 할까? 일단은 당신이 잘하지 못하는 일을 아주 솜씨 있게 해 낼 수 있는 사람과 만나서 서로의 기술을 교환하는 것이 좋다. 나는 회계 업무를 무척 싫어하지만 내 아내는 그 일을 좋아한다. 그녀는 회계사의 딸인데, 그래서 그런지는 몰라도 단편적으로 흩어져 있는 작은 종이 조각들을 어떤 순서에 따라 정리하고, 또 그것들을 은행 계산서에 맞게 일치시키는 일을 무척 좋아한다. 그러한 작업 과정이 그녀에게 일종의 만족감을 안겨 준다는 것이다. 하지만 나로서는 그저 경탄할 수밖에 없다. 제3장에서 잡동사니들을 정리하는 것에 관해 말하면서 나는 이미 카운슬링 기술과 동료의 정리 정돈 기술을 서로 교환한다는 사람의 이야기를 당신에게 들려주었다. 그들은 서로에게 이득이 되는 방식으로 자신의 강점과 약점을 교환했다. 우리도 얼마든지 그들처럼 창조적인 인물이 될 수 있다.

약점을 극복하기 위한 또 하나의 방법은 당신과 똑같이 고생하는 사람으로부터 지원을 받는 것이다. 나는 하루하루의 목표를 정하는 일에 무척 서투른 사람이었다. 그래서 나는 동료 한 명에게 물어보았다. 이 일을 서로 돕는 데 관심이 있느냐고 말이다. 그러자 그녀는 관심이 있다고 대답했다. 그녀 역시 이 일에는 서툰 편이었지만 둘이서 힘을 합친다면 조금이라도 나아질 게 틀림없다고 말했다. 우리는 매일 아침 하루 일과를 시작하기 전에 먼저 5분 간 전화 통화를 나누기로, 그래서 그날 서로가 달성해야 할 목표를 세 가지씩 정하기로 약속했다. 그리고 하루 일과를 마친 다음에는 다시 한번 전화를 통해서 각자의 이야기를 들어주기도 하고 서로 칭찬도 해 주기로 했다. 또한 우리는 잠시 짬을 내서 자기가 깨달은 사실을 요약하기도 했다. 이렇게 전화 통화 내용을 준비하는 과정에서 우리는 이제까지 회피해 왔던 준비 작업을 어쩔 수 없이 해야만 했다. 그리고 이 시스템은 아주 효과가 컸다.

중요한 것은 당신이 지니고 있는 융통성을 십분 활용해 당신의 맘에 드는 해결책을 창조적으로 생각해 내는 것이다. 이제까지 한 번도 그런 해결책을 사용해 본 적이 없다고 해서 구속을 받거나, 또는 다른 사람들이 그 해결책을 맘에 들어할 것인가 아닌가에 신경 쓰는 일 없이 말이다. 이따금씩 나는 머릿속으로만 인명록을 찾아본다. 내가 서툰 일을 무사히 끝마칠 수 있도록 어떤 식으로든 도와줄 수 있는 사람 또는 그 일을 함께해 줄 수 있는 사람을 찾아 두리번거리면서 말이다. 그러다가 딱 맞는 사람을 발견하게 되면 나는 내가 원하는 바를 이야기하고 도와줄 수 있느냐고 묻는다.

하지만 어떤 이유에서 위의 방법들 가운데 한 가지도 사용할 수

140

없게 된 경우에는 어떻게 해야 할까? 어쩌면 당신은 너무나도 경쟁이 심한 사회에 속해 있어서, 당신에게 뭔가 약점이 있다는 사실을 드러내 보이는 것을 그리 달가워하지 않을지도 모른다. 또 어쩌면 당신이 별로 좋아하지 않는 일이 자신의 직무라는 사실을 얘기함으로써 입지가 취약해질 수도 있다. 그럴 경우 어떤 사람들은 당신에게 이런 일을 더 많이 넘기는 데서 재미를 느끼게 될지도 모른다. 만일 당신이 이런 상황에 처해 있다면 정말로 딱한 일이 아닐 수 없다. 이런 상황에서 당신이 할 수 있는 일은 무엇일까?

첫째로 자신이 즐겁게 할 수 있는 일들을 명확하게 파악하라. 둘째, 자신이 현재 맡고 있는 일들 가운데서 즐겁게 하고 있는 일이 얼마나 되는지 살펴본 다음, 그 일을 얼마나 더 하고 싶은지 생각해 보라. 셋째, 그 일을 좀 더 자주 할 수 있는 기회를 엿보라. 프로젝트를 자원해서 맡을 수도 있고, 자신이 그런 기회를 기다리고 있다는 사실을 상사나 다른 직원들에게 미리 알릴 수도 있다. 아니면 주위 사람들에게 알릴 수도 있다. 그래도 그 일을 좀 더 많이 하고 싶을 때는 사람들을 설득하라.

이렇게 말하면 전혀 현실적이지 않은 방법이라고, 또 별로 효과가 없을 거라고 얘기하는 사람들이 분명히 있을 것이다. 또 어떤 사람들은 당신이 즐겁게 하고 있는 일들을 그만두도록 아주 그럴듯한 이유들을 대 가면서 말리기도 할 것이다. 당신이 일을 즐겁게 하는 모습을 보고 그런 사람들은 마음이 불안해진다거나, 당신이 현재 맡고 있는 일에 문제를 제기하는 경우도 있을 것이다. 이제까지는 모든 걸 체념하고 참아 왔던 일들에 대해서 말이다. 그러므로 조심하

라. 어떤 사람들의 경우에는 당신이 자기 맘에 드는 일을 좀 더 많이 하고 있는 모습을 보고 오히려 자기 삶에 흥미를 잃을 수도 있으며, 따라서 그런 사람들은 당신에게 별로 고마운 마음을 갖지 않을지도 모른다. 그리고 결과적으로 당신이 노력하고 있는 일들을 옆에서 도와주고 싶어 하지도 않을 것이다. 하지만 그런 사람들 때문에 낙심하지 않도록 조심하라.

예전 직장에서 근무할 때(이 일에 관해서는 제10장에서 좀 더 자세히 설명할 것이다), 나는 적극적인 태도로 일할 때 내 일을 가장 즐겁게 해 낼 수 있다는 사실을 깨달은 다음부터 그런 일들을 먼저 할 수 있도록 일의 우선 순위를 조정하곤 했다. 그러다가 나는 아예 적극적인 태도로 일하는 게 뭔가를 구체적으로 파악한 다음 그것을 방해하는 중요한 장애물들을 처리하기로 마음먹었다. 이 경우 나는 상사와 비서, 그리고 우리 팀 전원에게 내가 좋아하는 일들을 좀 더 많이 할 수 있게 해 달라고 부탁한다. 그렇게 하면 이윤도 증대된다. 이것은 내가 지닌 융통성을 최대한 발휘함으로써 얻은 결과였다. 물론 나는 회사가 중요하게 여기는 일과 나의 목표와 관심을 일치시키려고 노력했다. 하지만 내가 좋아하는 방식대로, 내 관심이 이끌리는 대로 그 일을 한 것이다. 그것도 좀 더 많은 이윤을 안겨 주면서 말이다.

그러면 당신이 좋아하는 일을 좀 더 많이 하기 위해 당신은 어떤 식으로 융통성을 최대한 발휘할 수 있을까? 이렇게 질문하면 생각해 보지도 않고 그저 할 수 없다고만 대답하는 사람들이 있다. 만일 당신도 그런 사람이라면 나는 당신이 '쉽게 단념해 버리는 사람'의 범주에 들지 않나 의심할 수밖에 없다. 게다가 분명히 당신은 실험도

142

하지 않은 채 불가능하다는 결론을 내려 버리는 사람일 것이다. 당신이 만일 그런 부류에 속하는 사람이라면 좀 더 생각을 해 보기 바란다. 자신이 즐겁게 할 수 있는 일들을 분명히 파악하고 있으면 있을수록 나머지 일들도 훨씬 더 쉽게 해결할 수 있다는 사실을 명심하라.

내가 아는 어떤 사람은 '해야 할 일들' 의 목록이 너무 길어서 새로운 업무를 개발하는 데 반드시 필요한 혁신적 업무를 수행하는 데에도 방해를 받곤 했다. 그는 자신의 목록에 짓눌리는 것 같은 기분을 느꼈으며, 그래서 그 목록을 원망도 했다. 그런데 그 목록을 버리지 않고 다른 각도에서 바라보면 마치 하나의 통로인 것처럼 보인다. 그러니까 그 일을 빨리 끝마치면 끝마칠수록 자신이 정말로 좋아하는 일을 빨리 시작할 수 있다는 사실을 깨닫게 된 것이다. 이로써 그는 아무런 원망 없이 그 일을 계속할 수 있게 되었으며, 결국은 정해진 시간 내에 일을 마칠 수 있게 되었다. 이것은 자신이 좋아하는 일을 기대하면서, 그것을 당근 삼아 현재 하고 있는 일들을 제대로 끝마칠 수 있는 방법이다.

자신에게 적용해 보라

다음의 빈칸에 당신이 좋아하는 일과 싫어하는 일들을 적어 보라. 자신의 하루 일과뿐만 아니라 예전의 삶과 직장까지 두루 살펴보면 아래의 목록이 훨씬 더 길어질 것이다.

당신이 정말로 좋아하는 일은 무엇인가? 어쩌면 당신은 이 목록을 직장과 가정, 두 분야로 구분하고 싶을지도 모른다. 자, 어떻게 하면 당신이 좋아하는 일을 더 자주 하지 못하도록 방해하는 잡다한 일들을 제거할 수가 있을까? 당신이 취약한 부문에 대해서는 다른 사람의 도움을 받아라. 그리고 자신이 좋아하는 일의 영역을 넓혀보라.

어떤 사람들은 청소를 해 줄 사람이나 회계 장부 등을 정리해 줄 사람을 고용하기도 하고, 또 어떤 사람들은 다림질이나 청소, 잔디 깎기, 장식 같은 일을 대신해 줄 만한 사람을 고용하기도 한다. 편하게 당신이 원하는 만큼 구체적인 사람이 되어 보라. 현재의 역할이나 직무에 구애받지 말고 말이다. 돈을 지불해도 되고 기술을 교환해도 된다. 당신의 파트너나 친구들에게 당신의 어떤 점이 맘에 드는지를 물어보라. 그러면 당신은 다른 사람들은 당신의 강점이 뭐라고 생각하고 있는지 새로운 사실을 알게 될 것이다.

내가 좋아하는 일들	내가 싫어하는 일들

실행을 방해하는 장애물들

• *나도 싫어하는 그런 일을 누가 대신하고 싶어 하겠어요?*
이것은 전혀 입증되지 않은 추측일 뿐이다. 아니면 당신이 주저하고 있는 것일 수도 있다. 판단은 잠시 보류해 두고, 먼저 당신이 싫어하는 일들을 모두 목록으로 작성해 보라. 그런 다음에는 자신을 도와줄 만한 사람, 또는 그런 사람을 알고 있는 사람을 찾아보라. 그리고 그 사람에게 어떤 점이 그의 흥미를 돋구는지를 물어보라. 그 사람은 당신의 강점을 당신 자신보다 더 명확하게 파악하고 있을 수도 있다.

• *굉장히 비현실적인 생각이에요. 그야말로 그림의 떡이라고요.*
하지만 다른 사람들에게는 이것이 효과가 있다. 이 방법을 토대로 해서 성공을 거둔 경우도 많다. 그러니까 한 사람의 장점이 다른 사람의 약점을 보강해 주고, 또다른 사람의 강점이 이 사람의 약점을 보강해 주는 그런 방법으로 말이다. 만일 이런 방법이 당신에게도 효과가 있다면 당신의 삶은 지금과 얼마만큼 달라질 수 있을까? 만일 이것에 흥미가 있다면, 이것을 계속해서 실천해 나가라. 힘겨워 보인다고 해서 시작조차 하지 않는 것은 매우 어리석은 짓이다.

• *나는 교환할 만한 기술이 아무것도 없는데요.*
다른 사람들에게 당신이 지니고 있는 기술들 가운데 갖고 싶은 것이 있다면 무엇이냐고 한번 물어보라(이것에 관해 좀 더 알고 싶으면 제5장을 참조하라). 그리고 그들이 하는 말을 그대로 믿어라.

- *나는 시간이 없어요. 너무 바쁘단 말이에요.*
  이 책을 내려놓아라. 그리고 진지한 마음으로 받아들일 준비가 갖춰진 다음에 다시 읽어라.

- *이 사회에서는 당신이 지닌 것들을 최대한 활용할 수 있어야 한다. 아무도 당신을 도와주지 않는다. 다들 자기 일만으로도 비쁠 테니까요.*
  이것 역시 입증되지 않은 추측에 불과하다. 당신이 서로 기술을 교환할 만한 사람을 발견한다면, 그 사람의 짐이 가벼워지는 동시에 당신의 짐도 가벼워질 것이다. 또 두 명 모두 자신이 잘할 수 있는 일을 수행하게 되므로 서로가 해야 할 일들의 목록을 효과적으로 줄여 나갈 수 있을 것이다. 로즈메리는 나보다 설거지를 더 빨리 할 수 있고, 나는 로즈메리보다 더 빨리 그릇을 선반에 정리할 수 있다. 또한 그녀는 나보다 더 빨리 은행 장부를 조정할 수 있고, 나는 그녀보다 더 빨리 아이들을 목욕시킬 수 있다.

제7장

에너지 강화를 위한 시간을 마련하라

당신의 에너지를 강화할 만한 일을 할 수 있도록 따로 시간을 마련하라. 그런 일은 당신이 나머지 일들까지 모두 끝마칠 수 있도록 도와줄 것이다.

당신은 에너지를 강화하기 위해 하고 싶은 일이 무엇인가? 올해 내 생일 날 식구들이 전부 모였다. 그들은 내가 그동안 무척 원해 왔지만 도저히 사 달라고 할 수 없었던 것을 선물로 사 주었다. 바로 전자 기타와 앰프였다. 내가 그동안 전자 기타와 앰프를 가질 수 없었던 데에는 여러 가지 이유가 있다.

- 그것들을 전혀 연주할 줄 모른다.
- 시간이 없다.
- 그것들을 둘 만한 장소가 없다.
- 벌써부터 이웃들이 드러내놓고 말하고 있다.
- 그 돈을 다른 데 사용할 일이 많다.
- 10년 넘게 보통 기타를 갖고 있으면서도 연주한 적이 거의 없다.

148
149

• 그렇다. 나는 너무 늙었다(우리 어머니가 보시기에).

이 모든 이유들에도 불구하고 나는 이제 전자 기타와 앰프를 갖게 되었다. 그리고 이것은 어디까지나 정당한 일이었다. 내 친구 중 한 명은 록 기타 수강 과정을 찾아내서 둘이 같이 다니자고 하더니 급기야는 첫 수업 시간에 학원까지 실어다 주었다. 그 뒤로 나는 다른 사람들에게도 그 강의를 같이 듣자고 했고, 강습이 끝나면 함께 나가 맥주도 마시곤 했다. 처음 며칠은 친구 두 명에게만 같이 술을 마시러 가자고 초대했지만 시간이 지날수록 그 범위가 점점 더 넓어지더니 이제는 기타 강습반의 초점과 구성 자체가 우리를 중심으로 맞춰졌다. 이제, 목요일 저녁은 그야말로 나의 일주일 중에서 가장 멋진 하이라이트에 속하는 시간이다.

강사는 우리에게 매주 과제물을 내준다. 즉 연습을 해야만 한다는 뜻이다. 어느 날 나는 문득 새로운 사실 하나를 깨달았다. 연습하는 것을 생각만 해도 내 피가 용솟음치는 듯한 기분을 느낄 수 있게 되었다는 사실을 말이다. 당신은 그것이 얼마나 근사한 일인지 절대로 모를 것이다. 나는 이것이 바로 흥분이라고 믿는다. 우리는 누구나 다 자신의 삶 속에서 이러한 흥분을 느끼면서 살 수 있다. 피가 용솟음치는 듯한 그 경험을 통해 나는 내가 현재 정당한 일을 하고 있을 뿐만 아니라 그동안 너무 오랫동안 이것을 미뤄 두고 살아왔다는 사실을 명확히 깨닫게 된다.

당신은 무엇을 미뤄 두고 살아왔는가?

"당신이 정말로 원하는 것은 무엇인가?" 하고 물으면, 사람들은 보통 10분 정도에 걸쳐서 자기가 원하는 것들을 시큰둥한 목소리로 이야기한다. 이런 것들은 그들의 흥미를 끌 수 있을지는 몰라도 결코 그것들로부터 에너지를 찾을 수는 없을 것이다. 그래서 그것들이 방해가 되지 않도록 전부 뱉어 내고 나면 뭔가 그들 속에 좀 더 깊숙이 들어 있던 것들이 입 밖으로 나오곤 한다. 그들은 아직까지도 내가 그들의 말에 관심을 갖고 귀를 기울이고 있다는 걸 알면 놀라워하면서 다음과 같은 이야기를 꺼낸다.

- 하지만 내가 정말로 원하는 것은 …
- 내 꿈은 …
- 궁극적으로 바라는 것은 …
- 내가 정말로 즐길 수 있는 것은 …

그러면서 그들의 목소리는 달라지기 시작한다. 그들의 눈은 빛나기 시작하고 자세도 달라지며 갑자기 에너지가 고조되기 시작한다. 이 것은 그들의 이야기가 진심에서 우러나오는 것임을 뜻하며, 또 나이들고 처음으로 그동안 반쯤 사장되어 있었던 뭔가를 다시금 접하게 되었음을 뜻한다. 그들은 항상 감춰져 있던, 심지어는 자기 자신에게조차 숨기고 있었던 뭔가를 이제 공유해야겠다는 생각에 부쩍 용기가 샘솟는 것을 느끼는 것 같다. 그들은 지금까지 이것을 오랫동안 미뤄 둔 탓에 거의 잊어버리고 있었다. 하지만 거의 잊어버렸지만 완전히 잊어버린 것은 아니다.

한번은 어머니와 전화 통화를 나누다가 내 생일 선물이 전자 기타였다는 말을 우연히 꺼내게 되었다. 어머니는 큰소리로 웃으셨다. 왜 웃으시냐고 여쭤 봤더니, 내가 너무 늙었다고 말씀하시는 것이었다. 나는 다시 왜 그렇게 생각하시냐고 여쭤 보았다. 그러자 어머니는 더 이상 내 또래 여자들이 내 꽁무니를 쫓아다니지 않기 때문이라고 말씀하셨다(나는 어머니가 그렇게 많은 정보를 갖고 있다는 것도, 또 그렇게 통찰력이 좋다는 것도 전혀 모르고 있었다). 나는 어머니의 판단이 틀렸으면 좋겠다고 말씀드렸다. 그러자 어머니는 또 웃으시면서 이렇게 말씀하셨다. 지금까지 다른 것들도 모두 다 틀렸기 때문에 이번 일도 아마 틀렸을 것이라고 말이다.

우리가 좋아하는 것을 확실히 알고 나면 그에 대한 반응이 뒤따르게 된다. 그런데 이 반응의 힘은 사람에 따라서, 그리고 활동의 종류에 따라서 많은 차이가 있다. 심리학자 미할리 칙스첸트미할리(Mihaly Csikszentmihalyi)는 사람들이 자기가 현재 행하고 있는 일에 완전히 몰입하는 순간을 설명하기 위해 '분출 경험'이라는 말을 새로 만들어 냈다. 그의 주장에 따르면 모든 활동은 '고분출'과 '저분출'로 나누어지는데, 전형적으로 고분출 활동을 하는 사람들은 다음과 같은 경험을 하게 된다고 한다.

- 시간 감각이 전부 없어진다.
- 그 일에 완전히 빠져 버린다.

- 자기 자신도 의식하지 못한다.
- 엄청난 집중력을 지니게 된다.
- 단지 재미 때문에 그 일을 한다.

테니스 시합이나 등산도 고분출 활동에 속한다. 현재 참여하고 있는 일에만 온통 정신이 쏠리고, 마음이 혼란스럽거나 하는 일은 전혀 없기 때문이다. 분출 경험의 경우, 그 활동의 능력 정도와 도전 정도가 조화를 잘 이룬다. 그러니까 너무 쉬운 것도 아니고 너무 어려운 것도 아니다. 운동 선수들은 '무아지경' 이나 '최고조', 또는 '손발이 척척 맞는 상황' 에 관해 이야기하곤 한다. 나는 시합을 마친 테니스 선수들이 그날 테니스 공이 얼마나 커 보였는지, 그리고 얼마나 느리게 움직이는 것처럼(마치 이 세상의 시간을 다 쥐고 있는 것처럼) 보였는지 이야기하는 것을 들은 적이 있다.

좀 더 낮은 단계를 생각해 보면 우리는 누구나 다 그런 비슷한 순간을 경험한 적이 있을 것이다. 춤을 추거나, 노래를 부르거나, 언덕을 오르거나, 정원을 돌보거나, 재미 삼아 책을 읽거나, 장식을 하거나, 음악을 듣거나, 등산을 하거나, 테니스를 치거나, 군중 앞에서 이야기를 하거나, 목공예 작업을 하거나, 친한 친구들과 식사를 하거나, 리포트를 준비하거나, 또는 프리젠테이션을 하는 순간에도 우리는 그와 같은 경험을 하곤 한다. 그런데 흥미롭게도 텔레비전을 시청하는 것은 저분출 활동으로 보고되었다.

자신이 좋아하는 일을 하면 에너지가 생성된다. 그리고 이것은 다른 모든 사람에게도 중요한 일이 되어야 한다. 하지만 문제는 자신이 바쁠 경우 이런 활동을 제일 먼저 제외시켜 버린다는 것이다. 대체로 그런 활동들은 하찮고 방종한 것처럼 보일 뿐만 아니라, 시간을 낭비하고, 심지어는 이기적인 것처럼 여겨지기도 하기 때문이다. 그러나 그런 활동을 육성하는 것은 오히려 우리의 에너지를 강화해 주는 일이다. 이런 활동에 시간을 쏟으면 쏟을수록 에너지를 축적할 수 있다는 것은 하나의 역설이 아닐 수 없다. 다시 말해서 이런 활동에 시간을 쏟으면 그 후의 생산성이 증가하는 식으로 보상이 뒤따른다는 것이다. 자신의 기분이 좋아지면 에너지도 따라서 증가하고, 자신의 에너지가 증가하면 나머지 일들도 좀 더 신속하게 처리할 수 있기 때문이다. 내가 알고 있는 어떤 전무이사는 아주 바쁜 일이 많은데도 불구하고 매일 체육관에 가거나 스쿼시를 한다. 그녀는 이 시간이 매우 유익하다는 사실을 잘 알고 있다. 오후 내내 일을 하면서 보내기보다는 이렇게 두 시간 정도 운동을 하는 편이 실제로 더 많은 일을 해치울 수 있기 때문이다.

많은 사람들이 자기가 좋아하는 일을 하고 난 뒤로 업무의 생산성이 더 향상되었다고 보고했다. 그리고 우리의 코치 수업을 받은 뒤로 좀 더 생산적인 사람이 되었다고 보고한 사람도 한 명 있었다. 그와 내가 만나는 시간은 매주 반나절 정도다. 그러나 그는 예전처럼 일주일 내내 일을 하는 것보다는 차라리 지금처럼 나흘 반나절 일하는 쪽이 훨씬 더 많은 일을 해치울 수 있다는 사실을 알게 되었다고 한다. 나도 그 이유를 정확하게 설명할 수는 없다. 하지만 그가 좀 더 정신을 집중해서 일을 명료하게 해 낼 수 있게 되었기 때문이 아닌가 하는 생각이 든다. 집중력이 좋아지면 주변의 소음도 훨씬 덜 들리기 때문이다. 그가 나와의 코치 시간을 하나의 레크리에이션처럼 받아들이고 있는지 아닌지는 확실히 모르겠다. 하지만 그가 이 시간을 에너지 강화 시간으로 여기고 있는 것만은 확실하다. 이 시간을 통해서 그는 시간이란 게 얼마나 탄력적인 것인지에 관해 매우 흥미 있는 통찰력을 지니게 되었을 것이다. 그러므로 당신도 만일 좋아하는 일을 할 만한 시간이 전혀 없다고 여겨지더라도 그냥 포기하지 말고 어떻게 하면 그런 시간을 얻어낼 수 있을지 한번 연구해 보기 바란다.

예전에 나는 목공에 작업을 참 좋아했다. 그러던 어느 날 문득 이 일이 다른 어떤 일보다 더 좋다는 사실을 깨닫게 되었다. 직장에서 돌아오기만 하면 옷을 갈아입은 다음 정원으로 나가서 자리를 잡고 앉아 이 일을 시작하곤 했었다. 그리고 한번 이 일을 시작했다 하면 차 한잔 마시지 않고서 쉴 새 없이 계속하는 게 다반사였다. 나를 잘 아는 사람이라면 이것이 무척 의미심장한 사인이라는 것을 눈치챌 수 있을 것이다. 그런데 문제는 이 일은 정원에서 해야 하기 때문에 햇빛이나 날씨에 좌우되는 경우가 많다는 것이었다. 하루는 햇빛과 날씨를 내가 원하는 시각에, 내가 원하는 만큼 조절할 수 있다면 내가 좋아하는 일을 좀 더 확실하게 즐길 수 있을 것이라는 생각이 번쩍 들었다. 결국 나는 작업장을 짓기로 마음먹었다. 장소도 이미 마련되어 있는 데다가, 더욱이 그것은 내가 정말로 원하는 일이었다. 하지만 내 꿈을 실현하기 전에 먼저 반드시 밟아야 할 몇 가지 단계가 있었다.

- 그 일에 착수하기 위해서는 아내 로즈메리의 동의가 필요했다.
- 거기에 드는 비용을 대충 마련해 두어야 했다.
- 로즈메리에게 우리가 비용을 감당할 수 있다는 것을 보여 주기 위해 현금 상황을 알려 주었다.
- 일을 해 줄 건축가를 알아봐야 했다.
- 기획 부서와 얘기를 나눠야 했다.
- 이웃의 동의를 얻어야 했다.
- 확정된 견적을 알아봐야 했다.
- 건축가 한 명을 골라서 시작 신호를 보내야 했다.
- 그 일을 감독해야 했다.
- 로즈메리가 다음과 같이 귀찮은 질문들을 할 때마다 나는 교섭 역할을 해야만 했다. "그 사람들이 집 앞에 새 벽돌을 깔면 그게 집과 잘 어울릴까요? 지붕은 평평하게 지을 건가요, 아니면 비스듬하게 지을 건가요?" (나는 급히 서두르느라고 그런 생각은 전혀 하지 못했다).
- 건축가들이 디자인을 변경하게끔 설득해야 했다(그 상황에서는 굉장히 중요한 조건이었다).

그 작업실은 3개월도 채 되지 않아 완성되었다. 그리고 작업실 공사와 관련된 온갖 수고와 혼란은 그 뒤로 모두 잊어버렸다. 지금도 여전히 나는 그 작업실을 하나의 모델로 삼고 있다. 내가 원하는 것과 나에게 에너지를 불어넣어 주는 것이 일치할 경우 그것은 반드시 이루어진다는 사실을 증명해 주는 모델 말이다.

> 당신이 진정으로 원하는 것이 있다면 그것이 무엇이든지 간에 반드시 그것을 얻게 될 것이다. 단, 당신이 열광적으로 그것을 원해야 한다. 그것이 당신의 피부 위로 용솟음쳐 흘러서 이 세상을 창조한 에너지와 합쳐질 수 있을 정도로 말이다.
>
> _ 쉐일라 그레헴

자신이 정말로 원하는 일을 할 수 있다면 굉장히 멋질 것이다. 내 고객들 가운데 한 명은 좀 더 자주 스키를 타러 가고 싶다고 말했다. 그래서 얼마나 자주 가고 싶으냐고 물었더니 그는 매주 가고 싶다고 대답했다. 물론 나는 그의 말이 진심에서 우러나오는 것이라고 생각했다. 하지만 그는 가족을 거느린 사람이었기에 나는 그에게 목표를 조금 낮추면 어떻겠느냐고 제안했다. 결국 그는 다음 시즌부터 일년에 몇 번만 가는 것으로 목표를 수정했다. 나는 그에게 지금 당장 자기가 원하는 바를 아내에게 알리라고 권고했다. 하지만 그것은 가족들에게 너무나도 많은 것을 희생하라고 요구하는 것과도 같았기에 그는 당연히 내켜 하지 않았다. 나는 그가 가족들에게 자기 결심을 이야기할 수 있도록 용기를 불어넣어 줬다. 그리고 그가 스키를 타러 가는 대신 가족들이 좋아할 만한 일을 해 주면 어떻겠느냐고 물었다. 마침내 그와 아내는 의견의 일치를 보았다. 주말에 그가 혼자서 아이들을 태우고 부모님 댁을 방문해 준다면 일 년에 몇 번씩 스키를 타러 가도 좋다고 말이다. 그는 정말로 그렇게 했다. 그리고 이렇게 아이들과 시간을 함께 보내는 것이 자기에게는 물론 부모님과 아내에게도 두루두루 좋은 일이라는 사실을 깨닫게 되었다. 그야말로 모두에게 만족스러운 상황이었다. 1월 24일까지 그는 그 시즌에 이미 네 번이나 스키를 타러 갔다왔다고 말했다.

언젠가 한번은 주말을 아주 즐겁게 보내고 있음에도 불구하고 다음 한 주가 온통 일 천지가 될 것 같다는 생각이 들었다. 일을 하거나, 그 일에서 벗어나거나, 그 일을 준비하느라고 한 주일을 다 보내는 것 같았다. 그래서 나는 주중에 미니 주말을 한 번 더 갖기로 마음먹었다. 우리 가족의 경우에는 수요일 저녁이 안성맞춤이었다. 그 뒤로 우리 가족은 수요일만 되면 정각에 퇴근을 해서 포도주와 음악을 곁들인 근사한 저녁 식사를 하곤 했다. 텔레비전도 켜지 않은 채, 그저 편안하게 앉아 이야기를 나누면서 말이다. 이 저녁 식사 시간은 언제나 훌륭했다. 그리고 머지않아 이 시간을 기다리는 것이 나의 커다란 즐거움이 되었다. 이제 우리는 주말이 너무 멀다고 생각하지 않는다. 이것이 우리에게 많은 에너지를 불어넣어 주기 때문이다.

또 어떤 고객은 자기가 가장 하고 싶은 일은 바로 골프를 치는 것이라고 했다. 그는 자기가 골프를 굉장히 좋아한다는 사실을 잘 알고 있으면서도 오랫동안 그 사실을 무시하고 살아왔다고 했다. 내가 무엇이 당신을 방해했느냐고 물었더니 그는 시간이라고 대답했다. 하지만 시간이란 많은 특징을 지니고 있게 마련인데, 이 경우에는 죄책감의 기미가 풍기는 것 같았다. 그는 주말에 골프를 치고 싶지만 그렇게 하면 아내와 아이에게 더 무거운 짐을 지우게 될까 봐 못하고 있다고 말했다. 물론 주말이 아니면 주중에라도 갈 수 있겠지만 아무래도 그는 다른 일을 하러 가는 것처럼 아내를 속이고 싶지 않았다고 했다. 그는 무척이나 아내의 동의를 얻고 싶어했다. 나는 왜 아내의 동의를 얻어낼 수 없을 것이라고 생각하는지를 물었다. 그러자 그는 자기가 아내에게 물어보면 아내는 금방 이렇게 말할 거라고 대답했다. "그러면 나는 어쩌라고요? 내가 원하는 일을 할 만한 시간은 언제 줄 거예요?"

나는 아무리 그럴 것처럼 생각되더라도 이것은 단지 짐작일 뿐이라는 점을 지적해 주었다. 아내가 그렇게 대답할 것이라는 가정 때문에 물어보지도 않고 포기할 수는 없는 노릇 아니겠냐고 말이다. 결국 그는 아내에게 물어보았다고 한다. 그러자 그녀는 이렇게 대답했다. "물론 골프도 쳐야지요. 당신은 열심히 일만 하잖아요?" 그러니 당신도 거절을 당하게 될지도 모른다는 가능성 때문에 자기가 정말로 원하는 것을 요구해 보지도 않고 미리부터 포기해 버리는 일이 없도록 하라. 이런 면에서 아이들은 훌륭한 모델이라고 할 수 있다.

문득 유리 칸막이에 의해 반으로 나뉜 물통 속의 피라냐 이야기가 떠오른다. 당신이 만일 유리 칸막이 반대편으로 먹이를 던져 주면 피라냐는 그 먹이를 먹으려고 여러 번 시도를 해 보겠지만 유리 칸막이 때문에 도저히 먹을 수가 없을 것이다. 그러다가 결국은 포기해 버리고 말 것이다. 그런 다음 당신이 유리 칸막이를 치운다고 하자. 그러면 얼마든지 먹이를 먹을 수 있는데도 피라냐는 꼼짝하지 않을 것이다. 이미 포기해 버렸으므로, 피라냐는 결국 먹이를 코앞에 두고서도 굶어죽고 말 것이다. 이 이야기를 통해서 내가 깨달은 사실 하나는 이 세상은 계속해서 변해 가는데 정작 우리의 결정은 현재가 아닌 과거의 세상 모습에 여전히 좌우되는 경우가 많다는 것이다. 골프를 치고 싶어 하는 자신의 마음에 대해 아내가 어떤 식으로 반응할 것인가를 추측만 했던 내 고객 역시 과거에는 정말로 그랬을지 모르지만 현재는 명확하게 변했는데 정작 그는 아무런 확인도 하지 않았던 것이다. 자신이나 주변 사람들에 관해서 당신이 알고 있는 것들을 업데이트해야 할 부분은 무엇인가? 이것을 알아낼 수 있는 한 가지 단서는 바로 사람들이 사용하는 언어다. 당신 자신이나 또는 다른 사람들이 다음과 같은 말들을 사용하는 것을 들어본 적이 있는가?

- 절대로
- 언제나
- 반드시
- …해야 한다
- …할 수 없다

그렇다면 이것은 아직도 과거의 가정이 작용하고 있다는 신호다. 이것은 또 그 가정의 타당성을 점검함으로써 다시 한번 보강할 만한 기회가 왔음을 의미한다.

한번은 오스트레일리아 여행객들이 하루 일정에 관해 이야기하는 것을 우연히 들은 적이 있다. 그들 가운데 한 명이 다른 사람에게 함께 당일치기 관광을 하자고 권유했다. 그러자 상대방이 자기는

'세탁을 하고 싶어서 안 되겠다'고 거절했다. 나는 그가 "안 되겠는데요, 전 세탁을 해야 하거든요."라고 대답하지 않은 데 대해 놀라움을 금치 못했다. 내가 만일 그랬다면 나는 분명히 그렇게 대답했을 것이다. 그가 사용한 언어는 그가 지금 좋아하는 두 가지 일 가운데서 어느 한 가지를 선택하는 입장임을 표명해 주는 언어였다. 당연히 내가 그랬다면 느꼈을 세탁에 대한 불만 같은 것도 그는 전혀 느낄 필요가 없었다.

자신에게 적용해 보라

1. 당신이 정말로 하고 싶은 일들을 아래의 목록으로 작성하라. 이 일을 위해 시간을 따로 마련해 두고, 이것저것 마음껏 생각해 보라. 당신이 정말로 살아 있음을 느끼는 순간은 언제인가? 시간의 흐름조차 잊어버리는 순간은 언제인가? 당신이 정말로 집중할 수 있는 순간은 언제인가? 많은 양의 에너지가 넘치는 듯한 느낌이 들 때는 언제인가? 자기 의식조차 사라져 버리는 것 같은 때는 언제인가? 당신이 언제 이런 식으로 보이는지 주변 사람들에게도 한번 물어보라. 당신이 정말로 원하는 것은 무엇인가? 그것을 적어 보라. 그런 다음에는 당신 자신에게 한 번 더 물어보라. 당신이 정말로, 정말로 하고 싶은 일이 무엇인지 말이다. 그리고 그것을 기록하라.

나의 에너지를 강화해 주는 일들

_____

_____

_____

_____

_____

_____

_____

_____

2. 당신의 목록에서 한두 개를 선택해 다음 한 주 동안 그것들을 향한 단계를 밟아 보라. 그것이 아무리 거창한 일이라 할지라도 스스로에게 그 일을 할 시간을 허용하라. 그리고 시간을 들여서 당신이 원하는 방향으로 나아가려면 어떤 단계들을 밟아야 하는지 알아보라. 당신의 목표는 '실행 가능하면서도' 당신이 통제할 수 있는 다음 단계가 무엇인지를 파악해 내는 것이다. 비슷한 관심을 지닌 친한 친구와 서로 돕는 것도 좋은 방법이다 (내가 기타 강습을 받을 때 그랬던 것처럼 말이다). 다른 사람과 협력하는 일의 중요성은 아무리 강조해도 지나치지 않다. 다른 사람과 협력할 경우 우리는 추진력을 그대로 유지할 수 있다. 그리고 우리가 원하는 것을 가질 수 있는 권리와, 그것을 얻을 수

있는 능력, 그리고 선택과 적성 같은 것들을 자꾸만 걸고넘어지려 드는 주변 사람들의 의심도 얼마든지 몰아낼 수 있다. 이러한 의심은 우리가 혼자 있을 때 더 강해지며, 다른 사람들과 힘을 합쳐 노력하면 점점 더 약해지는 법이다.

3. 당신이 다음과 같은 언어를 얼마나 자주 사용하고 있는지 그 횟수를 한번 점검해 보라. '반드시, …해야 한다, 절대로, 언제나. 그리고 반드시 또는 …해야 한다' 대신에 '바란다' 는 단어를 사용하도록 노력하라. 다시 말해서 지금까지는 "난 지금 가야 해."라고 말해 왔다면 앞으로는 "이제 가고 싶어."라고 말하라는 것이다. 그 일이 무척 힘들겠지만 실천하고 나면 굉장한 변화가 일어날 것이다. 또한 자신의 언어를 적극적인 것으로 바꾸려고 노력하라. 예를 들면 "저 휴지통을 비워야 해."라고 말하는 대신 "저 휴지통 좀 비워 주세요."라고 말하라. 겉보기에는 별다른 차이점이 없는 것 같지만 여러 번 시도해 보면 느낌이 상당히 달라질 것이다. 어떤 사람들은 이러한 변화와 더불어 자기 통제를 잘할 수 있게 되었고, 스트레스도 덜 받게 되었으며, 조금 더 발전한 것 같은 느낌을 받게 되었다고 보고한다.

실행을 방해하는 장애물들

- *나는 시간이 없어요.*
  이런 말을 하는 사람은 자기가 좋아하는 일을 하는 것을 시간을 따로 할애할 만큼 중요한 일이 아니라고 생각하는 사람이다. 작은 일부터 시작해 보라. 단 15분만이라도 좋다. 그러니 당신이 정말로 좋아하는 일에 투자해 보라. 여기에서 주의해야 할 점은 당신이 정말로 좋아하는 일이어야 한다는 사실이다. 화분에 식물을 심는 일도 좋고 목공예 작업도 좋다. 어떤 음악을 목청껏 따라 부르는 것도 좋고 불을 끈 채로 마룻바닥에 누워 자신이 가장 좋아하는 음악을 듣는 것도 좋다. 화롯가에 앉아 와인 한잔을 마시며 책을 읽는 것도 좋고, 완벽한 고요를 체험하는 것도 좋다.

- *그런 일은 내 주변 사람들에게 부정적인 영향을 미칠 겁니다. 그러면 나는 죄책감을 느끼게 될 거예요.*
  그들 역시 자신이 정말로 하고 싶은 일을 찾아낼 수 있도록 당신이 도와주어라. 서로에게 도움이 되어 주어라. 로즈메리와 나 역시 서로를 돕고 있다. 내가 테니스를 칠 때는 로즈메리가 아이들을 돌보고, 그녀가 정원 일을 할 때는 내가 아이들을 돌보는 식으로 말이다.

- *이기적인 행동이에요.*
  이것은 자기 돌봄의 일부다. 이것은 자신의 배터리를 재충전하고, 안전한 기초를 마련하기 위해 반드시 필요한 일이다.

- *나는 이런 사치스런 생각을 할 만한 여유가 전혀 없어요.*
  당신이 정말로 원하는 일을 위해 계획만 세우더라도 에너지가 엄청나게 강화되는 것을 경험할 수 있을 것이다. 휴가를 떠나기 직전에 사람들의 생산성과 에너지가 어느 정도로 증가하는지를 본 적이 있는가? 변화는 자신이 고대할 만한 뭔가가 있을 때 발생하는 법이다.

제8장

초점을 옮겨라

당신의 삶에 풍족하게 주어진 것에 감사하면서 당신의 에너지를 강화하라. 일관된 사람이 되기 위해서 그렇게 애쓰는 것은 이제 그만두어라.

> 직장에서 당신은 집에 두고 온 아이들을 생각한다. 또 집에서 당신은 끝마치지 못하고 온 업무를 생각한다. 그런 식의 투쟁이 자신 내부에서 끊임없이 반복된다. 당신의 마음은 산란하기 그지없다.   — 골다 메이어

우리는 지극히 문제에 초점을 맞춘 삶을 살고 있다. 우리의 몸은 올바른 것보다는 그릇된 것을 더 잘 볼 수 있도록 만들어진 것 같다. 우리는 칭찬을 하기보다는 비난하기를 더 좋아한다. 그 결과 우리는 현재의 삶을 저당 잡힌 채 과거와 미래 사이에서 사는 경우가 너무 많다.

한번은 가족들과 함께 한 가든 근처를 산책하고 있었다. 그런데 그날 따라 유난히 휠체어를 탄 사람들이 많이 눈에 띄었다. 그때 나는 우리 가족들 중에는 휠체어를 필요로 하는 사람이 전혀 없다는

사실을 새삼 깨달았다. 아직은 말이다. 순간적으로 그 '아직' 이라는 단어가 나에게 커다란 의미로 다가왔다. 그래서 나는 당장 그날부터 감사 일지를 쓰기 시작해야겠다고 마음먹었다. 그 감사 일지에 날마다 세 가지씩 감사한 일을 기록했다. 그 일이 어느 정도로 좋은 일인지, 또 되풀이해 일어나는 일인지 아닌지는 전혀 중요치 않았다. 그저 매순간 감사한 일들을 기록할 뿐이었다. 그렇게 한 달이 지나자 나의 삶이 찬란하게 빛나고 있다는 사실이 내 눈에 보이기 시작했다. 내가 이렇게 말하면 내 워크숍에 참석한 사람들은 웃음을 터뜨리곤 한다. 마치 내가 나의 삶은 찬란하게 빛나는 반면 그들의 삶은 아무도 모르는 사이에 이미 어두워져 버렸다고 말한 것처럼 말이다. 그들의 반응도 일리는 있다. 하지만 중요한 것은 내가 그런 의미로 말한 게 아니라는 사실이다. 나는 내 삶이 워크숍에 참석한 청중들 대부분의 삶보다 월등하게 낫다는 생각을 해 본 적이 없다. 그럼에도 불구하고 그들 중 자신의 삶이 '찬란하게 빛난다' 고 생각하는 사람은 거의 없을 것이란 생각이 든다. 물론 위와 같은 훈련의 결과 내 삶의 외부적 측면이 변화된 것은 아무것도 없었다. 하지만 내가 굉장히 변했다는 사실, 이것만은 확실히 느낄 수 있었다. 우리는 누구나 다 이러한 관점에 다다를 수 있다. 단 몇 분만 투자해도 모든 것이 다르게 보일 것이다.

특별히 좋은 일이 없더라도 삶은 좋은 것이다.

물론 감사할 만한 일들을 찾아낸다고 해서 문제가 다 사라지는 것은 아니다. 나는 예전에 지녔던 문제들을 여전히 지니고 있다. 아직도 그 문제들을 처리해야만 하는 상황에 있는 것이다. 사업도 발전시켜야 하고, 무수한 일들도 끝마쳐야 하고, 가족이나 친구들과도 좀 더 많은 시간을 함께 보내야 하고, 운동도 더 자주 해야 한다. 하지만 현재 나의 삶은 그 문제들 때문에 불행하지는 않다. 사실 나는 아주 행복한 삶을 살고 있다. 좀 달라졌으면 하는 부분은 많이 남아 있지만 말이다.

한번은 워크숍을 진행하는데, 한 참석자가 자기는 한밤중에 일어나서 화장실을 가는 것이 불편하다고 불평을 했다. 그러자 누군가가 자기 혼자 힘으로 일어나서 화장실에 갈 수 있다는 사실만으로도 감사해야 한다고 말했다. 또 어떤 사람은 이것이 자신의 숙모가 "네가 받은 은총을 세어 보아라."고 한 말과 아주 비슷한 것 같다고 말했다. 어쩌면 그럴지도 모른다. 하지만 그 격언의 배후에 깔려 있는 메시지는 사실 '입 다물고 불평 좀 그만 해. 이제 그만' 이라는 의미를 담고 있는 경우가 허다하다. 그 말이 궁극적으로 원하는 결과는 바로 침묵이다. 그렇지만 내가 원하는 결과는 그것이 아니다. 내가 바라는 것은 지금 이 순간을 좀 더 소중히 여기고, 자기 주변의 풍요로움에 대해서도 좀 더 감사할 줄 아는 사람이 되자는 것이다.

> 당신이 삶을 살아가는 데는 딱 두 가지 방법이 있다. 하나는 아무런 기적도 없는 것처럼 살아가는 것이고, 다른 하나는 모든 것이 기적인 것처럼 살아가는 것이다.
>
> _ 알버트 아인슈타인

한번은 코치이자 작가이기도 한 팀 갤웨이의 강연에 참석했는데, 그가 청중들에게 아주 중요한 질문 한 가지를 던졌다. 그는 우리가 어떤 존재냐고 물었다. 그러자 나보다 똑똑하고 대범해 보이는 사람이 일어나더니 우리는 시력을 지닌 존재라고 대답했다. 그는 맞다고 했다. 우리는 시각 시스템을 갖고 있어서 색채와 동작과 형태를 탐지할 수 있으며, 우리 눈에 보이는 이미지를 과거에 보았던 다른 수많은 이미지들과 신속하게 비교해 그로부터 의미를 찾아낼 수도 있고, 따라서 때와 장소에 알맞은 행동을 할 수도 있다. 그는 다시 질문했다. 그러한 시스템을 발전시키고 유지해 나가려면 얼마나 큰 규모의 연구와 개발 비용이 필요하겠느냐고 했다. 그러자 강의실 안은 조용해졌다. 그날 우리는 이제까지 너무나도 당연하게 받아들여 왔던 것에 대해서 일종의 경외감마저 느꼈다.

　　이동할 수 있고 독립적인 한 존재 안에 이 시스템을 제공한다고 한번 상상해 보라. 그리고 연료가 필요할 때마다 스스로 찾아내서 준비할 수 있을 것이라고 상상해 보라. 그리고 그 존재에 경제적 생존 능력을 부여하여 새로운 기술을 익힌 다음 그 기술의 일부를 팔아서 음식물과 집을 살 수 있게 해 주었다고 상상해 보라. 그런 다음 이 존재에게 어떠냐고 물었더니, 대뜸 "불평해선 안 돼."라고 대답했다고 상상해 보라. 당신이 좀 더 많은 에너지를 얻고 싶다면 당신의 삶에 주어진 온갖 좋은 것들에 대해서 감사하는 마음을 지녀야 한다. 그렇게 하면 문제에서 풍요로 당신의 초점이 옮겨 갈 것이다.

> 인간이란 얼마나 멋진 작품인가! 이성은 얼마나 뛰어나고, 갖고 있는
> 능력은 모습으로나 동작으로나 얼마나 무한하며, 행동은 또 얼마나 훌
> 륭하고, 생각은 또 얼마나 천사 같은가! 이 얼마나 신 같은 존재인가!
>
> _ 윌리엄 셰익스피어

일관된 사람이 되기 위한 노력은 그만두어라

우리 사회에는 일관된 사람이 되어야만 한다는 고정관념이 있다. 이
제까지 해 온 일을 앞으로도 계속해서 반복해야 한다는 것이다. 하
지만 그동안 우리에게 일관된 행동을 하라고 말한 사람이 있다면 그
사람은 결국 우리에게 해를 입힌 셈이다. 일관된 행동을 하기 위한
부단한 노력은 우리의 에너지를 빼앗아 감과 동시에, 우리에게서 좀
더 자발적으로 행동할 수 있는 기회를 박탈해 버리기 때문이다.

어떤 경우에는, 특히 아이들을 상대하거나 사람들을 관리할 때
에는 확실히 일관적인 태도로 임하는 것이 중요하다. 하지만 때로는
도가 지나칠 경우가 있다. 우리가 일관적인 사람이 되어야 한다는
말은 어떤 의미에서 보면 '지금 현재 우리의 존재와 일치시켜라.' 라
는 말로 재정의할 수 있다. 다시 말하면 그 말은 계속해서 진정한 존
재가 되라는 말과도 같다.

> 우리를 기다리고 있는 삶을 누리기 위해서는 우리가 이미 계획해 놓은
> 삶을 기꺼이 벗어던질 수 있어야 한다.   _ 조셉 캠벨

인간은 본질적으로 일관성이 없는 존재다. 당신은 남자들이 혹시 하루 중 언제 면도하는 게 다른 때보다 훨씬 더 편할 것이라고 생각해 본 적이 있는가? 언젠가 나는 텔레비전에서 하나의 실험 결과를 발표하는 것을 본 적이 있다. 그 실험은 생쥐 한 마리를 금속으로 만든 쓰레기통에 넣어 두고 바깥에서 아주 큰 소리로 종을 울리는 것이었다. 처음에 그 생쥐는 아주 침착한 태도로 코를 계속 킁킁거리면서 쓰레기통 주변을 살펴보았다. 그런데 다음번에는 같은 날, 같은 종을 울리기만 했는데도 그 생쥐는 충격을 받아서 그만 죽고 말았다. 나는 누군가가 그 생쥐에게 일관된 행동을 보여야 한다고 말했으리라고는 생각지 않는다.

환자 중심 심리 치료의 창시자인 칼 로저스(Carl Rogers)는 《인간이 된다는 것에 관해(On Becoming A Person)》라는 제목의 명저를 저술했다. 이 책에서 그는 모순이 많고 예측 불가능하며 변화가 잦은 사람이 되는 것에 대해 좀 더 개방적인 태도를 갖는 것도 완전한 인간이 되기 위한 중요한 요소들 가운데 하나라고 주장했다. 이 부분을 읽고 나는 어깨가 살짝 내려가면서 안도의 한숨이 나오는 것을 느꼈다. 마치 정확한 사람, 자제할 줄 아는 사람이 되기 위한 투쟁을 그만둔 것 같은 기분이 들었다. 관심 있는 사람을 위해 완전한 인간이 되기 위한 다른 구성 요소들도 몇 가지 소개하겠다.

- '반드시' 와 '…해야 한다' 를 멀리할 것
- 다른 사람들을 만족시키는 일을 멀리할 것
- 자신의 존재에 좀 더 개방적인 태도를 취할 것, 공포를 피하지 말 것, 그리고 복잡한 사람이 될 것
- 다른 사람들을 인정할 것
- 자신에 대한 신뢰를 쌓을 것

누구나 한번쯤은 "그건 너답지 않은 행동이야!" 라는 말을 들어본 적이 있을 것이다. 이 말은 마치 당신이 다른 사람들의 기대와 다른 식으로 행동함으로써 그들을 실망시켰다는 말처럼 들린다. 그리고 이 말에는 그들이 생각했던 것보다 당신이 좀 더 복잡한 존재임을 그들 편에서 인정해야 한다기보다는 오히려 당신 편에서 그들의 기대에 맞춰 행동해야 한다는 의미가 함축되어 있다. 이럴 때 가장 적절한 대답은 "아마 그럴 거야." 이다.

자발적으로 행동하는 사람이 되라. 언제나 일관된 행동을 하기 위한 투쟁은 그만두어라. 그래야만 당신의 에너지를 증가시킬 수 있다. 그렇다고 해서 변덕스럽고 예측 불가능한 사람이 되라는 것은 결코 아니다. 다만 당신 자신에게 정말로 원하는 대로 행동할 수 있는 기회를 허용해 주라는 것이다.

포기

삶은 종종 우리가 원하지 않는 방향으로 흘러가기도 한다. 우리는

자기가 되고 싶은 인물상을 모두 품고 있지만, 현실은 그렇게 될 수 없다. 그래서 현실을 바꿔 보려고 몸부림치는 동안 우리는 좌절도 하게 되고 에너지도 소비하게 된다. 이것은 또한 우리로 하여금 부족한 것들에만 초점을 맞춘 나머지 지금 이 순간 우리에게 주어진 기회는 제대로 알아보지 못하도록 방해하기도 한다. 이것은 마치 당신이 지난 휴가 때 방문했던 리조트를 이번 휴가에도 다시 갔다가 지금 이 순간을 있는 그대로 즐기지 못하고 그저 지난번 휴가와 비교하는 일에만 — 해변이 얼마나 깨끗했었는지, 바다가 얼마나 파랬는지를 회상하면서 — 시간을 다 써 버리는 것과도 같다.

하지만 삶이란 일이 기대했던 대로 돌아가는 경우와, 전혀 예기치 못했던 방향으로 진행되는 경우가 혼합되어 있는 것이다. 예기치 못했던 일들의 경우 어떤 것은 환영을 받고 어떤 일은 환영받지 못할 수도 있다. 당신은 예기치 못했던 일과 싸우는 쪽을 택할 수도 있고 그것을 그냥 인정하는 쪽을 택할 수도 있다. 그리고 호기심 어린 태도로 들여다보면 그 일이 오히려 더 좋은 일일 수도 있다는 사실을 발견하기도 한다. 직장에서 해고를 당하더라도 어떤 사람들에겐 그것이 결국 변장을 하고 나타난 축복으로 판명되기도 한다. 실직을 당했기 때문에 좀 더 나은 직장을 잡게 된다거나, 이제까지는 전혀 생각지도 못했던 행동에 착수하게 되는 경우가 허다하기 때문이다.

그러므로 뭔가 나쁜 일이 생겼을 경우에는 잠시 멈춰 설 수 있는 기회, 다시 한번 생각해 볼 수 있는 기회를 가졌다고 생각하라. 그리고 그 상황으로 인해 자신이 갖게 된 느낌으로부터 회복할 수 있는 기회를 가져라. 일어난 일을 인정하고, 그것이 오히려 더 좋은 일일 수도 있다고 생각하라. 그러면 적어도 몇 가지 중요한 사실을 깨달을 수 있을 것이다. 그리고 이때야말로 그 사실을 깨닫기에 가장 좋은 때다. 나쁜 소식들을 통해서도 당신은 얼마든지 기회를 발견할 수 있다. 중국어로 '위기(危機)' 라는 말은 위험(危險)과 기회(機會)라는 두 가지 의미를 지니고 있다.

만일 삶이라는 것이 강물을 따라 빠르게 흘러 내려가는 것과도 같다면 여기에서의 메시지는 '물결을 따라 흘러가라' 는 것이다. 똑바로만 흘러가려고 애쓰다 보면 점점 더 상황이 어려워지고 엄청난 에너지를 소모하게 될 수도 있다. 그러므로 똑바로 가려고만 애쓰기보다는 차라리 물의 흐름을 이용하는 게 더 빨리 목적지에 도달할 수 있는 방법이다. 당신 혼자 모든 걸 다 통제하거나 예측할 수는 없다. 그러므로 현재의 상황에 초점을 맞추고 그것을 최대한 활용하도록 한다.

자신에게 적용해 보라

1. 즐거운 마음으로 글을 쓸 수 있을 만한 특별한 노트를 한 권 구입하라. 그리고 당신이 가장 좋아하는 펜을 선택하라. 아니면 이 훈련을 위해서 새로 하나 장만하도록 하라. 그런 다음 멋진 장소와 적당한 시간을 선택하라. 이른 아침 시간이 좋다. 그래야 하루를 멋지게 시작할 수 있기 때문이다. 그런 다음에는 당신이 감사하게 여기는 일들을 하루에 세 가지씩 기록하라. 이

일을 한 달간 계속해 보라. 당신이 지닌 것들에 감사하기 위해서 몸이 다치거나 병들기를 기다리지는 마라. 지금 당장 시작하라.

오프라 윈프리가 힐러리 클린턴에게 물었다. 영부인으로 있는 동안 겪어야 했던 온갖 어려운 일들을 어떤 식으로 이겨냈느냐고 말이다. 그녀의 대답은 바로 이것이었다. '감사 일지.'

2. 저녁에는 그날 하루 동안 당신이 성취해 낸 일들을 아무런 가치판단 없이 전부 다 기록해 보라. 종종 그 목록은 생각했던 것보다 더 긴 경우가 많다. 이러한 훈련은 당신이 '아직 끝마치지 못한 일들'의 목록에 연연해하지 않고 이미 한 일들에 대해서 감사할 수 있도록 도와주는 유용한 기술이다. 나는 언제나 자기가 끝마치지 못한 일에만 연연해하던 한 고객에게 이 훈련을 한번 해 보라고 권했다. 한 달 동안 꾸준히 훈련을 하고 난 뒤 그녀는 자기 자신과 일에 대해 훨씬 더 만족할 수 있게 되었다고 한다. 어쩌면 우리의 목록도 끝없이 길지 모른다. 자, 기다리지만 말고 현재의 것들을 즐길 수 있는 방법을 찾아내라.

실행을 방해하는 장애물들

• *하루 종일 바쁜데 언제 그런 걸 하라는 말입니까?*

하루를 시작할 때, 즉 잠자리에서 일어나기 전이 좋다. 아니면 아이들을 학교에 등교시킨 다음이나 컴퓨터를 켜기 전도 좋다. 습관적으로 이 일을 할 수 있는 시간을 마련하라. 그러면 힘들이지 않고도 습관화할 수 있을 것이다.

• *그런 건 전혀 효과가 없어요. 시도해 볼 필요도 없는 거지요.*

당신에게 효과가 있으려면 이것을 어떤 식으로 변형해야 할까? 변형한 방식대로 한번 시도해 보라.

• *나는 나 자신이 풍요롭다는 사실을 잘 압니다. 그렇기 때문에 새삼스럽게 그걸 깨닫기 위해서 이런 훈련을 할 필요가 전혀 없지요.*

하루에 한 번씩 30일 동안 이러한 느낌을 좀 더 깊이 느낀다면, 당신은 좀 더 풍부한 에너지를 지닐 수 있을 것이다. 깊은 단계에 이르러서야 비로소 당신은 자신이 뭔가를 좀 더 심오한 단계에서 이해하게 되었음을 알 수 있을 것이다. 그러니까 생각하기 전에 벌써 이해하게 되는 것이다. 한번은 아홉 살, 열한 살짜리 우리 아이들이 빅토리아 시대, 바이킹 시대, 로마 시대에 관해 배웠다는 말을 들었다. 그러나 내가 보기엔 아이들이 그것에 관해 별로 배운 것이 없는 것처럼 느껴졌다. 내가 학위를 따는 과정에서 가장 뼈저리게 느꼈던 것도 알아야 할 것들은 너무도 많은 것에 비해 실제로 내가 알고 있는 것들은 너무도 적다는 것이었다. 그렇게 생각하기 전에 나는 벌써 그 사실을 알고 있었다. 그 뒤로도 나는 나의 무지가 무한하다는 사실을 알게 되었다.

- *당신의 삶과 나의 삶은 서로 다릅니다. 내 삶은 지금 이 순간 형편없이 무너지고 있다고요.*
  일전에 나는 이런 내용의 이메일을 받은 적이 있다. "당신의 냉장고 안에 음식이 들어 있고, 당신의 등에 옷이 걸쳐 있고, 당신의 머리 위에 지붕이 있고, 당신이 잠잘 만한 장소가 있다면, 그렇다면 당신은 전 세계 인구의 75%보다 더 부유한 사람이다."

  우리는 아무래도 '불만 유전자'를 지니고 있는 것 같다. 그러니까 진화론적인 용어로 말하자면 아마 우리 옆에는 해변에 누워서 시간만 축내다가 다른 동물의 점심거리가 되었던 다른 부류의 인간이 존재했었던 것 같다. 다행히 우리 쪽 부류는 살아남았다. 현재 상황에 절대로 만족하지 않고 한없이 자기 어깨 너머를 살폈기 때문이다. 하지만 그때 이후로 세상은 계속해서 변했고, 이제 우리는 조금 여유가 생겼다. 이제 우리는 옛날처럼 약탈자를 두려워할 필요가 없다. 든든한 열쇠가 달린 견고한 은신처가 있고, 경찰 서비스와 소방관 서비스도 받고 있으며, 어떤 위기에서도 우리를 도와줄 수 있는 안전한 보험에도 가입했기 때문이다.

- *그것은 너무나도 단순한 생각이에요.*
  얼마만큼 복잡해야 그것이 당신에게 더 효과가 있을 것 같은가?

- 이런 단순한 행동으로 내 삶이 확 달라질 수 있으리라고는 도저히 생각되지 않는군요. 그런 일에 한 달씩이나 시간을 낭비하고 싶지 않아요.

  그러면 일단 열흘간만 한번 시도해 보는 게 어떨까? 그런 다음에 평가해 보고 나서 계속할 건지 말 건지 결정하라.

- 이것은 신세대의 감정 호소 방법이에요. 내가 원하는 건 무슨 주문이나 기도 같은 게 아니라 실질적인 문제들에 대한 실질적인 해결책이라고요.

  일단 한번 시도해 보고 나서 그 결과를 평가하라.

제9장

일을 신속히 해결하려면
속도를 늦춰라

어려운 상황을 타개하고 일을 좀 더 잘 해결하기 위해서는 속도를
늦춰라

완전히 해결하라

이번 과제는 자신이 너무나도 바쁘다고 생각하는 사람들에게는 하
나의 도전이 될 것이다. 어떻게 보면 이것은 "하고는 싶은데 시간이
없어요."라는 범주에 속하는 것처럼 보일 수 있다. 만일 당신의 생각
이 그렇다면 당신은 더더욱 이 과제를 실행해야만 한다. 처음 이것
을 시도하는 단계에서는 일주일에 단 몇 분씩만 투자하면 된다. 그
리고 그 결과가 좋게 나타날 경우 시간을 조금씩 늘려 가면 된다. 그
개념은 다음과 같다.

당신이 당연하다고 생각하는 것보다 더 많은 시간을 문제에 할애하라.

그런 다음 이것을 해결하라. 그러면 다음 몇 년 간은 결코 재발하지 않을 것이다. 만일 어떤 문제에 당연히 2분 정도는 할애해야 된다고 생각했는데 만족스럽게 해결되지 않았다면 그 문제에 15분을 할애함으로써 완전히 해결하라. 일이 완전히 마무리되었다는 사실로 인해 당신은 좀 더 많은 에너지를 얻을 수 있으며, 당신이 통제권과 선택권을 쥐고 있다는 느낌도 가질 수 있을 것이다. '선택권' 이란 말은 NLP훈련 과정에서 따온 것이다. 당신은 당신이 원하는 것을 선택할 수 있을 때 바로 이 '선택권' 을 쥐고 있는 셈이 된다. 반면에 다른 사람이나 상황이 당신을 위해 대신 선택해 줄 때, 당신은 '영향권' 안에 들었다고 할 수 있다. 자기 자신에게 '선택권' 이 주어졌을 때 당신은 자신을 수동적 존재가 아닌 능동적 존재로 여기게 된다. 그리고 이와 같은 느낌을 조금씩 경험할수록 적은 노력으로도 얼마든지 크고 멋진 결과를 맛볼 수 있게 될 것이다.

여기서 중요한 것은 나중에 좀 더 많은 시간을 아끼기 위해서는 지금 이 순간 별도의 시간을 투자해야 한다는 것이다. 이것은 마치 종이 한 장이 책상에서 떨어질 때마다 즉각 그것을 줍는 것과도 같은 일이다. 종이 한 장을 줍는 것은 적은 시간으로도 문제를 해결할 수 있는 단기적 해결 방안이다. 하지만 창문을 닫고 문진을 사용하거나 종이를 정리해서 치워 둘 경우에는 오랜 시간이 걸린다. 이것은 장기적 해결 방안이다. 종종 우리는 너무나 바쁜 나머지 그냥 종이 한 장만 다시 주워서 제자리에 갖다 놓기만 한다.

이 과제를 수행하는 데 있어서 가장 큰 걸림돌이 되는 것 가운데 한 가지는 당신의 관심을 재촉하는 다음 일들로 빨리 넘어가라고 부추기는 목소리다. 대체로 우리는 해야 할 일들이 너무나도 많아서, 가장 급박한 사안들마저도 충분한 관심을 기울일 만한 여유가 없는 경우가 많다. 빛을 볼 때마다 우리는 어쩐지 '터널 끝에 와 있는' 것처럼 느끼기도 한다. 그렇기 때문에 어떤 문제를 완전히 해결하기 위해 여분의 시간을 할애한다는 것은 아예 꿈도 꿀 수 없는 사치라고 여길 수도 있다. 물론 나도 이러한 견해에 상당히 공감하는 편이다. 그렇지만 나는 당신에게 어쨌든 한번 시도해 보라고 권하고 싶다. 이 일에 투자한 시간은 당신에게 '자기 충전'의 가치를 부여할 수 있으며, 또한 다른 '해야 할 일들'의 목록도 훨씬 디 나은 방향으로 해결할 수 있도록 도와줄 것이기 때문이다. 이런 식으로 문제를 해결할 경우 당신은 자신이 좀 더 강력한 사람이라는 느낌을 가질 수 있을 것이다. 물론 여기에서 강력하다는 것은 다른 사람들을 누르는 힘을 가졌다는 의미가 아니라 당신에게 주어진 상황과 도전을 이겨낼 수 있는 힘을 가졌다는 의미다. 그래서 풍부한 에너지를 지니고 있는 사람들은 문제들을 신속하게 해결하는 경향이 있다.

나는 구두를 닦을 때 출발 시각을 1분도 채 남겨놓지 않은 상황에서 옷을 걸침과 동시에 급히 구두를 닦는 일은 거의 없다. 왜냐하면 그 전날 밤 이미 15분 정도 시간을 할애해서 텔레비전도 보지 않고 온 정신을 집중해 미리 구두를 닦아놓기 때문이다. 나는 내가 정말로 좋아하는 일을 하기로 작정하고 이 일을 했다. 그리고 놀랍게도 나는 그 일을 진심으로 즐겼다.

당신은 15분 안에 머리를 급히 감고 말릴 수 있을 것이다. 아니면 25분 정도를 할애해서 컨디셔너나 무스까지 바른 다음 좀 더 정성을 들여 드라이를 할 수도 있을 것이다. 물론 후자의 경우 머리 모양도 마음에 쏙 들게 할 수 있고, 하루 종일 그 모양을 유지할 수도 있을 것이다. 당신은 자동 세차기에 들어가서 최소한의 경비로 최소한의 청소만 할 수 있다. 아니면 가장 비싼 돈을 들여서 차 안쪽에 스프레이도 뿌리고, 바퀴도 세척하고, 왁스 칠도 할 수 있다. 그런 다음엔 차 내부를 진공 청소기로 치울 수도 있고, 바퀴의 압력을 점검하거나 계기판의 먼지를 제거할 수도 있다. 이 경우도 후자 쪽이 당신에게 좀 더 많은 에너지를 안겨 줄 것이다.

　최근에 나는 ISP*를 통해 새로운 소프트웨어를 몇 가지 설치했다. 그런데 그 소프트웨어들은 몇 가지 결함이 있는 것 같기도 하고 꽤 불편하기도 했다. 나는 그쪽 고객 지원 부서에 전화를 걸어 가장 큰 문제부터 해결해 달라고 요청했고, 그렇게 해서 그 문제를 해결했다. 그런데 몇 분도 채 지나지 않아 다른 문제들이 발생했다. 이것들은 상대적으로 그리 큰 문제는 아니었지만 계속해서 비슷한 문제들이 발생했다. 정말이지 다 포기해 버리고 그냥 이런 작은 문제들을 떠안은 채로 살고 싶은 마음이 굴뚝 같았다. 그것 말고도 끝마쳐야 할 일이 너무나 많았기 때문이다. 나는 이런 일 따위에 시간을 쏟을 여유가 전혀 없었다. 그 당시 나는 수백 통이나 되는 이메일을 읽지도 못한 채 쌓아 두고 있었다. 하지만 나는 그 뒤로도 이틀이 넘도록 잡다한 문제들을 해결하기 위해 고객 지원 부서에 여섯 번이나 더 전화를 걸었다. 그리고 가능한 한 완벽하게 그 문제들을 해결했

---

*ISP : 개인이나 기업체에게 인터넷 접속 서비스, 웹사이트 구축 및 웹호스팅 서비스 등을 제공하는 회사를 말한다. ISP는 Internet Service Provider의 머리글자를 딴 것이다. 한국에는 KT · 하나로통신 · 두루넷 등이 있다.

다. 다행히도 문제는 잘 마무리되었으며, 앞으로는 나에게 불편을 끼치거나 짜증을 안겨 주는 일이 없으리라고 생각하니 참으로 후련한 기분이 들었다. 그것은 과연 여분의 시간을 투자할 만한 가치가 있는 일이었던 것이다. 결국 나는 새로운 소프트웨어가 별로 나아진 게 없으므로 차라리 예전 소프트웨어로 다시 바꾸는 게 좋겠다는 판단을 내리게 되었다. 예전 것으로 다시 바꾸면서 나는 문제를 신속하게 잘 해결했다는 확신, 그리고 그 문제를 해결하는 데 가장 효과적인 도움을 받았다는 확신이 들었다. 나는 딱 이틀 동안 그 실험에 매달리면서 뒤를 돌아볼 생각도 하지 않았고, 또 그 상황에 대해서 너무 불만스러워하지도 않았다. 나는 좌절에서 행동으로 관심의 초점을 옮기고, 또 반드시 성공할 수 있다는 확신을 가짐으로써, 내 안에 분노가 오랫동안 머무는 것을 피했다.

단기적 사고방식은 사람들로 하여금 자기 일을 다른 사람에게 위임하지 못하도록 만드는 주요 원인들 가운데 하나다. 여기서도 속도를 늦추는 것이 매우 유용하다. 그러나 사람들은 이렇게 말하면서 자기 임무를 다른 사람에게 위임하기를 꺼려한다.

- 브리핑에 할애할 만한 시간이 없다.
- 내 스스로 해야 더 빨리 끝난다.
- 어쨌든 내가 직접 하는 게 더 낫다.

물론 이것들은 의심할 여지가 없는 사실이다. 대부분의 경우 브리핑해 달라는 부탁을 위임한 사람 쪽이 그 일을 더 잘해 낼 수 있

184
185

다. 특히 처음에는 더더욱 그렇다.

이것을 다음과 같은 경우와 비교해 보자. 휘발유를 주입하려고 차를 멈췄는데 주유소에 서 있는 시간을 줄이기 위해 1파운드 어치만 연료를 넣고 다시 출발하려고 한다. 단기적인 관점에서 보면 이것이 논리적으로 보이기도 한다. 하지만 장기적인 안목에서 보면 이것은 말도 안 되는 소리다. 오랫동안 여행을 하려면 도대체 얼마나 여러 번 차를 멈춰야 한다는 말인가? 장기적인 관점에서 볼 때 다른 사람에게 위임하는 것은 아주 많은 장점을 갖고 있다.

- 우리의 개인적인 능력이 미치는 범위보다 훨씬 더 많은 기여를 할 수 있다.
- 우리의 시간으로 할 수 있는 일들을 좀 더 넓은 범위에서 선택할 수 있으며, 우리가 좋아하는 일들을 좀 더 자주 할 수도 있다.
- 우리의 주변 사람들을 성장시킬 수 있다.
- 주변 사람들이 성장하는 모습을 지켜볼 수 있다. 이것은 많은 사람들에게 에너지를 안겨 줄 수 있는 요소다.

새로운 임무를 다른 사람들에게 위임할 경우 당신이 명심해야 할 것은 지금 눈앞의 다급한 일들을 해치우려고만 하지 말고 오히려 한 사람을 성장시키고 있다는 사실을 알리는 것이다. 당신은 지금 눈앞의 이득이 아니라 훗날 사용할 수 있는 능력을 개발하고 있는 것이다. 마치 나중의 추수를 위해 씨앗을 심는 것처럼 말이다.

곤경에서 벗어나라

곤경에서 벗어나려면 속도를 늦추는 것이 바람직하다. 여기에서 '곤경'이라는 말은 얼마 동안 매달려야 할 것처럼 보이는 업무를 의미한다. 반드시 큰일은 아닐지라도 아직 마무리되지 않은 일, 또는 신속하게 마무리지을 수 없는 일을 의미한다. 전화 통화를 하는 것, 중요한 편지 혹은 이메일을 쓰는 것, 어떤 새로운 일을 추진하는 것도 모두 여기에 포함될 수 있다.

당신이 곤경에 빠졌다고 생각되는 일들에 주목하라. 흔히 우리는 곤경에 부딪힐 때마다 자기 자신을 꾸짖고 싶은 유혹에 빠지기가 쉽다. 하지만 이것은 일을 더 어렵게 만들기만 할 뿐이다. 당신이 자신의 감정만 잘 분리해 낼 수 있다면, 곤경도 사실 매혹적인 데가 있는 법이다. 개인적 판단 없이 중립적 입장에서 곤경에 접근한다. 그래야 제대로 된 생각을 할 수가 있다. 우리가 곤경에 빠졌을 경우 그것이 오히려 우리에게 그 분야에서 성장할 수 있는 기회를 가져다준다는 데 커다란 매력이 있다. 곤경을 헤쳐 나가는 데는 에너지가 필요하다. 다른 일에는 사용할 수 없는 에너지가 말이다.

> 당신에게 필요한 것은 전부 당신 깊숙이 숨어 있다. 그것들은 당신이 펼쳐서 드러내 주기만을 기다리고 있다. 그러므로 당신이 해야 할 일은 마음을 가라앉히고 당신 안에 들어 있는 것들을 찾아낼 시간을 할애하는 것이다. 그러면 분명히 찾아낼 수 있을 것이다. _ 에일린 캐디

186

제9장 일을 신속히 해결하려면 속도를 늦춰라

한 가지 예를 들어보겠다. 언젠가 나는 내가 잠재 고객에게 전화 통화를 미루고 있다는 사실을 깨닫게 되었다. 이미 그 사람에게 제 안서까지 다 보내놓고서 말이다. 물론 나는 그에게 전화를 걸면 일 거리를 하나 더 보낼 수 있다는 사실을 이성적으로 너무나도 잘 알고 있었다. 그런데 왜 그러고 싶지 않았을까? 그러한 저항감은 그냥 무시할 수 없는 중요한 요소였다. 그래서 그 뒤로 이틀 동안 나는 전화를 거는 대신에 내가 해야 할 다른 일들을 찾아 열심히 해 나갔다. 그동안 내내 행동을 취하지 않고 있던 나, 에너지 감소 요인을 그대로 붙잡고 있는 나를 비판하면서 말이다. 그러다가 문득 나는 마음을 차분히 가라앉히고, 비판을 그만두었다. 그리고는 내가 곤경에 빠져 있다는 사실을 아무런 편견 없이 있는 그대로 받아들여야겠다고 마음먹었다. 그런 다음 보충하는 차원에서 그 일의 원인을 나 자신에게 물었다. 그때 나는 결코 "어째서 내가 그 일을 원만하게 해내지 못할까?" 하고 묻지 않았다. 그런 식의 질문에 대답하려 들다간 자칫 변명만 늘어놓기 십상이기 때문이었다. 또한 나 자신을 게으름뱅이나 바보, 무능한 사람으로 생각지도 않았다. 내가 그러한 곤경에 빠지게 된 원인 중 하나는 나 자신이 공격을 받기 쉽다는 느낌, 그리고 '아직 준비가 덜 되었다'는 느낌에 있었다. 그러므로 이 곤경에서 벗어나기 위해서는 그 사람이 내 전화에 응답할 경우 가격 책정을 끝마치고 또한 그 프로젝트의 첫 단계에 알맞은 예상 가격을 준비하기 위해 그 사람에게 무엇 무엇을 더 질문해야 하는가부터 먼저 확실하게 정해 놓는 것이었다. 나는 이 두 가지 준비를 완벽하게 마친 다음 그 사람에게 전화를 걸었다. 그러자 일이 훨씬 더 쉽게 느껴졌다. 이 모든 과정을 끝마치는 데는 한 시간도 채 걸리지 않았다. 그런데도 나는 그 일을 무려 이틀 간이나 미뤄 왔던 것이다. 이 일을 해결하자 나의 에너지는 훨씬 더 증가했다. 그리고 결과적으로 그날의 다른 일도 훨씬 더 잘 굴러갔다. 이와 같이 곤경에서 벗어나기 위해 오히려 속도를 늦춤으로써 나는 일을 더 신속하게 끝마칠 수 있었다. 이 일을 통해서 내가 얻은 교훈은 다음과 같다.

1. 당신이 어느 부분에서 곤경을 느끼는지 파악한 다음 장애물이 가로막고 있다는 사실을 인정하라.
2. 자기 비판은 그만두고 그 곤경을 중립적인 입장에서 바라보도록 노력하라.
3. 당신은 지금 여행을 하고 있는 중이며, 앞으로 계속 나아가기 위해서는 이와 같은 시기도 필요하다는 사실을 인정하라.
4. 당신에게 닥친 곤경을 열린 마음으로 바라보면 현재의 상황을 통해서도 아주 중요한 교훈을 얻을 수 있다는 사실을 인정하라.
5. 그 곤경의 원인이 무엇인가를 질문하라.
6. 곤경에서 벗어나려면 어떻게 해야 하는지를 질문하라.
7. 그 질문의 해답을 실행에 옮겨라.

이러한 접근 방법의 이면에는 우리가 유능한 존재인데도 불구하고 우리의 '내면적 비판'이 항상 우리로 하여금 이 사실을 인정하지 못하게 만든다는 가정이 깔려 있다. 내면적 비판이란 우리 모두의 머릿속에 들어 있는 목소리로서, 우리의 행동과 생각에 대해서 언제나 부정적인 비평만 늘어놓는 목소리를 말한다. 이 목소리는 우리가 사소한 실수를 저지를 때마다 바보, 멍청이, 천치라는 이름으로 우리를 부른다. 이 목소리는 또한 우리로 하여금 자신의 능력과 의도를 특별한 이유도 없이 의심하게 만든다. 내면적 비판은 좀 더 많은 일을 마무리해야 한다는 신호로 유익하게 사용될 수 있다. 그러나 이것은 지나치게 비판적이고 산만한 경우가 많다. 이 훈련 과정을 통해서 당신은 내면적 비판의 에너지를 받아들임과 동시에 그것을 문제 해결에 사용할 수 있다. 그리고 그것의 관건은 비판에 짓눌린 듯한 느낌을 벗어던지고 좀 더 합리적인 방향으로 그것을 이용하는 것에 있다. 이를 위한 좋은 방법 한 가지를 소개하자면 바로 나중에 설명하게 될 일지 쓰기다.

지금 내 책상 옆에는 다음과 같은 글이 적힌 포스트 잇이 붙어 있다.

> 곤경에 빠진 듯한 느낌, 불확실하고 불명확한 존재 같은 느낌, 왜소한 존재 같은 느낌이 들 때는 중립적인 입장에서 바라보라. 내가 여행길을 어느 정도 왔는지 살펴보라. 곤경은 곧 내가 교훈을 얻을 수 있는 장소다.

나는 이것이 오히려 나의 용기를 북돋워준다는 사실을 깨달았다. 아무런 의심 없이 생각해 보면 이것은 사실 내 삶에서 곤경과 저항이 강력한 동맹을 맺도록 할 수 있는 잠재력을 지니고 있기 때문이다.

신중하게 위험을 받아들여라

에너지와 활력을 증가시킬 수 있는 한 가지 방법은 속도를 늦추고 먼저 당신의 상황을 살펴본 다음 어느 정도 의미가 있는 위험을 신중히 받아들이는 것이다.

> 우리는 대부분 안전하게 죽기 위해서 평생을 발끝으로만 걷는 존재다.
>
> _ 테오도르 루스벨트

두려움은 내 삶에서 아주 큰 비중을 차지하는 요소였다. 나는 완벽하게 확신이 서지 않는 일은 시도해 보려고 하지 않았고, 자꾸만 꾸물거리곤 했다. 내 세계에는 딱 두 가지 범주의 일들만 존재하는 것 같았다. 내가 확실히 방법을 알고 있는 일들, 그리고 그렇지 않은 일들. 내가 할 수 있는 일은 스스로가 아주 익숙해져 있는 일들뿐이었고, 나머지 일들은 모두 두렵기만 했다. 그러니까 나는 다음과 같은 세계관을 가지고 있었던 것이다.

게다가 만일 어떤 일을 할 수 있는 방법을 모를 경우 나는 공황에 빠지곤 했다. 그리고 그 일을 시작도 못하고 자꾸 지연시키기만 했다. 나는 어떤 일을 시작하기 전에 먼저 세부적인 사항을 완벽하게 알지 못하고 시작하면 항상 실패하게 되어 있다는 가정을 안고 살았던 것이다.

한 가지 예를 들자면 다음과 같다. 나는 서로의 발전을 위한 미팅에 어떻게 하면 잠재적인 고객을 초대할 수 있는지 그 방법을 잘 모르고 있었다. 그래서 그 사람에게 전화하는 것을 자꾸 미뤘다. 몇 주일 동안이나 말이다. 그러던 어느 날, 그날은 유난히도 기분이 좋았고 어디 한번 시도해 봐야겠다는 생각이 들었다. 그래서 나는 실행에 옮겼고, 그것은 효과가 있었다. 그 사람은 너무나도 쉽게 나와의 미팅 약속에 동의를 표했던 것이다.

이러한 경험을 통해 나는 그동안 나만의 생각 때문에 너무나도 많은 단계적 변화들을 놓치고 말았다는 생각을 하게 되었다. 다음과 같은 생각을 지니고 있었다면 좀 더 도움이 되었을 텐데 말이다.

'안전 지대'에는 당신이 쉽게 해 낼 수 있는 일들이 들어 있다. 동네에서 자동차를 운전하는 것과 같은 일이 바로 여기에 해당하는 일이다. '안전 지대' 밖에는 '긴장 지대'가 있다. 여기에는 당신이 부분적인 방법만 알고 있는 일들이 들어 있다. 그러나 당신은 여기서 약간의 불안감을 느낄 수 있다. 왜냐하면 당신이 완전히 통제할 수 있는 상황이 아니기 때문이기도 하고, 지금까지 이와 똑같은 일

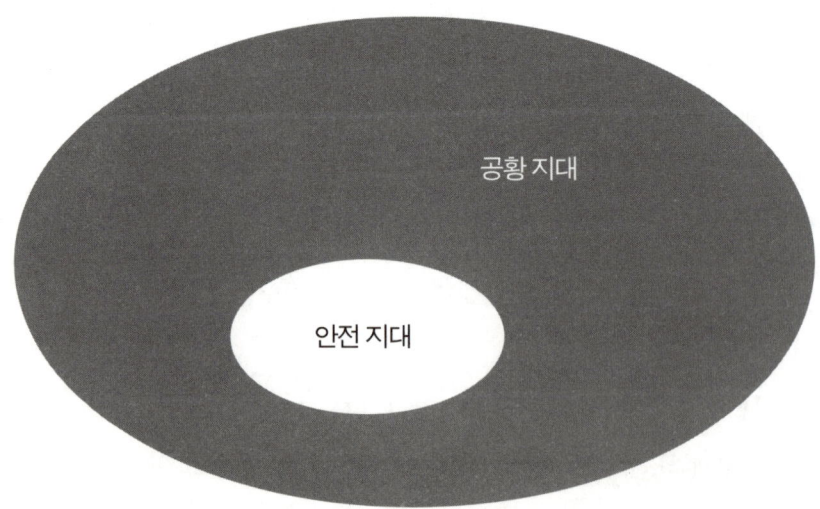

을 해 본 적이 한 번도 없기 때문이기도 하다. 여기에 해당되는 예로 자동차 진행 방향이 정반대인 외국에서 낯선 차를 운전하는 것을 들 수 있다. 긴장 지대 너머에는 '초긴장 지대'가 존재한다. 너무도 위험해서 거의 공황에 빠지기 직전이지만, 그래도 당신이 이미 방법을 알고 있는 부분도 존재하는 상황이 바로 여기에 해당된다. 예를 들면 생전 처음 프리젠테이션이나 연설을 하게 될 경우, 당신은 '초긴장 지대'에 들어가게 된다. 당신은 물론 이 일을 해 낼 수 있다. 하지만 엄청난 양의 아드레날린이 치솟아 오를 것이다. 당신이 이미 잘 아는 일인데도 불구하고 그 일만 생각하면 굉장히 불안해지곤 할 것이다. '초긴장 지대' 밖에는 '공황 지대'가 있다. 여기서 당신은 얼어붙어 버리기도 하고, 도망가거나 포기해 버리기도 한다. 또한 여기에서 당신은 깊은 우물이나 수렁에 빠져 버리게 될지도 모른다. 아무런 훈련도 받지 않은 채 갑자기 하늘에서 헬리콥터의 조정칸을 넘겨받아야 할 경우가 바로 이 '공황 지대'에 해당된

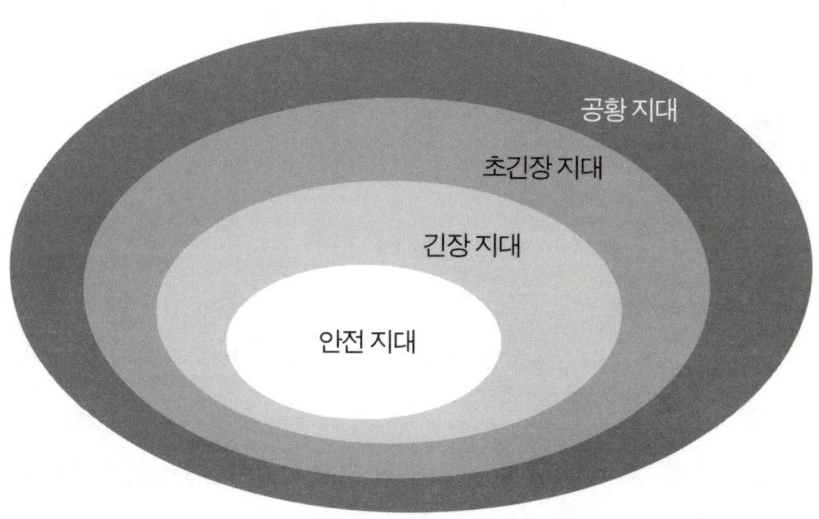

공황 지대

초긴장 지대

긴장 지대

안전 지대

제9장 일을 신속히 해결하려면 속도를 늦춰라

다고 할 수 있다.

그나마 좋은 소식은, 위험을 감수하는 것은 마치 우리의 근육과도 같아서 우리 스스로 단련할 수 있다는 것이다. 계속해서 신중하게 위험을 받아들일 경우(무모하게 위험을 감수하는 것이 결코 아니다), 당신의 안전 지대와 자신감은 점점 더 커질 것이고, 전에는 긴장 지대에 속했던 일들까지도 금방 안전 지대로 옮겨질 것이다. 위에서 말한 그 전화를 걸었을 때에도 나는 계속해서 나에게 이렇게 말했다. '이 일에 어떻게 대처해야 하는지 난 잘 몰라. 하지만 이번에 한번 시도해 보고 나면 방법을 확실히 알게 될 거야.' 그와 동시에 나는 공포와 흥미가 아주 가까운 이웃 사이이며, 둘 다 아드레날린과 관련되어 있다는 사실을 깨닫게 되었다.

> …그리고 나로 하여금 몇 개의 산을 오르도록 하라. 나는 살아 있다는 것의 위험을 무릅써야 하기 때문이다.
> _파울로 코엘류

또 하나의 좋은 소식은 긴장 지대에서 가장 많은 성장과 학습이 이루어진다는 사실이다. 안전 지대에만 계속 머물러 있는 사람은 정체된 삶을 살게 된다. 위험을 감수함으로써 얻을 수 있는 최대의 이익을 누리기 위해서는, 잠시 멈춰 서서 당신이 감수한 위험에 대해 자기 자신을 칭찬하는 것이 중요하다. 당신이 위험을 감수해 냄으로써 빚어진 결과가 아니라 그 행동 자체에 대해서 자기 자신을 칭찬하도록 하라. 예를 들면 전화 걸기의 위험을 감수해 냈다는 사실, 그 사실 자체를 가지고 자신을 칭찬하면 된다. 그 통화가 성공적이었느냐 아니었느냐는 전혀 중요한 일이 아니다.

우리들 대부분은 다음 임무로 넘어가기 전까지는 멈추지 않으려 하면서도 자기가 성취해 낸 일들의 의미와 에너지 효과는 놓쳐 버리는 경향이 있다. 당신의 하루 일과 중에 당신에게 발생한 일들과 당신이 성취한 일들을 되돌아볼 시간을 마련하라. 당신의 하루를 되돌아보고 자기를 칭찬하는 일은 5분도 채 걸리지 않는다. 예를 들면 이렇게 칭찬하면 된다. "그래, 이제까지와는 전혀 다른 방식으로 그 미팅을 참 잘 처리했어. 아마 내가 전보다 더 유능해졌나 봐." 아니면 이렇게 칭찬할 수도 있다. "그 대화를 통해서 뭘 얻고자 했는지 나는 확실히 알지 못했어. 그런데 결과는 아주 놀라웠지."

좀 더 많은 위험을 감수하면 할수록 당신은 좀 더 살아 있는 느낌을 갖고, 나아가 좀 더 많은 에너지를 얻게 될 것이다. 위험의 규모가 가장 적은 곳은 아마도 울트라 안전 지대일 것이다. 하지만 계단 밑 벽장에 산다고 한번 상상해 보라. 밖에도 한 번 안 나가고, 음식도 남이 가져다 준다고 상상해 보라. 그러면 물론 지극히 안전한 삶을 살 수는 있을 것이다. 그러나 그것은 일종의 죽음과도 같다. 또 이와 정반대로 툭하면 번지 점프를 하고, 고층 건물에서 스카이 다이빙을 하면서 산다면 그것은 문자 그대로 죽음을 무릅쓰고 위험하게 사는 것이 될 것이다. 가장 바람직한 방법은, 바늘을 조금만 움직여서 다른 사람이 아닌 당신이 감수한 그 위험한 행동으로부터 짜릿함을 느끼는 것이다. 이 경우 당신의 느낌만이 길을 안내해 줄 수 있다. 당신 말고는 그 누구도 할 수 없다. 만일 당신이 스스로를 다른 사람과 비교한다면 성공을 거둘 수 있는 방법은 전혀 없다. 거기에는 언제나 두 부류의 사람, 즉 좀 더 많은 위험을 감수하는 쪽과 위험을 싫어하는 쪽이 있기 때문이다.

의심을 버려라

> 의심은 우리를 망설이게 함으로써 어쩌면 우리가 차지했을 수도 있는 좋은 것들을 모두 잃게 만든 배신자다.
>
> _ 윌리엄 셰익스피어

우리의 에너지를 고갈시키는 또 하나의 요인은 바로 의심이다. 그러므로 에너지를 증가시키기 위해서는 때때로 속도를 늦추고 당신의 의심에 관심을 집중시킨 다음 그 의심을 완전히 없애 버리는 것이 좋다. 당신이 바쁜 사람이라면 이 일이 무척 힘겨울 것이다. 하지만 원치 않는 짐을 제거할 시간을 할애하는 것은 좀 더 빨리 나아가고 싶은 사람에게는 없어서는 안 될 극히 중대한 요소가 된다.

의심은 살인자다. 의심은 망설임의 원인인 동시에, 행동을 가로막는 요인이 되기도 한다. 또한 의심은 심각한 신경 쇠약 증세를 가져오기도 한다. 그럴 경우 당신은 알고 있어야 한다. 내가 의심에 관한 한 세계 챔피언이라는 것을, 아니, 그렇게 생각하고 있다는 것을 말이다. 의심은 당신의 신뢰감을 좀먹고 당신에게서 생각을 앗아가 버린다. 물론 의심도 도움이 될 때가 있다. 당신에게 직관적으로 위험을 경고해 주는 경우처럼 말이다. 하지만 대부분의 경우 의심은 에너지를 소모시키는 요인이며, 일종의 자기 파괴 행위다.

그렇다면 당신은 어떻게 하면 의심을 없앨 수 있을까? 나는 세 가지의 기술을 제안하고 싶다. 물론 이 기술들이 의심에 대한 포괄적인 해결책이 될 수는 없을 것이다. 하지만 어떤 사람들에게는 이것이 무척 유용하게 사용될 수 있을 것이다.

1. 당신의 의심을 똑바로 바라보라

의심은 애매모호하고, 은근하고, 불명확할 때 훨씬 더 막강한 힘을 갖게 된다. 또한 의심은 사람들에게 불확실하고 불안정한 느낌을 안겨 줄 때 좀 더 강해진다. 이렇게 보면 의심은 빛을 싫어하는 것 같다. 의심은 우리 마음의 주변부에서 조종할 때 가장 강력한 힘을 발휘한다. 반대로 우리의 의식 속에서는 거의 힘을 쓰지 못한다. 그러므로 의심에 관심의 초점을 모으는 것, 의심을 마음의 중심으로 이끌어 내어 직접적으로 대면하는 것이 바로 해결책이다. 그것이 아무리 불쾌해 보이는 의심일지라도 말이다. 당신도 다음과 같은 세 가지의 단계를 밟으면 이 일을 해 낼 수 있다.

1) 어떤 임무에 관해 당신이 품고 있는 의심들을 전부 다 기록하라. 하지만 너무 서두르진 말고 어느 정도 시간을 들여서 깊이 파고들어라. 무슨 일이 벌어지고 있는지 살펴라. 그런 다음에 그 의심들을 기록하라. 아무리 우스꽝스럽고 터무니없게 여겨지는 것일지라도 빠짐없이 기록하라. 검열해 삭제하거나 편집해서는 결코 안 된다. 아무리 어리석게 들리는 것일지라도 힘을 지니고 있기는 마찬가지며, 그것을 입 밖으로 말하지 않고 내버려두면 좀 더 강한

힘을 발휘할 수 있기 때문이다. 다음 단계로 나아가기 전에 가능한 한 완벽하게 목록을 작성하기 바란다.

2) 각각의 의심 속에 들어 있는 공포를 과장되게 받아들여라. 첫눈에 보이는 것보다 좀 더 나쁜 상황을 생각하라. 공포를 좀 더 극단적으로 몰고 가라. 공포가 좀 더 생생해질 수 있도록 의심에 색채를 가미하고 힘을 불어넣어라. 그리고 각각의 공포가 가져오는 결과를 명확하게 살펴라.

3) 그 과장된 공포에 대해 다음과 같은 질문을 던져라.

- 어떤 것이 사실인가?
- 증거는 무엇인가?
- 대안적인 관점이 있는가?
- 이것으로부터 얻을 수 있는 교훈은 무엇인가?
- 어떻게 행동하는 것이 적절한가?

한 가지 예를 들어보겠다. 과거에 나는 프리젠테이션에 관한 몇 가지 의심들을 갖고 있었다. 그 의심 때문에 거의 신경 과민을 일으킬 정도였다. 여기에 그 의심의 목록을 낱낱이 기록해 보겠다.

1) 이번 프리젠테이션에서 무슨 말을 해야 할지 모르겠다. 아마 일을 엉망으로 만들 것이고, 그로 인해 바보라는 소리를 듣게 될 것이다.

2) 나의 고객들이나 잠재적 고객들 가운데 몇 명도 그 자리에 참석할 것이고, 내 프리젠테이션을 보고 나면 절대로 나한테 코치를 받고 싶어 하지 않을 것이다. 좀 더 안전한 일을 선택했어야 하는 건

데……. 이것은 내 일에 치명적인 손해를 입힐 것이다.

3) 사람들은 뭔가 고무적인 내용을 원했고, 나 역시 거기에 찬성했다. 그런데 아무래도 내가 너무 지나친 약속을 한 것 같다. 지금 생각해 보니 도저히 할 수 없을 것 같다.

4) 이 일을 하려면 나에게 없는 어떤 자료를 더 첨부해야만 한다. 그러나 나에게 그 자료가 없다는 사실이 곧 사람들에게 폭로되고 말 것이다.

이렇게 목록을 작성한 다음에는 그 의심들을 최대로 과장한 다음 나의 응답을 기록하는 것이다.

1) 이번 프리젠테이션에서 무슨 말을 해야 할지 모르겠다. 아마 일을 엉망으로 만들 것이고, 그로 인해 바보라는 소리를 듣게 될 것이다. 그렇게 되면 나는 얼어붙은 채로 자리에서 퇴장해야만 할 것이다. 사람들은 모두 침묵을 지킬 것이고, 아무도 나에게 영원히 말을 걸지 않을 것이다. 나는 창피해서, 다시는 대중 앞에 서고 싶지 않을 것이다.

• 어떤 말을 해야 할지 모르는 것은 사실이다. 하지만 나는 아직 준비조차 시작하지 않은 단계다. 최근에 나는 책상 앞에 앉아서 뭔가 어려워 보이는 일을 시작했는데 그 일은 처음 생각했던 것보다는 쉬운 일이었으며, 내가 그 일을 상당히 잘해 냈다는 사실을 여러 번 깨달았다. 이번 일 역시 그런 일과 똑같을 것이다.

• 나는 이미 여러 번 프리젠테이션을 참 잘한다는 말을 들어 왔다.

나는 청중의 관심을 사로잡을 만한 일들을 여러 가지 알고 있다. 이제 내가 해야 할 일은 앉아서 준비하는 것뿐이다. 그 일을 잘해 낼 수 있을 정도로 시간이 충분하다고 확신하면서 말이다. 중요한 것은 자료가 아니라 나의 프리젠테이션 방법이다. 여기에는 내용과 상관없이 나의 열정이 요구된다.

2) 나의 고객들이나 잠재적 고객들 가운데 몇 명도 그 자리에 참석할 것이고, 내 프리젠테이션을 보고 나면 절대로 나한테 코치를 받고 싶어 하지 않을 것이다. 좀 더 안전한 일을 선택했어야 하는 건데……. 이것은 나의 일에 치명적인 손해를 입힐 것이다. 나는 그 프리젠테이션에 참석한 고객들을 모두 다 잃어버리게 될 것이고, 나아가 잠재적인 고객들까지도 여러 명 잃게 될 것이다. 결국은 말이 퍼져 나의 고객들이 전부 다 나와의 약속을 취소하는 사태가 벌어질 것이고, 그렇게 되면 더 이상 누구도 나의 고객이 되려고 하지 않을 것이다. 그러면 나는 가게 점원으로 전락하고 말 것이다.

• 만일 그들이 나의 참모습을 발견하고 더 이상 나의 고객이 되고 싶지 않다 하더라도 괜찮다. 나의 참모습에 이끌리는 사람이 있다면 오히려 더 좋은 기회가 찾아올 수도 있다. 나는 그 사람들을 고객으로 만들 수도 있다. 그렇다면 훨씬 더 좋은 일 아닌가!

3) 사람들은 뭔가 고무적인 내용을 원했고, 나 역시 거기에 찬성했다. 그런데 아무래도 내가 너무 지나친 약속을 한 것 같다. 지금 생각해 보니 도저히 할 수 없을 것 같다. 그들은 나를 싫어하게 될 것이고, 내 등 뒤에서 나를 비웃을 것이다. 더 심한 경우에는 바로 내 앞에서 비웃는 사람도 있을 것이다.

- 아니다. 나는 이미 그들 앞에서 두세 번씩이나 프리젠테이션을 한 경험이 있다. 지금까지 내가 한 프리젠테이션이 그들에게 별로 가치 없었다면 나를 이렇게 또다시 초청했을 리가 없다. 내가 잠시 과거의 성공을 잊고 있었던 것 같다.

4) 이 일을 하려면 나에게 없는 어떤 자료를 더 첨부해야만 한다. 그러나 나에게 그 자료가 없다는 사실이 사람들에게 폭로되고 말 것이다. 아무래도 나는 새로운 자료에 도전하지 말고 이제까지 해 온 일에나 매달려야 하는 모양이다.

- 지금은 오래된 자료일지라도 한때는 모두 새로운 자료였나. 그때 나는 위험을 감수했었고, 그에 대한 보상도 받았다. 아마 이번 일도 같을 것이다. 내가 이 새로운 일을 새로운 프로그램으로 발전시킬 수 있으며, 그것이 부가 서비스와 수입 증대 효과를 가져올 수 있다고 생각하자. 정말로 굉장한 일이다. 나는 이제까지 아래만 바라보고 있었다. 내가 이 일을 하는 목적은 위험을 감수하더라도 상대적으로 안전한 상황에서 테스트할 수 있는, 그리고 새로운 고객들을 끌어들일 수 있는 새로운 서비스를 개발하기 위함이라는 사실도 완전히 잊고 있었던 것이다. 그러니까 지금까지 나는 나의 부정적인 측면만 너무 부각시키고 있었던 것이다.

이렇게 생각하자 나는 프리젠테이션이 훨씬 더 편하게 느껴졌다. 물론 위험은 사라지지 않고 그대로 존재했지만 이제는 좀 덜 위험해 보이고, 매우 가치 있는 것으로 여겨졌다. 그것은 내가 위험의 긍정적인 측면과 좀 더 든든한 유대 관계를 맺었기 때문이었다.

201

제9장 일을 신속히 해결하려면 속도를 늦춰라

2. 제한적인 사고의 핵심 열쇠를 밝혀내라

의심을 잠재울 수 있는 두 번째 방법은 낸시 클라인의 명저 《생각할 시간(Time to Think)》을 통해서 찾아볼 수 있다. 이 역시 세 단계로 이루어져 있다.

1) 첫째, 어떤 상황에 관해 의심스러운 기분이 들 경우에는 다음과 같은 질문을 스스로에게 던져 보라. "긍정적인 느낌을 갖지 못하도록 나를 방해하는 가정은 어떤 것들인가?" 이에 대한 대답은 제한적 사고, 특히 결과에 대한 두려움으로 나타나는 경우가 많다. 두 가지 이상의 가정들이 있을 경우에는 가장 비중 있어 보이는 한 가지 가정만 골라라.

2) 둘째, 이 가정의 '긍정적 반대'를 만들어 내라. 이 긍정적 반대는 현재 시제를 사용해서 호감이 가도록 만들어라.

3) 셋째, '긍정적 반대'를 '신랄한 질문'으로 정성 들여 다듬어라. 그렇게 해서 만일 이 반대가 사실이라는 것을 알았다면 당신이 어떤 식으로 행동했을지 스스로에게 물어보라.

나의 일지에는 위의 사실들을 명확하게 증명할 수 있는 한 가지 예가 들어 있다. 한번은 회계사 사무소에 근무하는 사람들 두 명과 점심 모임을 가진 적이 있었다. 그들 중 한 명은 공동 경영자로 일전에 코치에 관한 내 프리젠테이션에 참석한 적도 있고, 나를 초청해 좀 더 심오한 대화를 나눈 적도 있는 사람이었다.

1) 오늘 이 모임에 대해서는 별로 힘이 생기지 않는다. 이 회사와의 미팅에 대해서 나는 어떤 가정들을 지니고 있는가?
- 그들이 아무것도 구입하지 않을 것이라는 가정, 그리고 내가 하는 말에 별로 신경 쓰지 않을 것이라는 가정을 품고 있다.

2) 이 가정의 '긍정적 반대' 는 무엇인가?
- 이것이 양자에게 최선의 선택이라면 반드시 구입할 것이라는 가정이다.

3) 이것이 양자에게 최선의 선택이므로 그들이 반드시 사게 될 것이라는 사실을 내가 잘 알고 있다면, 과연 나는 어떤 식으로 행동하게 될까?
- 좀 더 편안하게 이 일에 착수했을 것이다. 잠재적 접촉은 우리가 공유하고 있는 문제, 그리고 우리가 함께 결정해야 할 문제(일을 진행시킬 것인지 말 것인지, 그리고 진행시킨다면 어떻게 할 것인지)에만 국한시키도록 하자. 그것을 결코 개인적인 문제로 받아들이지 말자. 그들이 뭘 원하고 있는지, 그리고 그들을 어떻게 도울 수 있는가에만 초점을 모으자. 나의 코치가 그들의 필요에 적합한 해결책인가 아닌가는 나중에 판단하기로 하자.

이것은 나의 견해를 완전히 바꿔 놓았다. 그리고 그 일을 하는 데는 딱 5분밖에 걸리지 않았다. 그 미팅은 아주 원만하게 진행되었고, 비록 그들이 나의 코치를 받아들이지 않기로 결정되긴 했지만 그래도 내게는 무척이나 즐거운 미팅이었다.

3. 일지 기록

위에서 이미 확실하게 밝힌 바와 같이 의심을 줄이고 에너지를 증가시킬 수 있는 또 하나의 방법은 바로 일지를 기록하는 것이다. 수많은 사람들이 이 방법을 추천하고 있으며, 나 역시 이 방법을 추천하고 싶다. 당신의 삶이나 앞으로의 일에 관해 당신이 지니고 있는 걱정거리, 그리고 느낌과 생각들을 일지에 기록하라.

가장 보편적인 순서는 이렇다. 먼저 특별한 노트를 한 권 장만한 다음 조용한 장소에서 날마다 30분씩 기록하면 된다. 나 같은 경우는 타이핑 연습을 위해서 컴퓨터에 일지를 작성하고 있다. 일주일에 1~8회 정도, 아무 곳에서나 말이다. 종종 나는 부당하다고 여겨지는 일에 관해 생각하고 싶을 때, 이 일지를 이용하곤 한다. 예를 들면 내가 너무 두려움을 탄다거나 너무 느슨해져 있을 때, 또는 너무 지쳐 있다거나 에너지가 부족해 보일 때 그렇게 한다. 그 밖에도 단순히 나 자신에게 관심을 집중하기 위해서 일지를 사용할 때도 있다. 내 몸 안에서 무슨 일이 벌어지고 있는지, 그리고 내가 지금 어떤 느낌과 생각들을 지니고 있는지 알아보기 위해서다. 그렇게 하면 마음이 깨끗하게 정리됨과 동시에 나 자신에게만 초점을 모을 수 있다. 따라서 마음도 덜 산만해지고, 앞으로 벌어질 일에도 좀 더 잘 대처할 수 있게 된다. 그런 이유로 나는 이 방법을 적극 추천하는 바다. 나는 또 이 방법을 내가 이뤄낸 성취와 내가 감수해 낸 위험에 대해서 나 자신을 칭찬할 때도 사용한다. 일지를 기록할 때 당신이 염두에 두고 있어야 할 사항들은 다음과 같다.

- 늦은 밤보다는 아침 일찍 기록하는 것이 더 좋다. 일지를 기록할 때는 사건에 관한 내용보다는 자신의 느낌 그 자체에 관해 더 많이 기록하게 되기 때문이다.
- 어디서부터 시작해야 될지 모를 경우에는 일단 다음과 같은 질문을 던져 보라. 지금 이 순간 나의 느낌은 어떠한가? 내 몸에 대해서 알 수 있는 것은 무엇인가? 자꾸만 나를 방해하는 생각 또는 사건은 무엇인가? 어제에 관해 나는 어떤 생각을 하고 있는가?
- 하루 이틀이나 사흘 정도 기록하지 못했다고 해서 걱정하지 말라. 가능한 시간에 다시 시작하면 된다.
- 그 일지는 사적인 것이므로 접근 금지라는 사실을 당신의 파트너에게 미리 알리고, 파트너의 동의를 얻어내라.
- 일지에 어떤 일에 대한 설명을 늘어놓지 마라. 아무도 그것을 읽지 않는다. 당신 자신도 읽어 볼 필요가 전혀 없다. 물론 당신이 당신의 일지를 읽어 볼 수는 있지만 어떤 이득을 위해서 새삼스럽게 읽어 볼 필요는 전혀 없다.

당신에게 적용해 보라

1. 당신에게 어떤 문제가 되풀이해 발생할 경우에는 더더욱 그 문제를 해결하기 위해 시간을 투자해야만 한다. 속도를 늦추고 그 일에 어느 정도의 시간을 투자할 수 있는지 계획을 세워라. 그런 다음 당신이 생각하는 것보다 더 많은 이익을 볼 수 있을 거

라고 확신하라. 그 문제를 해결하는 데 온 정신을 집중하고 그 차이점을 한번 느껴보라.

2. 당신이 지금 불확실하다고 느끼는 것들, 의심스럽다고 생각하는 것들을 모두 목록으로 작성해 보라. 그중에서 당신이 가장 많은 에너지를 쏟고 있는 것, 가장 큰 관심을 기울이고 있는 것을 골라라. 그런 다음 그 문제를 해결할 수 있는 시간을 따로 마련하라. 주변 사람들에게도 당신을 방해하지 말라고 일러 두어라. 당신에게 가장 적절한 해결 방법을 선택한 다음 그것을 실천하라. 모든 방법들을 전부 다 시행해 볼 필요는 없다. 당신의 에너지가 증가하는 것이 느껴지거나 행동으로 옮길 마음의 준비가 다 되었다면 그만둬도 괜찮다. 그러므로 당신의 에너지가 최고조에 이르렀음을 암시해 주는 내면적 신호를 주의 깊게 관찰할 필요가 있다.

실행을 방해하는 장애물들

• *내가 감수해야 하는 위험은 도대체 어떤 위험입니까?*
  처음에는 아주 작은 위험부터 골라라. 당신이 뭔가에 대해서 생각할 때마다 조금씩 불편한 느낌이 든다면 그것이 바로 자신이 감수해야 할 위험이다. 예를 들면 어떤 사람에게 듣기 좋은 일을 해 줘야 한다거나, 누군가에게 자그마한 부탁을 해야 한다거나 하는 일들 말이다. 물론 당신이 감수해 낸 위험에 대해서 당신 자신을 칭찬해 줄 만한 시간을 안배하는 것도 잊어서는 안 된다. 그렇지 않으면 그동안 쌓아온 이득의 대부분을 놓쳐 버리고 말 것이기 때문이다.

- *내게는 너무 의심이 많아서 이 방법을 쓸 수가 없어요. 하나도 해결할 수 없을 거예요.*
한 번에 한 가지 상황만 처리함으로써 조금씩 천천히 무너뜨리면 된다. 단 한 방에 모든 의심을 다 제거할 필요는 전혀 없다. 하루에 하나라든가, 일주일에 하나 정도가 적합하다.

- *그런 일지 같은 건 도저히 믿을 수 없어요.*
가장 좋은 방법은 일단 한 달간만 시도해 본 다음에 그 결과를 가지고 평가하는 것이다.

제10장

행복에 관해

좀 더 행복한 삶, 좀 더 에너지가 넘치는 삶을 살 수 있는
방법에는 세 가지가 있다.

행복은 계속해서 유지하기가 어려운 법이다.

> 2,300년 전, 아리스토텔레스는 인간이란 다른 무엇보다도 더 행복을 추
> 구하는 존재라고 결론지었다… 아리스토텔레스 시대 이후로 정말 많은
> 것들이 변했다… 그렇지만 행복이라고 하는 가장 중요한 논제에 관해
> 서는 그동안 별로 변한 것이 없다. 우리는 아리스토텔레스보다 행복을
> 더 잘 이해하지도 못할 뿐만 아니라 어떻게 하면 그 축복 받은 조건을
> 획득할 수 있는지에 대해서도 전혀 아는 바가 없다. _ 미할리 칙스첸트미할리

행복과 에너지 사이에는 긴밀한 상관 관계가 있다. 당신이 행복
하다고 느끼면 좀 더 많은 에너지를 갖게 되며, 반대로 좀 더 불행하
다고 여기면 좀 더 적은 에너지를 갖게 된다. 나는 비록 전문가는 아

니지만 그래도 행복에 관한 몇 가지 단서들을 선정해 보았다. 물론 그것들이 모든 상황에서 모든 사람들에게 해당되는 것은 아니겠지만, 몇몇 경우 몇몇 사람들에게는 도움이 될 수 있을 것이다.

행복은 결과가 아니라 선택이다

이것이 첫 번째 단서다. 이 말은, 행복은 지금 이 순간 당신의 손으로 얼마든지 움켜잡을 수 있는 것이라는 의미를 담고 있다. 그것은 한편으로는 쉬우면서 다른 한편으로는 어려운 태도의 변화다. 터널 끝에 빛이 보이긴 하는데, 생각했던 것보다 빛이 더 멀리 있는 것처럼 보인다고 생각하는 사람들이 있을 것이다. 아마도 빛은 더 이상 가까이 다가오지 않을지도 모른다. 그래서 현재 자신이 갖고 있는 것을 즐기는 것이 더 낫다고 생각할지도 모른다.

장애물

아주 오랫동안 내 눈에는
진정한 삶이 곧장 시작될 것처럼 보였다.
그러나 항상 그것을 가로막는 장애물이 있었다.
어떤 것들은 먼저 처리해야만 했고,
어떤 것들은 미완성 상태로 남겨두어야 했다.
봉사도 해야 했고,
빚도 갚아야 했다.

> 그런 다음 삶은 다시 시작되었다.
>
> 그리고 마침내 나는 깨달았다.
>
> 이 장애물들이 바로 나의 삶이라는 것을.　　　　_ 베트 홀랜드

아내와 나는 40번째 생일 파티에 참석하기 위해 차를 타고 가는 중이었다. 우리는 보통 때처럼 바쁜 하루를 보낸 다음에 서둘러 옷을 갈아입고 보모에게 간단한 설명을 해 준 다음 아이들에게 잘 자라는 인사를 하고 매딜리는 아이를 떼어 놓고 급히 집을 나섰다. 나는 아내가 차 안에서 립스틱을 바를 수 있도록 과속 방지턱을 천천히 넘고 있었다. 잠시 머뭇거린 다음 나는 아내를 바라보고 이렇게 말했다. "나는 생일 파티를 기대하지 않았어." 이것은 인식의 단계였다. 이것은 결코 과소평가해서는 안 되는 단계다. 모든 의도된 변화가 바로 여기서 시작되기 때문이다. 아내는 자기도 별로 기대하지 않고 있었다고 말했다. 우리는 너무도 피곤했으며 너무도 서둘러 나왔기 때문에 그저 텔레비전 앞에서 포도주 한 잔을 마시며 조용한 밤을 보낼 수 있으면 얼마나 좋을까 하는 생각을 했다.

그러나 나의 한편에서는 다음과 같이 속삭였다. 파티란 대개 좋은 것이고, 사람들이 그 파티를 마련하기 위해 여러 가지로 고생을 했을 것이라고 말이다. 도대체 무엇이 그토록 우리의 기분을 저조하게 만들었을까? 그렇게 많은 친구들을 만날 수 있는 활기찬 댄스 파티에 가고 있는데, 도대체 왜 우리는 그렇게 맥이 빠지고 진저리가 났을까? 도대체 이런 건 어떤 부류의 삶에 속하는 것일까?

나는 다시 한번 머뭇거렸다. 그런 다음 근본적인 생각을 해 보았다. "그냥 파티를 즐기기로 하자." 하지만 우리는 이런 생각을 하면서 둘 다 머뭇거렸다. 이제까지 우리는 자주 파티에 참석했었다. 그리고 어떤 일이 벌어졌느냐에 따라 자신이 그 파티가 즐거웠는지 아닌지를 판단하곤 했다. 그러니까 파티를 즐기는 것은 우리가 결심한다고 해서 되는 일이 아니었던 것이다. 나중에야 비로소 판단을 내릴 수 있는 것이었다.

그러자 두 번째 의문이 떠올랐다. "그것이 그렇게 쉬운 일일까?" 우리의 경험을 그런 식으로 좌우하는 힘이 있다는 사실이 나를 조금 두렵게 만들었다. 하지만 우리는 어쨌든 둘 다 그 파티를 즐기기로 작정했다. 그리고 그것을 위한 노력의 일환으로 그날 하루 동안 있었던 일들은 모두 문 앞에 쏟아 버리고 파티장 안으로 들어갔다. 가능한 한 완벽하게 그 순간을 즐기기로 작정하면서 말이다. 그 결과는 어땠을까? 우리는 둘 다 굉장히 멋진 시간을 보냈다. 그날 밤 나는 스스로 이 밤을 즐기기로 작정했다는 사실을 여러 번 떠올렸다. 그러자 에너지가 증가하면서 즐거운 느낌이 들었다. 다른 사람들도 모두 다 재미있고 즐거워 보였다. 초저녁에 우리가 느꼈던 감정은 마치 일 년 전에 있었던 일처럼 여겨지기까지 했다.

그것은 정말로 쉬운 일이었다. 우리의 느낌을 파악하고, 그 느낌에 관해 생각해 본 다음, 좀 더 나은 대안을 선택하기까지는 채 몇 분도 걸리지 않았다. NLP 용어로 표현하자면 우리는 그날 '결과 오리엔테이션' 을 실시했다. 그리고 일상 용어로 표현하자면 우리로 하여금 좋은 시간을 갖게끔 만드는 결정을 내렸다.

이 사건은 우리로 하여금 다음과 같은 문구를 떠올리게 해 주었다. "보이는 대로 믿는다." 하지만 나는 정반대를 고집했다. "믿는 대로 보인다." 다시 말해서 파티를 즐기게 될 것이라는 확신을 했기 때문에 그와 같은 결과가 정말로 나타났던 것이다.

> 나는 모든 지붕 꼭대기에서 세상을 향해 이렇게 외치고 싶다. "행복한 삶이 우리를 기다리고 있다. 지금 바로 여기서."
> _B. F. 스키너

당신의 삶 속에서 이 일을 실천하려면 먼저 생각할 시간, 무슨 일이 진행되고 있는지 감지할 시간, 그것을 근거로 해서 결정을 내릴 시간이 필요하다. 그리고 이를 위해서는 조용한 장소가 필요하다. 언제나 소음들로 둘러싸여 있다면 당신의 내면적 자아가 하는 말을 들을 수 없기 때문이다. 위의 예에서, 우리는 라디오를 켜 놓지도 않았고, 크리스마스 선물이나 다른 일들에 관해 논의하지도 않았다. 우리는 몇 분 동안 그저 가만히 앉아 있었다. 그리고 나는 비록 운전을 하고 있었지만, 나의 감정을 좀 더 또렷이 의식할 수 있는 상태였다. 나는 당신에게 운전을 하는 동안에는 될 수 있는 한 라디오를 켜지 말라고 권유하고 싶다. 그렇게 하면 당신의 내부에서 진행되고 있는 것들에 귀를 기울일 수 있기 때문이다. 라디오를 듣지 않을 경우 얼마나 많은 생각들을 할 수 있는지 안다면 당신은 아마 깜짝 놀랄 것이다.

물론 우리의 통제권을 벗어나는 일들도 수두룩하다. 그러나 그 사건들에 대해 우리가 어떤 식으로 반응할 것인가 하는 것은 거의 대부분 우리의 통제권 안에 있다. 어떤 사람들은 암에 걸렸으면서도 그것이 이제까지 있었던 일 중에 가장 멋진 일이라고 말하기도 한다. 그것은 암으로 인해 그들의 사고방식이 완전히 바뀌었기 때문이다. 암으로 인해 무엇이 진정으로 그들에게 중요한 것인가를 좀 더 잘 이해하게 되었기 때문이다. 그들은 또한 질병으로 인해 물건들을 정리할 수 있는 시간이 주어졌다는 데 대해 감사하게 생각하기도 한다.

누구에게 거절을 당한다거나 그와 비슷한 좋지 않은 일들이 발생했을 경우, 초기의 상처가 지나고 나면 우리는 선택의 기로에 서게 된다. 고통과 분노를 계속 겪는 쪽을 택할 수도 있고, 아니면 더 좋은 방법을 찾는 일에 착수할 수도 있다. 한 가지 긍정적인 측면을 들자면 그래도 거절을 일찍 당했기에 그만큼 시간을 절약할 수 있었다고 믿는 것이다.

한번은 동료와 함께 행복이라는 주제를 가지고 토의를 하게 되었다. 그가 나에게 "너는 행복하니?" 하고 물었다. 이 질문은 나의 핵심을 찔러 더 이상 거만한 행동을 하지 못하게 만들었다. 나는 곰곰이 생각을 해 보다가 깜짝 놀랐다. 나에게 어떤 대답이 준비되어 있지 않다는 사실을 깨달았기 때문이다. 이윽고 나는 이렇게 대답했다. "내가 기억하고 있는 한 난 행복해." 그리고 그것이야말로 하나의 열쇠가 되었다. 우리가 행복한 쪽을 선택했다는 사실을 기억할 수 있도록 도와줄 열쇠였다.

> 진정한 행복은 문제가 하나도 없다고 해서 생겨나는 것이 아니다.

> 진정한, 영속적인 행복은 문제가 있음에도 불구하고 생겨난다.
>
> 행복은 반응이 아니라 선택이다.
>
> 행복이 당신 자신의 것이 되게 하라.   _ 랠프 마스턴

목표를 향한 전진

두 번째 단서는 바로 이것이다.

> 우리는 명확한 목표를 지니고 있을 때, 그리고 그 목표를 향해 점점 전
> 진하고 있다는 생각이 들 때 좀 더 행복한 기분을 느끼게 된다.

이것은 행복에 관한 여러 가지 연구를 통해서 밝혀진 중요한 사실들
가운데 하나다. 어찌 보면 터무니없이 단순해 보이겠지만, 너무 쉽
게 생각하지는 말라. 여기에는 두 가지 차원이 존재하며, 두 가지 모
두 어려움이 있다.

첫 번째 차원은 성취 가능하고, 적절하며, 의욕적인 목표를 정하
는 것이다. 여기서 성취의 본질 같은 것은 우리가 신경 쓸 문제가 아
니다. 우리가 신경 써야 할 것은 좀 더 행복한 느낌을 갖는 것이다.
그러므로 실질적인 목표는 하나의 목표를 갖는 것이다. '어떤 목표
인가는 상관없다'라고 하는 원칙 그 자체보다 별로 중요하지 않다.

이 즈음에서 나는 다음 세 가지를 강조하고 싶다.

214
215

첫째, 목표는 아주 작고 사소한 것이어도 좋다. 행복을 느꼈느냐 느끼지 못했느냐의 차원에서 보면 아무리 작은 목표라 할지라도 그것을 성취함으로써 '신속한 승리' 의식을 맛보았다면 그것은 너무나도 값진 소득이기 때문이다. 그러므로 이것을 첫 번째로 기록하는 것은 그만한 가치가 있는 일이다. 전화를 한다거나 쇼핑 리스트를 작성한다거나 심부름을 하는 일 등등이 바로 이 작은 목표에 속하는 일이다.

둘째, 때로는 목표를 정하는 것 자체도 힘겨운 일일 수 있다. 왜냐하면 대부분의 경우, 목표라고 하는 단어 자체가 우리에게 엄청난 양의 원치 않는 짐을 지워 주기 때문이다. 당신의 경우가 바로 그러한가? 그러면 다음과 같은 질문들을 스스로에게 던져 보라.

- 내가 나의 하루 / 일주일 / 한 달을 만족스러워하려면 어떤 일이 벌어져야 할까?
- 어떤 일이 잘 굴러가지 않고 있는가?
- 이쯤에서 어떤 변화가 일어나기를 원하고 있는가?
- 어떻게 달라질 필요가 있는가?

이러한 접근 방법들 가운데 아무거나 하나 골라서 목록을 작성해 보라. 그런 다음에는 당신의 목록을 1~10의 만족도로 평가해 보라. 이런 식으로 하면 된다. "내가 이 일을 다 해 낼 경우 1부터 10까지의 만족도 가운데 어느 정도나 만족할 수 있을 것인가?" 만족도 평가가 끝난 사람은 이제 출발하면 된다. 만족도가 10 미만인 사람은 스스로에게 물어보라. 어떻게 하면 만족도 10의 수준에 이를 수 있는지 말이다. 그런 다음 만족도 10에 이를 때까지 계속해서 훈련하라. (도저히 만족도 10에 도달할 수 없을 것처럼 생각된다면 만족도 9라도 좋다.)

셋째, 당신이 선택한 목표에 대해서 당신을 비난하지 말라. 내면적 비난의 목소리는 당신이 선택한 목표가 그다지 높지 않다고, 별로 중요하지도 않고, 너무 쉽다고 불평을 해 댈지도 모른다. "그런 건 누구나 다 할 수 있어! 그런 것도 목표라고 할 수 있는 거야? 네가 최선을 다해 할 수 있는 일이 고작 그거야? 고작 그런 것에 네 행복을 맡긴 셈이냐고!" 그 비판의 목소리에 이렇게 말하라. 당신은 단지 실험을 하고 있는 것뿐이라고. 나중에 다시 돌이켜보면 이러한 정보를 제공해 준 것에 대해 매우 고마운 생각이 들 것이다.

> 앞을 향한 여행을 할 때 목표를 지니는 것은 좋은 일이다. 하지만 결국 가장 중요한 것은 여행 그 자체다.
> — 어슐러 르구인

이 목표와 전진이라고 하는 개념들은 나의 주치의를 통해 강조되었다. 나는 주치의에게 나도 우울증을 앓을 수 있냐고 물었다. 병원 응접실에서 광고 전단을 읽다가 나에게도 몇 가지 징후가 있다는 사실을 깨닫게 되었던 것이다. (그리고는 당장 그 전단 읽기를 멈추었다.) 그 말에 주치의는 내가 우울증을 앓고 있지 않다고 확실히 말했다. 그래서 나는 때때로 자부심이 너무 낮은 게 문제라고 털어놓았다. 그의 대답은 이러했다. "우리는 몸이 가볍고 역동적인 순간에 좋은 기분을 느끼게 된다."

그 순간 나는 모든 걸 멈추고 생각에 잠겼다. '몸이 가볍다' 는 말의 뜻은 확실히 알고 있었지만 ─ 규칙적인 운동이라든가 뭐 그런 것들 말이다 ─ '역동적' 이라는 말은 확실하게 와 닿질 않았다. 나는 그것이 내 운명의 주인이 되는 걸 뜻하는 것일 거라고 생각했다. 그러니까 어떤 목표를 세운 다음에 그 목표들을 향해 전진하는 것 말이다. 이렇게 어떤 목표를 세운 다음 그 목표를 향해 전진한다면 당신은 덜 수동적이고, 좀 더 능동적인 사람이 될 수 있다. 또한 당신은 자신의 선택권을 행사할 수 있게 된다. 당신은 당신이 원하는 일을 선택하고, 그 일을 시작할 수 있게 된다. 그것이 바로 삶의 비결이다. 나는 이 비결의 단순성을 무척이나 사랑하게 되었고, 마침내 그것은 나의 주문이 되었다.

그 당시 나는 마케팅 분야의 일을 하고 있었다. 나는 이 새로운 철학을 한번 실천해 보아야겠다고 마음먹었다. 그래서 이에 관해 생각할 시간을 따로 마련했다. 그리고는 일 년 뒤에 내가 지난 한 해를 돌이켜보고 있다고 상상해 보았다. 나는 지난 열두 달 동안의 일들에 관해 내가 만족스러우려면 어떤 일들이 이루어져야 할까를 스스로에게 물어보았다. 그 해답은 생각보다 빨리 찾을 수 있었다. 그것은 바로 6~8가지의 새로운 프로젝트를 진척시키는 것이었다. 그것은 무척이나 명백해 보였으며, 그로 인해 힘이 솟아나는 것 같았다. 내가 시작한 프로젝트들 가운데 5가지 정도만 성공한다 하더라도 굉장한 이득을 볼 수 있을 것이고, 그렇게 되면 나 자신에게도 무척이나 만족스러울 것 같았다. 물론 나의 이력서에도 좋은 영향을 미칠 것이라 생각했다. 내가 내면적인 발전을 추구하고 있든 외면적인 발전을 추구하고 있든지 간에 말이다. 이렇게 새로 발견한 에너지와 열정 덕택에 나는 어떤 프로젝트를 시작해야 할 것인지 결정하는 문제나 그 프로젝트에 착수해야 할 시점을 선택하는 문제, 당장 눈앞을 가로막고 있는 장애물 등을 무사히 뛰어넘을 수 있었다.

나는 직원들에게 어떤 프로젝트를 실행하고 싶은지 마음껏 선택하라고, 그리고 그 프로젝트를 수행하는 데 필요한 비용과, 거기에서 얻을 수 있는 이익이 얼마나 되는지 분석해 달라고 부탁함으로써 첫 번째 문제를 무사히 해결했다. 나는 먼저 이것들의 우선 순위를 결정한 다음 상사에게 보고했다. 그는 무슨 일이든지 우선 순위대로 해결하는 것을 선호하는 편이다. 그래서 나는 내가 먼저 선수를 치는 게 좋겠다고 생각했다. 나는 그를 앉혀 놓고 내가 열중하고 있는 8가지 프로젝트를 모두 소개한 다음 ― 재정적 타당성과 더불어 ― 어째서 이 프로젝트들이 사업의 우선 순위를 차지해야 하는지를 설명했다. 그리고 마침내 그는 8대 프로젝트 전부를 최우선 과제로 채택했다. 다음으로 나는 우리 부서의 목록에 오른 200여 가지의 아이템들을 그에게 설명했다. 그는 역시 내 목록에 오른 아이템을 모두 다 승인했다. 나는 그 자리를 나오면서 그에게 말했다. 8대 프로젝트를 확실히 수행해 내겠노라고, 그러나 다른 문제들에 관해서는 다소 차질이 일어날 수도 있다고 말이다. 그는 아무 말도 하지 않았다. 그리고 나는 유유히 그 방을 빠져 나왔다.

내가 드디어 해 낸 것이다! 그의 동의를 받아 낸 것이다. 그의 동의를 받은 거나 다름없었다. 그 뒤로 나는 그 프로젝트들을 최우선 과제로 삼고, 일 년이 넘도록 그 프로젝트들을 실행했다. 일이 아주

218
219

잘되어 간다는 느낌이 들었다. 나는 에너지가 넘쳐 났으며, 내가 지금 어디를 향해 가고 있는지, 그리고 목표점에 도달하려면 어떻게 해야 하는지 확실히 알고 있었다. 그리고 결국 대부분의 프로젝트는 이익을 창출해 냈다. 비록 8개 모두는 아니었지만 말이다. 그러면 내가 그동안 끝마치지 못한 일들은 어떻게 되었을까? 나는 그 일에 관해서는 별 소리를 듣지 못했다. 그러나 그런 것들은 별로 중요치 않았다.

이 경험을 통해서 해 주고 싶은 충고는 스스로 만족할 수 있는 한 해를 만들어 가라는 것이다. 일단은 당신의 마음속에 하나의 목표를 정하는 일부터 시작한다. 일 년 뒤에 당신이 지난 열두 달 동안의 행적에 관해 만족하려면 과연 어떤 일들이 일어날 것인지를 한번 생각해 보라. 그런 식의 명료함은 당신의 에너지를 굉장히 증가시켜 준다. 이에 관해 좀 더 알고 싶은 사람은 지니 디츨러(Jinny Ditzler)의 명저 《최고의 해는 아직 오지 않았다(Your Best Year Yet)》를 읽어 보기 바란다.

6가지 아이템

다음은 에너지 강화를 위한 작은 아이디어들이다. 당신이 내일 실천할 수 있는 일들을 6가지만 골라 보라. 아주 작고 사소한 일이어도 좋다. 나의 전형적인 리스트를 소개하면 아래와 같다.

1. 다음 날의 미팅을 위해 미리 협의 사항을 보낸다.
2. 고객과의 다음 미팅을 확인한다.

3. 와인 주문을 서두른다.

4. 컴퓨터 하드 디스크를 정리한다.

5. 자동차로 책 두 박스를 갖고 온다.

6. 그 책들을 선반에 얹는다.

나는 이 목록을 오전 10시 10분까지 다 완수해 놓고 나머지 하루 동안은 힘에 넘쳐서 지낸다! 그 아이템들이 모두 일과 관련된 것은 아니다. 6개 모두 긴급한 일도 아니다. 그리고 사실 와인과 같은 아이템은 한낱 사소한 일에 지나지 않는다. 하지만 내 마음은 아직까지 가게에서 아무런 응답도 없었다는 메시지를 계속해서 보내고 있다. 그리고 또 나의 한편에서는 이렇게 말하고 있다. "신경 쓸 것 없어. 그건 아주 비싼 거니까 아마도 제때 잘 배달될 거야." 하지만 내면의 음성은 전혀 사라질 기미가 보이지 않았다. 이윽고 가게에서 응답이 왔을 때의 기분은 정말이지 환상 그 자체였다. 물론 나의 최우선 순위는 일에 있었지만 그래도 나의 두뇌와 에너지 수치는 그 사실을 전혀 모르고 있는 듯했다.

그렇다면 좀 더 에너지 넘치는 기분을 맛보기 위해 일부러 쉬운 일들만 계속 처리하는 것도 하나의 요령이라고 할 수 있을까? 그렇다. 그것은 부작용이 없는 싸구려 벼락치기 승리에 불과하지만 그래도 도움이 된다. 이런 일은 꼭 쉬운 업무일 필요는 없다. 이 훈련을 통해서 당신이 얻고자 하는 것은 좀 더 많은 에너지라는 사실을 명심하라. 결코 산을 옮기려는 게 아니다. 물론 이렇게 에너지가 쌓이다 보면 나중에는 산을 옮기는 것도 좀 더 쉬워지긴 할 것이다.

이때 당신이 염두에 두고 있어야 할 사항이 몇 가지 있다.

- 당신의 눈에 잘 띄도록 6가지 아이템을 기록하라.
- 아침에 일어나자마자 볼 수 있도록, 그래서 뚜렷한 방향 의식과 추진력을 얻을 수 있도록 하루 전날 미리 목록을 작성하라.
- 하나하나 처리할 때마다 줄을 그어서 지워라.
- 쉽게 생각하라. 미리 실패할 거라고 짐작하지 마라.

100가지 소원

이것 역시 에너지를 줄 수 있는 방법으로서 이 주제를 좀 더 발전시킨 것이다. 당신이 죽기 전에 하고 싶은 일 100가지를 목록으로 작성하라. 몇몇 사람들에게는, 특히 처음에는 이 일이 무척 어려울 수도 있다. 하지만 시간이 흐를수록 점점 더 쉬워질 것이다. 이 목록에는 아주 큰 일들도 포함될 수 있고 아주 사소한 일들도 포함될 수 있다. 목록을 다 작성한 다음에는 앞으로 3년 안에 완수하고픈 일이 무엇인지 결정하라. 내가 아는 어떤 여자는 버번을 한 잔 마시면서 시가를 한 대 피웠다. 사실 그녀는 이 일을 전혀 즐기지는 않았지만, 그래도 꼭 한 번 해 보고 싶어했다. 또 고객 한 명은 목록을 작성한 다음 6개월도 채 되지 않아서 그중 1/3을 다 이루어 냈다.

대부분의 사람들은 행복할까?

세 번째 단서는 우리들 중 대부분이 지니고 있는 잘못된 인식, 즉 남들은 다 행복하다는 오해와 관련된 것이다. 사람들은 행복해 보인다. 적어도 나보다는 더 행복해 보인다. 이러한 오해는 우리는 자기

안에서 진행되고 있는 일들은 상세히 잘 알고 있지만 다른 사람들의 삶에 일어나는 일들은 부분적으로만 알고 있다는 사실에 기인한다. 그래서 상대적으로 볼 때 다른 사람들의 삶이 더 멋있어 보이는 것이다. 이와 같은 평가는 잘못된 것으로서 우리의 에너지를 고갈시킬 뿐이다. 사실을 말하자면 대부분의 사람들은 그다지 행복하지 않다. 그들은 단지 어떤 일이 지나가길 기다리고 있는 것이다. 미국 독립 선언문에 나와 있는 '행복의 추구'라고 하는 말은 행복이 잡기 어려운 것, 노력해야만 얻을 수 있는 것, 그리고 성공한다는 보장이 전혀 없는 것이라는 의미를 담고 있다.

만일 당신이 지금 어떤 문제 때문에 고통을 받고 있는데 당신만 빼고 다른 사람들은 모두 그 문제를 좀 더 잘 해결할 수 있을 거란 생각이 든다면, 그것은 너무나도 슬픈 일일 것이다. 왜냐하면 이렇게 되면 당신이 이미 직면하고 있는 어려운 문제에 열등감이라는 문제까지 겹치게 되기 때문이다. 물론 우리 자신과 다른 사람들을 비교하지 않기란 어려운 일이다. 그것은 어쩌면 우리 인간의 일면일지도 모른다. 지금 이 순간, 다른 사람들 역시 가까스로 힘을 내어 일을 진행해 나가고 있는지도 모른다. 또 어쩌면 그들은 멋있게 보이는 삶을 간신히 유지하고 있는지도 모른다. 하지만 그들의 삶을 한 꺼풀 벗겨 보면 그들이 지니고 있는 문제점이나 결함 따위를 엿볼 수 있을 것이다. 이것은 굉장히 고무적인 사실이다. 우리는 이 사실을 통해서 우리 역시 다른 사람들과 마찬가지로 멋있는 삶을 살고 있다는 것, 그리고 우리의 삶이 그다지 잘못되어 가고 있는 것은 아니라는 것을 깨닫게 된다. 그래야만 결국 우리의 삶을 좀 더 쉽게 이끌어 갈 수 있게 된다.

우리는 성취해 낸 일보다 지니고 있는 문제가 일반적으로 좀 더 많은 편이다. 세상은 숨은 영웅들로 가득 차 있다. 거대한 도전과 힘겨운 상황에도 불구하고, 자신에 관해 아무런 불평 없이, 꿋꿋하게 삶을 지탱해 나가고 있는 사람들이 굉장히 많다. 그들이 자신의 삶에 관해 한 마디 말도 하지 않는다는 것은 대단히 부끄러운 일이다. 왜냐하면 그러한 경험을 공유하는 행위는 우리들 모두에게 정당성을 입증해 줌과 동시에 서로가 서로를 돕는 일의 출발점이 되기 때문이다.

그러므로 당신이 만일 다른 사람들보다 더 불행하다고 생각된다면 주변 사람들에게 물어보라. 사람들에게 이렇게 물어보라. "당신은 대부분의 사람들이 행복하다고 생각합니까?" 이러한 질문은 "당신은 행복합니까?"라는 질문보다 좀 더 예의 있는 질문이다. 그러면 당신은 우리들 대부분이 이미 한 배에 타고 있다는 사실을 깨닫게 될 것이다. 대부분의 사람들은 당신의 삶에 어울리는 것들을 많이 지니고 있지만, 그것들은 그들에게 불만감을 주기도 한다. 모든 것을 고려해 볼 때 결국 당신은 대부분의 사람들과 마찬가지로 행복한 사람이다.

제11장

에너지 소모 요인으로서의 자녀

자녀로 인해 에너지가 소모되는 시간을 줄일 수 있는 몇 가지
방법에 대해 논의해 보기로 하겠다.

불행히도 아이들은 우리에게 기쁨이 될 수 있는 동시에 거대한 에너지 소모 요인이 될 수도 있다. 아이들과 함께 있으면 아무리 사소한 일을 하기 위해서라도 엄청나게 많은 반복과 감언이설, 거절을 늘어놓아야만 된다. 왜 아이들은 당신이 말하는 대로 하지 않는 것일까? 특히 첫째 아이가 그렇다면 더더욱 문제가 많다. 기상 시간·식사 시간·목욕 시간·취침 시간·몸 단장 시간·자동차 이동 시간 등 등 일상적인 모든 일들이 다 문제가 될 수 있다. 과연 우리도 어렸을 때는 그랬을까?

　나의 경우 아이를 기른다는 것은 생각했던 것보다 훨씬 더 멋진 일인 동시에 훨씬 더 힘든 일이었다. 멋진 일은 아주 멋졌고, 또 힘든 일은 아주 힘들었다. 멋진 일은 그 어떤 것과도 바꿀 수 없는 경험이었다. 그 깊은 사랑, 평범한 것을 보고도 신선함을 느끼는 아이

224
225

들의 모습, 단순한 즐거움에도 이상하리만큼 열중하는 모습, 넘치는 에너지, 즉각 바뀌는 관심, 그들의 포옹이 지니는 그 심오한 치유 능력, 그리고 그들의 포옹이 지니는 신체적 따스함과 '정직성' 등을 나는 언제나 감사한 마음으로 받아들였다. 그러한 경험들은 내 마음 속 깊은 곳에 다정함을 불러일으켰으며, 그 다정함은 오래도록 내 마음속에 머물렀다. 마치 내 마음이 벌거벗은 채 세상 밖으로 나가는 모습을 바라보는 것처럼 말이다.

중요한 것은 행복한 시간은 좀 더 늘리고 에너지를 고갈시키는 것들은 좀 더 줄여 나감으로써 서서히 타협점을 찾아가는 것이다. 어떻게 하면 일상생활을 유지해 나가면서 어떤 일을 더 잘하기 위해 시간을 쏟기도 하고, 또 더러는 영혼을 살찌우는 일들을 즐기기도 할 수 있는 걸까?

나는 일주일에 세 번씩 아이들을 학교에 데려다 준다. 그런데 어떤 날은 아이들을 태워다 주고 온 뒤 10분 정도를 누워 있어야 기운이 돌아오곤 한다. "그래, 난 네가 코트를 입고 갔으면 좋겠어. 물론 지금은 날씨가 화창하지만 만일의 경우에 대비해서 코트를 입고 가거라. 그건 전혀 어리석은 짓이 아냐. 그래, 지금 봐서는 비가 올 것 같지 않지만 비가 올지도 모르잖아."

하지만 최근 들어서는 상황이 많이 바뀌었다. 어느 날 아침, 나는 아이들이 학교 갈 준비를 하는 동안 아주 조용한 가운데 책을 읽고 있는 내 모습을 문득 깨닫고는 깜짝 놀랐다. 그리고선 내가 무슨 일을 하고 있는지 갑작스레 깨닫게 되었다. 그동안 상황이 얼마나 뒤바뀌었는가를 생각하니 참으로 충격적이었다. 과연 무엇이 이토록

마법 같은 변화를 불러일으킨 것일까?

　다음은 내가 그동안 참석했던 여러 가지 부모 훈련 과정, 그리고 육아 관련 서적과 테이프를 참고로 해 나 자신의 개인적인 경험들을 일부 기록한 것이다. 여기서 나는 지금까지 가장 효과적이었던 과정, 런던의 신학습센터(The New Learning Center)가 주관한 과정 한 가지를 추천하고 싶다. 이것은 우리가 집에서 흔히 하는 일에 속한다.

　어쩌면 당신은 이것을 당신의 상황에 맞게끔 조금씩 수정할 수도 있다. 지금 이 순간, 나의 아이들은 지극히 평범한 — 감탄과 격정이 적절히 뒤섞인 — 아홉 살, 열한 살짜리 어린이기 때문이다.

사실에 근거한 칭찬

아이들은 부모가 원치 않는 일을, 그것도 적절하지 않은 시간에 그 일을 하느라고 하루의 대부분을 보내는 일이 많다. 결국 우리는 비판적이고도 부정적인 말들을 내뱉게 되고 만다. "그만 좀 해. 서둘러라. 냅킨을 접어야지. 엎지르지 않게 조심해라." 이런 말은 부모와 아이 모두의 기분을 나쁘게 만들어 버린다.

　여기에 이를 극복할 수 있는 강력한 방법이 있다. 그것은 바로 아이들이 더 많이 했으면 하고 바라는 행동을 칭찬해 주는 것이다. 이때 중요한 것은 아이들이 자기가 올바른 행동을 했다는 사실을 정확히 알 수 있도록 상세히 짚어 주어야 한다는 점이다. 그렇게 하면 아이들과 싸울 일도 줄어들고, 다음 번에 아이들이 그와 같은 행동을 하기도 더 쉬워지기 때문이다. 또한 부정적인 행위를 하지 않은 것에 대해서도 칭찬해 주어라. 아이들이 말다툼을 하지 않았다거나, 음식물로 장난을 치지 않았다거나, 식사 시간에 입을 벌리지 않았을 경우 아이들에게 칭찬을 해 주어라. 그에 대한 보상으로 당신은 즐거운 마음으로 아이들을 향해 아낌없는 관심을 쏟아 부을 수 있을 것이다.

우리는 잊어버리지 않는 한 이 방법을 자주 사용해야 한다. 그런데 문제는, 우리의 머릿속에 상황을 알아차리고 칭찬해 줄 공간이 충분하다는 사실을 우리가 자꾸만 잊어버린다는 것이다. 아이들이 버릇없는 행동을 하지 않을 때에도 우리는 계속해서 아이들의 행동을 변화시키고 싶다거나 아니면 자기 자신의 삶에만 신경을 쓰고 싶다는 유혹을 받게 된다. 우리 집을 예로 들자면 다음과 같은 말들이 무척 도움이 되었다.

- 고맙구나. 네 말 잘 들었어. 네가 전혀 웅얼거리지 않으니까 네 말을 들으려고 긴장하지 않아도 되어서 훨씬 덜 피곤하구나. 정말 많이 좋아졌는걸!
- 의자 등받이를 뒤로 젖히지 않고 있어 줘서 고맙다.
- 내가 얘기하지 않았는데도 신발을 잘 치워 놨구나.
- 내가 말하자마자 금방 코트를 치웠구나. 분명히 컴퓨터를 하고 싶었을 텐데 말이야.
- 잘했다. 딱 한 번 말했을 뿐인데 옷을 아주 잘 입었구나.
- 내 말이 끝날 때까지 기다려 줘서 고맙다. 말하고 싶어서 입이 무

척이나 근질근질했을 텐데 말이야.

- 잘했다, 얘야. 아주 신경 써서 깨끗하게 기록했구나. 무슨 글씨인지 다 알아보겠어. 줄도 잘 맞춰 썼고.
- 참을성이 무척 많아졌구나.
- 식탁에서의 행동이 무척 좋아졌구나. 기억나니? 난 식탁에 앉을 때마다 가슴에 혹이 생기는 것 같았거든. 그런데 그런 느낌이 들지 않은 지 꽤 오래되었구나. 요즘은 말을 가로막는다거나, 소리를 지른다거나, 낚아채는 버릇이 많이 없어졌어. 네가 점점 어른이 되어 가고 있는가 봐.

아이들이 무슨 일을 했을 때 칭찬해야 할까? 일단은 아이들의 어떤 행동이 변화되었으면 좋겠는지부터 결정하라. 그런 다음에는 그 행동이 아주 조금이라도 올바른 방향으로 변화되어 가는 모습이 보일 때마다 칭찬해 줄 기회를 잡아라. 아이들을 칭찬할 수 있는 일은 무척 많다. 아마 아침 식사가 시작되기도 전에 이미 10가지 정도는 우리 아이들을 칭찬할 만한 일들이 생길 것이다.

1대 1 시간

이것은 아이들에게 자신이 중요한 존재라는 사실을 알려 주고, 나아가 아이들이 신뢰감과 자부심을 가질 수 있도록 도와주는 기술이다. 이것은 또한 제대로 효과가 나타날 경우 에너지를 증가시킬 수 있는 특별한 시간을 마련해 주는 기술이기도 하다.

1대1 시간은 당신의 자녀와 함께 어떤 일을 할 수 있도록 미리 따로 정해 둔 시간을 의미한다. 이 시간 동안 당신은 자녀에게 다음과 같은 사실을 암시적으로 전달해 줄 수 있다. 즉 자녀야말로 당신의 삶에서 최우선 순위를 차지하고 있으며, 당신은 언제나 자녀와 함께 할 수 있는 시간을 적극적으로 선택하고 있다고 말이다. 그 시간은 미리 예정되어 있기 때문에 아이도 무슨 일이 일어나고 있는지 잘 알 수 있으며, 따라서 당신이 기분 내키는 대로 불쑥 말을 꺼낼 때보다 좀 더 기대하는 마음으로 그 시간을 기다리게 된다.

그럼 이 시간에는 무엇을 하면 좋을까? 우리 집의 경우에는 서로 협상을 한다. 나는 아이들에게 무슨 일을 하고 싶으냐고 묻고 나서 내가 하고 싶은 일도 이야기한다. 그런 다음 반 정도는 아이들이 좋아하는 일을 하고, 나머지 반 정도는 내가 좋아하는 일을 한다. 최근 한번은 정원 쓰레기를 버리러 가는 길에 아들을 데리고 갔다. 그것이 그날 내가 선택한 활동이었다. 그런 다음에는 아들이 선택한 활동인 레슬링을 했다. 그날은 나와 아들 우리 둘 다에게 무척이나 행복한 순간이 되었다.

그러면 어느 정도의 시간이 적당할까? 일주일에 몇 번 정도 15분에서 1시간 가량 아버지나 어머니와 어떤 활동을 하는 것이 제일 적당하다. 때로는 아이들을 데리고 유명한 운동 경기를 보러 간다거나 하는 식의 아주 특별한 행사를 기획할 수도 있다. 매일 한 시간씩 한쪽 부모와 함께 한다는 것은 정말 꿈 같은 일이 될 것이다.

이 일을 하는 데 있어서 문제가 되는 것은 바로 시간이다. 그럴 만한 시간을 쪼개어 그 시간을 정기적으로 사용한다는 것은 보통 어려운 일이 아니기 때문이다. 그렇지만 이것은 아주 중요한 일이며, 그 효과는 거의 지속적이라 할 수 있다. 내가 상담해 주고 있는 고객들을 보면, 사회적으로 엄청난 성공을 거둔 사람들임에도 불구하고 여전히 자기 아버지와 함께 지낼 시간은 부족하다고 느끼는 사람들이 아주 많다.

아동 발달에 관한 책을 저술한 스티븐 비돌프는, 일주일에 55시간 이상을 일하는 사람의 경우, 그 자녀가 성숙한 성인으로 발달할 수 있는 가능성이 매우 희박하다고 주장한다.

해결책 논의

이것은 삶을 좀 더 편하게, 그리고 좀 더 즐겁게 이끌어 나갈 수 있도록 도와주는 무척 간단하면서도 강력한 힘을 지닌 도구다. 물론 이것도 이 일을 시작할 수도 없을 만큼 당신이 피곤하지 않은 상태여야 한다. 로즈메리와 나는 보통 밤 10시에 이 해결책 논의 시간을 갖곤 한다. 이 시간은 우리 둘 다 무척 좋아하는 시간이지만, 너무 늦은 시각이라서 곤란할 경우가 많다. 그래서 요즘은 더 적당한 시간을 알아보고 있는 중이다.

우리는 하루에 15분씩 시간을 내서 문제가 되는 부분을 간략하게 살핀다. 그리고 각자가 아이디어를 내놓으면 그중에서 최선책을 선택한 다음 그것을 실행에 옮기기로 계획한다. 문제가 되는 영역을 파악하는 데는 1~2분 정도가 적당하다. 이 시간은 투덜투덜 불평을 하거나 한탄을 하기 위한 시간이 결코 아니다. 그런 다음 나머지 시간은 우리가 이 문제를 보다 잘 해결할 수 있는 방법들을 논의하는 데 쓴다.

한 가지 예를 들자면 다음과 같다. 어떻게 하면 우리 아들이 식사 시간에 자기 냅킨을 무릎 위에 올려놓고 의자에 똑바로 앉아서 음식을 먹게 만들 수 있을 것인가? 밥 먹을 때마다 아이에게 주의를 주는 것은 정말이지 너무나도 지겹고 괴로운 일이다. 게다가 효과도 별로 없다. 우리 아들은 확실히 멍청이가 아닌데, 바로 그 점이 우리를 더 괴롭게 만들고 있다.

매일 한 가지 문제에 초점을 맞추고 그 문제에 대한 해결책을 논의한다면 우리는 자신이 발전하고 있다는 아주 멋진 느낌을 가질 수 있으며, 이러한 느낌은 우리의 에너지를 크게 증가시켜 줄 것이다. 또한 우리 자신의 능력이 강화된 듯한 기분을 느낄 수 있을 것이며, 그렇게 되면 우리의 자부심 역시 높아질 것이다.

어쨌든 위의 문제에 대해 내가 선택한 방법은 아이가 자리에 똑바로 앉아서 무릎에 냅킨을 펼친 다음에야 비로소 음식 접시를 건네 주는 것이었다. 이 방법은 언제나 효과가 있었다. 문제는 내가 이 규칙을 식사 시간마다 기억해야 한다는 것, 그러니까 이 규칙은 까맣게 잊어버린 채 음식이 식기 전에 접시에 담아서 먹는 일에만 급급해서는 안 된다는 것이었다.

지루함을 없애는 방법

"아, 따분해."

오, 이 말 한 마디로 인해 얼마나 가슴이 내려앉는지, 그리고 이 말 한 마디로 인해 얼마나 에너지가 감소하는지……. 한 가지 해결책은 활동이 아니라 자녀와 그들의 분위기에 초점을 모으는 것이다. 따라서 나는 아이들에게 그들의 관심을 모을 수 있는 수많은 질문들을 한 다음 그들로 하여금 선택을 하도록 한다. 아이들 스스로 받아들일 자세가 되어 있지 않은 상황에서 아이들에게 어떤 것을 제시하는 것은 아무런 소용도 없다는 것을 나는 잘 안다. 아이들 스스로 받아들일 준비가 되어 있지 않으면 모든 노력이 다 물거품이 될 것이고, 결국에는 나도 진저리를 치고 말 것이다. 그러므로 이 일을 하는 동안 당신의 관심은 온통 자녀에게만 쏟아야 한다. 절대로 요리를 하거나 이메일을 읽으면서 그 일을 하려고 들어서는 안 된다. 다음은 딸아이와 내가 나눈 대화를 예로 든 것이다.

"아, 따분해."

"좋아, 너 지금 지루한 모양이구나. 뭔가 할 만한 일을 결정할 수 있도록 내가 도와주면 좋겠니?" (감정은 절대 드러내지 말라. 비록 속으로는 다음과 같은 생각을 품고 있다 할지라도 말이다. '오, 저런, 또 저 소리야! 도대체 아이들에게는 얼마나 많은 장난감이 필요한 거지?')

"예."

"집 안에서 할 수 있는 일이 좋겠니, 아니면 집 밖에서 할 수 있는 일이 좋겠니?"

그러면 딸아이는 창문을 쳐다보면서 잠시 생각에 잠겼다가 이렇게 말한다. "집 안에서요."

"위층에서, 아니면 아래층에서?"

잠시 생각해 보다가, "아래층에서요."

"활동적인 것, 아니면 활동적이지 않은 것?"

잠시 생각해 보고 나서, "활동적이지 않은 거요."

"테이블에서, 아니면 다른 곳에서?"

이쯤 되면 내 머릿속에는 이미 딸아이가 재미있어 할 것 같은 그림 그리기 놀이가 떠오른다. 그래서 그 방향으로 이끌어 가면서 아이가 선택할 만한 사항들을 제공하는 것이다.

잠시 생각에 잠겼다가, "테이블에서요."

"글쓰기, 아니면 그리기?"

"오케이, 이제 뭘 해야 할지 알았어요. 안녕, 아빠."

그리고는 조금 전과는 딴판이 되어 제 방으로 뛰어간다. 이제 아빠는 더 이상 딸아이 머릿속에 남아 있지 않다.

그때 딸아이가 그림을 그리러 뛰어갔는지, 레고 놀이를 하러 뛰어갔는지는 잘 기억이 나지 않는다. 그것까지는 신경 쓸 필요가 전혀 없다. 내 임무는 아이가 뭔가 소일거리를 찾아내서 자신과 관련지어 생각할 수 있도록 도와주는 것뿐이다.

아이가 뭔가 목적 의식을 가지고 뛰어가는 순간 나는 임무를 완수한 것이다.

여기에서 중요한 것은 딸아이에게 잠시 생각할 수 있는 시간을 제공했다는 것이다. 그 시간을 통해서 딸아이는 자기가 원하는 것을 스스로 발견해 내고, 다시금 자기 자신과의 관계를 맺을 수 있었던 것이다.

아이는 따분하다는 말을 통해서 자신이 지금 불안정하고 산만한 기분을 느끼고 있으며, 그래서 도무지 똑바로 생각할 수 없다는 것을 하소연한 셈이다.

내 임무는 아이의 지루함을 달래기 위해 뭔가 할 수 있는 일을 직접 찾아주는 것이 아니라, 그저 아이의 생각이 발전할 수 있도록 도와주는 것이었다. 이것은 결코 서두른다고 되는 일이 아니다. 해결책의 일부는 당신이 얼마나 관심과 참을성을 지니고 있느냐에 달려 있다.

독립심 고취

우리가 부모로서 해야 할 일 가운데 하나는 바로 선생 역할이다. 그리고 이 선생 역할과 관련해 우리가 해야 할 가장 중요한 일은 자녀가 좀 더 독립적인 성인으로 자랄 수 있도록 어려서부터 독립심을 길러 주는 일이다.

우리 집에서는 자녀에게 독립심을 심어 주기 위해 다음과 같은 방법을 사용한다. 즉, 아이들에게 용돈을 주는 게 아니라 아이들이 직접 돈을 벌도록 하는 것이다.

우리 아이들은 집 안에서 할 수 있는 일들을 한 가지씩 혼자 힘으로 완수하고 나서 용돈을 번다. 우리가 이 일을 할 때 사용하는 일종의 차트가 하나 있는데, 당신에게 소개하면 아래와 같다.

		일	월	화	수	목	금	토
아침	옷 입기	☐	☐	☐	☐	☐	☐	☐
	침대 정리, 옷 정리, 바닥 청소	☐	☐	☐	☐	☐	☐	☐
	아침 식사	☐	☐	☐	☐	☐	☐	☐
	얼굴, 이빨, 손, 머리	☐	☐	☐	☐	☐	☐	☐
	도시락 준비		☐	☐	☐	☐	☐	
	쓰레기통 비우기	☐						
준비물	실내 운동복				☐			
	실외 운동복 / 구두						☐	
	화분 물 주기	☐			☐			
	할머니께 전화	☐						
식사	테이블 정리	☐	☐	☐	☐	☐	☐	☐
귀가	신발 정리	☐	☐	☐	☐	☐	☐	☐
	코트 정리	☐	☐	☐	☐	☐	☐	☐
	도시락 씻기		☐	☐	☐	☐	☐	
	가방 걸기		☐	☐	☐	☐	☐	
	모든 일을 다 마쳤는가?							

이 일들을 다 하고 나면 아이들은 그날의 용돈을 받을 수 있다. 한 가지를 놓치면 그만큼 용돈도 줄어든다. 당신도 가정 불화의 요인이 되기 쉬운 일들을 위와 같은 방식으로 차트를 만들어서 자녀가 그 일을 할 때마다 용돈을 지급해 보라.

그리고 어떤 변화가 일어나는지 한번 지켜보라. 이 차트를 아이의 눈높이에 맞춰서 벽에 붙여 놓아라. 그래야 아이들도 그것을 보고 자기가 해야 할 일이 무엇인가를 파악할 수가 있다. 그렇게 되면 당연히 잔소리를 여러 번 반복할 필요도 없어질 것이다. 우리도 예전에는 거의 잔소리를 입에 달고 살았다. "이 닦았니? 숙제는 다 했어? 체육복은 입었고?" 하지만 이제는 전혀 그럴 필요가 없어졌다. 용돈을 벌어야겠다는 의욕으로 인해 충분한 동기가 부여되었으며, 눈에 잘 띄는 체크 리스트 덕분에 자기가 할 일을 스스로 챙길 수 있게 되었기 때문이다. 처음에는 우리는 "어떻게 하면 아이들이 자기들이 해야 할 일을 알 수 있을까?"라고 묻기만 했다. 그러나 얼마 뒤에, 아이들은 체크 리스트를 보는 것을 기억해 냈다. 나중에 아이들은 더 이상 질문을 하지 않게 되었다.

나의 경우 아이들에게 일주일에 한 번씩 할머니와 전화 통화를 하게 만드는 것도 어려운 일 가운데 하나였다. 아이들이 어렸을 때는 그래도 쉬운 편이었는데, 최근 들어서는 아이들이 언제나 뭔가 다른 일을 하고 싶어 하는 것처럼 보였다. 그래서 우리 부부는 이 일을 리스트에 올렸다. 그 결과 지금은 아이들이 우리 말을 아주 잘 따라 주고 있다. 그 일을 하는 데 필요한 에너지도 전보다 훨씬 적게 드는 것은 물론이다. 이 일을 리스트에 올리기 전에는 아이들로 하여금 가까스로 수화기를 들게 만들더라도 기껏해야 "안녕하세요? 안녕히 계세요." 정도의 말만 한 다음에 금방 수화기를 내게로 돌리곤 했었다. 하지만 이제는 최소한 2분 정도는 대화를 나눠야 전화 통화가 끝나는 일이 많아졌다. 그것도 아주 즐거운 목소리로 자기들 마음에서 우러나오는 이야기를 나누면서 말이다. 아이들의 전화를 받고서 우리 어머니가 기뻐하시는 것은 두말할 필요도 없다.

이런 식으로 일을 하게 만드는 것은 자녀에게 독립심을 길러 줄 수 있는 좋은 방법이다. 또한 우리 부모님들에게도 좋고 미래의 성인인 자녀들에게도 좋고 두루두루 좋은 방법이다. 특히 이런 방법을 이용하면 집안 분위기도 훨씬 더 밝아진다. 아침 시간에 아이들이 등교 준비를 일찍 마쳤다면 학교 가기 전까지 함께 놀이를 하거나 다른 일을 하는데, 그렇게 하면 기분이 아주 좋아진다. 여름이면 우리는 학교 가기 전에 집 뒤에 있는 테니스 클럽에 가서 15분 정도 테니스를 치곤 했었다. 또 어떤 경우엔 함께 보드 게임을 하거나, 그림을 그리거나 또는 목공예 작업을 하기도 했다.

언뜻 보기에 이러한 방법은 오직 보상금에만 전적으로 의존하는 것처럼 보일 수도 있다. 하지만 전혀 그렇지 않다. 우리는 아이들이 임무를 완수해 낼 때마다 칭찬을 해 주기 위해 아이들과 함께 체크 리스트를 작성하고 있다. 아이들에게는 칭찬이 매우 중요하다. 오직 보상금에만 눈독을 들이고 일한다면 수치심을 느낄 수도 있기 때문이다. 어쨌든 이 방법이 우리 집에서 엄청난 효과를 거둔 것만은 사실이다.

위와 같은 체크 리스트는 처음에는 조금 강제적으로 느껴질 수도 있다. 그러므로 일단은 작은 일부터 시작해서 점차 발전시켜 나가는 것이 좋다. 한번은 고객 한 사람이 우리 집 벽에서 이 리스트를 보고 가서는 자기 집에서도 이와 비슷한 리스트를 만들어 실행에 옮겨 보았다고 한다. 그런데 그 리스트에는 다음을 포함해서 딱 7 가지 항목만 적혀 있었다. 여동생에게 친절히 대하기. 물론 그 집 자녀들도 즉시 굉장히 많은 변화를 보였다고 한다. 당신도 당신 가정에 적합한 항목들을 골라 리스트를 작성해 보라.

　우리는 아들이 그동안 집안일을 해서 모은 용돈으로 그토록 원해 왔던 작은 스쿠터를 살 수 있도록 허락해 주었다. 스쿠터를 사고 나서 며칠이 지난 다음, 아이는 그것이 자기가 번 돈으로 산 것이기에 더더욱 기분이 좋다고 말했다. 다른 아이들은 부모에게 졸라 대서 겨우 스쿠터를 얻게 되었는데 말이다. 이런 식으로 아이들이 자기 자신의 노력으로 원하는 것들을 살 수 있다는 사실을 조금씩 배워 간다고 생각하니 정말로 기분이 좋았다.

협동심 장려

만일 사람들이 — 물론 어린이들도 포함해서 — 협동을 하지 않는다면 의지나 기술 면에서 서로간에 벽이 존재하게 될 것이다. 만일 기술이 문제라면 좀 더 훈련을 한다거나 좀 더 발전을 시키면 해결할 수 있을 것이다. 다시 말해서 아직 신발 끈을 혼자 묶거나 자동차를 직접 운전할 수 있을 만큼 충분히 성숙하지 않았기 때문일 수도 있는 것이다. 또 만일 의지가 문제라면 효과 있는 동기 유발 요인을 찾아내기 위해서는 어느 정도의 요령이 필요할 수 있다. 사실에 근거한 칭찬은 그러한 동기 유발 요인에 속한다(앞의 내용을 참조하라). 이것 말고도 당신의 집에서 특별히 효과가 있을 만한 다른 방법들도 많이 있을 것이다.

　우리 아이들은 《심슨 가족》을 무척이나 좋아한다. 거의 매일 그 프로그램을 시청할 정도다. 그래서 우리 부부는 이 프로그램을 향한 아이들의 열정을 우리가 원하는 어떤 일들을 하게 만드는 데 사용하곤 한다. 그러면 집안일을 하는 데 좀 더 협동이 잘 이루어지기 때문이다. 허드렛일을 처리하는 데도 많은 도움이 되며, 단 한 번의 지시를 따르게 하는 데도 도움이 된다. 특히 아침에 아이들을 깨우는 일에는 이 방법이 아주 효과적이었다. 두 아이 모두 아침마다 침대로 올라와서 우리 사이에 눕는 버릇 때문에, 우리 부부는 그 시간을 최대한 활용하기 위해 매우 큰 사이즈의 침대를 사야 했다. 하지만 아이들을 침대에서 끌어낸 다음에 옷을 입히는 것은 여전히 문젯거리였다. 친구 집에서 놀거나 방과 후 클럽 활동을 한 다음에 곧바로 집으로 오게 만드는 것도 문제였다. 아이들이 그곳을 나서서 출발하기까지는 적어도 20분이 소요되었다.

결국 우리는 다음과 같은 약속을 하게 되었다. 즉,《심슨 가족》을 보려면 하루에 5가지씩 협동 사항을 준수해야 한다고 말이다. 우리는 아이들이 바른 행동을 할 때마다 아낌없는 칭찬을 해 주었다. 그 결과 우리 가족은 좀 더 서로를 잘 돕게 되었으며, 아이들은《심슨 가족》을 볼 수 있는 기회를 절대로 놓치지 않게 되었다. (가끔씩은 우리가 아이들에게 그 프로그램을 쉽사리 허용해 주었기 때문이기도 하지만 말이다.)

가정 규칙

아이들은 부모를 시험해 보는 데 있어서 아주 뛰어난 기술을 타고난 존재다. 한계를 시험해 보는 것이 아이들의 일이라고 말할 수도 있다. 아이들은 당신이 '안 돼'라고 말할 때마다 그것이 일관성이 없다거나, 부당하다거나, 우유부단하다는 사실을 금방 알아차린다. 아이들은 당신으로 하여금 가치관과 원칙과 도덕에 관해 생각하도록 만든다. 하지만 그것은 너무나도 힘든 일이다. 수많은 상황들이 전례를 지니고 있거나, 아니면 나중에라도 악영향을 미치기 때문이다.

우리 집에서 고안해 낸 또 하나의 방법은 일련의 가정 규칙을 명확하게 제시하는 것이다. 물론 그렇게 하기 위해서 당신은 당신의 가정에 알맞은 가정 규칙을 고안해 내야만 한다. 우리가 사용하고 있는 가정 규칙을 하나의 샘플로 제시하자면 다음과 같다. 가정 규칙을 작성해 눈에 잘 띄도록 보관하는 것은 무척 중요한 일이다. 특정 상황에서는 자칫 규칙을 잊어버리기 쉽기 때문이다. 이렇게 규칙을 작성해 놓으면 당신의 삶이 훨씬 더 편안하고 명료해질 것이다.

규칙

1. 기침이나 재채기를 할 때는 입을 가리고 고개를 돌릴 것
2. 말다툼은 침실이나 정원 깊숙한 곳에서 할 것
3. 제 시간에 잠자리에 들 것
4. 가족과 말을 할 때는 그 사람이 있는 방으로 가서 할 것
5. 정직할 것
6. 사람들을 보고 비웃지 말고, 사람들과 함께 웃을 것("하하!"는
   안 됨)
7. 단 음식은 금요일에만 먹을 것

8. 다른 사람의 물건을 가져갈 때는 허락부터 받을 것

9. 다른 사람의 물건을 망가뜨렸을 때는 고쳐 놓을 것

10. 욕을 하지 말 것

우리는 시간이 날 때마다 아이들과 함께 이 규칙들을 돌이켜 보고 아이들로 하여금 의견을 제시하도록 한다. 이것은 보통 일주일에 한 번씩 열리는 가족 모임 때 가정 규칙의 공평성과 투명성을 점검하고 아이들의 참여도 높일 수 있는 좋은 기회가 된다. 가정 규칙은 우리에게 아이들의 착한 행동을 칭찬할 수 있는 기회를 제공해 주기도 한다. 또한 가정 규칙은 우리로 하여금 아이들의 행동을 그때그때 알아채고 칭찬을 해 줄 수 있도록 도와주기도 한다. 예를 들면, 아이들이 비록 손가락으로 음식을 먹는 일이 있다 하더라도 우리는 의자에 바르게 앉아서 식사하는 것만으로도 아이들을 칭찬할 수 있게 된 것이다.

도시락 체크 리스트

이것은 체크 리스트를 다른 용도로 이용한 것으로서 당신의 삶을 더 편안하게 만들기 위해, 그리고 자녀를 좀 더 독립적으로 기르기 위해 당신의 상황에 맞게끔 나름대로 발전시켜 나갈 수도 있다.

자녀가 일곱 살이 되면 보통 점심 도시락을 싸기 시작한다. 하지만 아이들에게는 이 일이 무척 힘든 일일 수 있다. 점심 도시락을 싸

기 위해서는 기억해야 할 것이 너무나도 많기 때문이다. 그래서 나는 우리 아이들과 함께 앉아서 그 일을 좀 더 쉽게 해 낼 수 있도록 체크 리스트를 작성하기 시작했다. 그 리스트는 아래와 같다.

1. 도시락을 식탁에 놓는다.
2. 신선한 과일을 넣는다.
3. 얇게 썬 감자 프라이나 땅콩을 넣는다.
4. 물통을 채운다.
5. 살구나 시리얼을 닦는다.
6. 아이스 팩을 넣는다.
7. 냉장고에서 다음의 것들을 꺼내 식탁 위에 놓는다.
   - 양상추
   - 롤빵
   - 오이
   - 살라미 소시지
   - 마요네즈
8. 요리 기구를 갖춘다.
   - 도마
   - 잘 드는 칼
   - 버터 바르는 칼
   - 도시락과 뚜껑
   - 고무 밴드
9. 샌드위치를 만들어서 도시락에 넣는다.

10. 도시락을 잘 싸서 현관 옆에 둔다.

11. 나머지 재료들은 다시 냉장고에 넣는다.

12. 사용한 주방 도구들은 싱크대에 놓는다.

이 일이 완전히 정착되기까지는 많은 시간이 걸렸다. 나는 곧 아이들이 내가 손으로 써서 벽에 붙여 둔 리스트를 전혀 이용하지 않는다는 사실을 알아차리게 되었다. 그래서 왜 그러느냐고 물었더니 아이들은 글쎄 내 글씨를 못 알아보겠다고 했다. 나는 이제까지 글씨를 아주 잘 쓰는 편이라고 자부하고 있었다. 그런데 이 일로 인해서 아이들에게 명확한 판정을 받은 셈이었다. 어쩔 수 없이 나는 원하는 결과를 얻기 위해 변해야만 했다. 나는 그 리스트를 타이프로 쳐서 다시 벽에 붙였다. 하지만 아이들은 여전히 그 리스트를 이용하지 않았다. 그래서 글씨가 너무 작은가 하는 생각이 들어 좀 더 큰 글씨로 다시 타이프를 쳐서 붙였다. 이제 한 아이는 그 리스트를 정규적으로 사용하고 있으며, 다른 아이는 더 이상 그 리스트가 필요하지 않은 것 같아 보인다. 이러한 수준에 접어들기까지 무려 3개월이라는 시간이 소요되었다. 이렇듯 효과적인 해결책을 찾아내는 일은 때로 상당한 시간과 실험 정신을 요구한다.

왜 체크 리스트가 필요할까? 당신들 중에는 혹시 우리가 침실에도 그런 리스트를 붙여 놓고 있지 않나 궁금해하는 사람도 분명히 있을 것이다. 화장지는 손이 닿는 곳에 둘 것, 옷을 벗을 것, 잠자리에 들 것, 발이 차가워질 경우에 대비할 것 등등의 리스트를 말이다. (물론 그런 리스트는 없다.) 체크 리스트는 시간이 많이 요구되는 반복적이고도 지루한 일거리들에 관해 더 이상 신경을 쓰지 않아도 되게 해 줌으로써, 우리의 시간과 에너지를 절약해 준다. 또한 체크 리스트는 우리 아이들로 하여금 다음엔 무슨 일을 해야 하는지 묻지 않아도 되게 도와주며, 우리 모두가 반복적인 일에 관해 그리 많은 생각을 하지 않아도 되게 도와준다.

제12장

도움을 청하라

에너지가 증가하는 것을 느끼고 싶으면, 다른 사람들을 당신의 프로젝트에 참여시켜라.

이 말은 어쩌면 이상하게 들릴지도 모른다.

도움을 요청하는 것이 어떻게 에너지를 증가시키는 방법이란 말인가? 오히려 무력감과 절망감을 주어, 에너지를 감소시키는 방법이 아닌가? 다른 사람들은 나에 대해서 거의 신경도 쓰지 않을 것이다. 그리고 내가 다른 사람들의 도움을 필요로 하지 않는다면? 난 한 번도 다른 사람에게 도움을 청한 적이 없고, 앞으로도 그러고 싶은 생각이 전혀 없다.

만일 당신이 남의 도움을 필요로 하지 않는다면 그것은 정말로 남의 도움이 필요 없기 때문일 것이다. 하지만 때때로 우리는 자기 자신의 욕구를 간과해 버리는 경향이 있다. 그것은 다른 사람에게 부담을 주고 싶지 않아서다. 남의 도움이 유용한지 그렇게 않은지를 알아볼 수 있는 한 가지 방법은 바로 당신 스스로에게 물어보는 것이다.

- 내 삶에서 나의 발달 정도에 스스로 불만족스러운 부분은 어디인 가?
- 어떤 부분에서 막혀 버렸나?
- 금방 사라져 버렸으면 좋겠다고 생각되는 문제는 어떤 문제인가?
- 만일 …이라면 내 삶이 훨씬 더 편안해질 텐데. (문장을 완성해 보라).
- 내 삶이 완벽해지려면 어떤 변화가 필요한가?

이러한 질문에 대답함으로써 당신은 당신이 어떤 부분에서 남의 도움을 받아들여야 하는지를 확실히 파악할 수 있다. 여기에는 당신이 나약하거나 흠이 있는 존재라는 식의 가정이 전혀 전제되어 있지 않다. 오히려 당신이 좀 더 빠른 발달을 원한다는 가정이 존재할 뿐이다. 다른 사람들과 함께 작업하면 속도도 빨라진다. 또한 남의 도움을 청하는 과정은 당신에게 더 많은 에너지를 안겨 준다.

그러면 어째서 남에게 도움을 청하는 과정이 자신의 에너지를 증가시켜 주는 것일까? 그 이유는 다음과 같다.

- 당신의 인적 네트워크와 좀 더 많은 관련을 맺게 되기 때문이다.
- 당신 쪽에서도 다른 사람들에게 에너지를 안겨 줄 수 있는 기회, 에너지를 증가시켜 줄 수 있는 기회가 되기 때문이다.
- 다른 사람들은 당신이 부탁한 것을 즐겁게 생각할 수도 있기 때문이다. 즉 당신은 그들에게 부탁을 함으로써 칭찬을 표시한 것이나 다름없는 것이다.

- 공동체를 형성함과 동시에 세상과 좀 더 긴밀하게 연결되어 있음을 느낄 수 있기 때문이다.
- 당신의 삶에서 무슨 일이 벌어지고 있는가를 아주 자연스럽게 사람들에게 알릴 수 있기 때문이다.
- 이것은 허물없는 잡담의 토대가 될 수 있으며, 우리들은 대체로 잡담을 충분히 나누지 않고 살기 때문이다.
- 당신이 행동을 취할 수 있게 해 주기 때문이다.
- 당신의 취약한 부분을 보여 줌으로써 남의 마음을 끌 수 있기 때문이다.

남들에게 도움을 청하기란 여간 어려운 일이 아니다. 특히 남자들의 경우엔 더 그렇다. 또한 '강한 사람이 되어야 한다'는 말을 내내 듣고 자란 사람들 역시, 남에게 선뜻 도움을 청하기가 어려울 것이다. 한번은 어떤 워크숍에 참석했었는데, 진행 강사는 자신이 일생 동안 성취해 낸 일들과 우수한 경력에 관해 이야기하는 것으로 워크숍을 시작했다. (몇 번의 마라톤에 참가한 것이나, 암벽 등반, 그리고 사업적으로 성공을 거둔 것 등등 주목할 만한 내용들이 많았다.) 그런 다음 그는 정반대로 자신의 생애에서 아주 침울했던 일들을 열거하기 시작했다. 가까운 친척의 죽음과 이혼, 파산 등등 나를 깜짝 놀라게 하는 이야기들이었다. 물론 나는 그의 뛰어난 경력에 깊은 감명을 받았다(내가 열거할 수 있는 목록보다 더 낫다는 생각이 들었기 때문이다). 하지만 솔직히 말해서 그가 자신의 비참한 경험들을 이야기하기 전까지는 그에게 전혀 온정 같은 것을 느끼지 못하고 있었다. 그가 좀 더 인간적인 면을 드러내 보이고 나서야 비로소 우리는 좀 더 공감대를 형성하게 된 것이었다. 피터 우스티노프(Peter Ustinov)는 이렇게 말했다. "우리는 남들이 이루어 놓은 업적을 찬미한다. 하지만 우리가 그들을 사랑하는 것은 어디까지나 그들의 실패 때문이다."

저작권 대리인이 이 책을 계약하자고 했을 때 나는 약간 혼란스러웠다. 이런 일은 처음이었기에 내가 맺게 될 계약이 과연 호의적인 것인지, 보통 수준인지 아니면 부당한 것인지 도통 알 수 없었기 때문이다. 그래서 이 일을 어떤 식으로 처리해야 할지 확신이 서지 않았다. 일단은 계약서를 한 번 훑어보았다. 그러자 불안감이 밀려왔다. 그래서 계약서를 한 번 더 읽었다. 그랬더니 이번에는 절망감이 밀려왔다. 아무리 끈기 있게 읽어 보아도 법률 용어나 그 내용을 도저히 이해할 수 없었기 때문이다. 그러다가 갑자기 이런 생각이 들었다. '왜 나 혼자 이 문제를 해결하려고 버둥거리고 있는 거지? 나로서는 더 이상 어떻게 해 볼 재간이 없는데 말야.' 결국 나는 주변 사람들에게 물어보고 다니기 시작했다. 아는 사람들에게 이메일도 보냈다. 이렇게 함으로써 나는 사람들에게 내가 출판사로부터 출판 제의를 받았다는 사실을 알릴 수 있었다. 내가 지닌 문제로 인해서 나는 이 좋은 소식을 이웃에게 알릴 수 있는 적절한 얘깃거리를 지니게 되었다. 나는 이 방면에 전혀 전문가가 아닌 변호사 친구를 만나서 이 이야기를 전했다. 그러자 그 친구는 이 분야에 전문인 동료, 자신에게 도움을 여러 번 받은 적이 있는 동료 한 명을 소개시켜 주었다. 며칠 뒤 나는 저술 분야의 전문가로부터 4페이지짜리 팩스를 받았다. 그것은 나를 무척이나 안심시켜 주었다. 나는 여러 사람들로부터 아주 후한 도움을 받았다. 또한 내 네트워크에는 아주 사랑스러운 목소리의 숙녀가 동참하게 되었으며, 그녀는 이 책을 반드시 끝마치겠다고 하는 나의 약속을 좀 더 공공연하게 만들어 주었다.

한번은 네트워킹 미팅에서 동료 코치 한 명을 만났다. 그때 우리는 어떤 친밀감 같은 것을 느꼈다. 2주 뒤 나는 그 동료에게 전화를 걸어 나와 함께 합동 코치를 해 볼 의향이 없냐고 물었다. 상대방이 사업에 좀 더 집중할 수 있도록 서로가 도와주는 게 어떻겠느냐고 말이다. 전화를 걸면서도 나는 한편으로 두려운 생각이 늘었다. 혹시라도 그가 나를 뭔가 부족한 사람으로 보지 않을까, 혹시라도 친구가 전혀 없는 사람처럼 보이지 않을까, 또 혹시라도 내 제의에 대뜸 거절부터 하지 않을까 등등 무척이나 불안했다. 그렇지만 그는 너무나도 쉽게 동의를 해 주었다. 그리고는 내가 전화를 해 줘서 고맙다는 말까지 덧붙였다. 우리는 그 뒤로 4년 동안이나 매주 대화를 나눠 오고 있다. 이제 그는 내가 아무 거리낌없이 도움을 요청할 수 있는 사람들 가운데 한 명이 되었다. 당신도 뭔가를 원한다면 사람들에게 도움을 요청하라. 다른 사람이 먼저 접근을 해 오면 누구나 다 놀라운 반응을 보여 주게 되어 있다.

> 구하라 그러면 너희에게 주실 것이요, 찾으라 그러면 찾을 것이요, 문을 두드리라 그러면 너희에게 열릴 것이니 _마태복음 7장 7절

새로 안경을 맞춰야 했을 때 나는 이전에 썼던 안경에 대한 의심

250
251

같은 것을 조금 덜어 볼 요량으로 안경을 선택하는 과정에서 다른 사람의 도움을 받기로 마음먹었다. 그래서 나는 에스라 파라(Esra Parr)는 이름의 저명한 이미지 컨설턴트를 고용했다. 그녀는 런던을 중심으로 전국적인 네트워크를 지니고 있었다. 그녀는 먼저 상담을 한 다음에 아내와 나를 안경점으로 데려갔다. '나의 팀'과 함께 안경점에 도착했을 때의 느낌은 정말이지 멋지고 남달랐다. 한 시간 뒤에 우리는 새 안경을 골랐다. 누군가가 그 안경에 대해 좋다거나 또는 나쁘다는 식의 비평을 했을까? 아니다. 나는 그 점이 너무 맘에 들었다. 나는 이 안경을 쓴 내 얼굴이 결코 끔찍하게 보이지 않으리라는 확신을 가지고 있었다. 그리고 내가 고른 안경이야말로 그 가게에서 가장 나에게 잘 어울리는 안경이라고 확신했다. 이러한 과정은 잠재적인 에너지 감소 요인을 말끔히 제거해 주었다. 과연 그 안경이 내 얼굴에 어울릴까 하는 궁금증과 의심 따위에서 나를 해방시켜 준 셈이다. 이처럼 다른 사람에게 도움을 청하는 것은 의심을 없앨 수 있는 좋은 방법이다.

당신에게 적용해 보라

1. 15분 정도 시간을 내서 당신의 삶을 잘 들여다보고, 다음에 해당되는 부분들을 모두 리스트로 작성하라.
- 곤경에 처해 있다고 느껴지는 영역
- 당신이 바라는 대로 별로 발전하지 못하고 있다고 느껴지는

영역

- 봉쇄 당한 듯한 느낌이 드는 영역
- 어떻게 일을 착수해야 할지 모르겠다고 느껴지는 영역
- 불확실하다고 느껴지는 영역

2. 당신이 어느 정도 에너지를 소유하고 있다고 생각되는 영역을 한두 개 골라 보라.

3. 당신을 기꺼이 도와줄 만한 사람을 찾아내라. 직접적으로 당신을 도와줄 수 있는 사람이 아니어도 좋다. 도와주고 싶은 마음만 있으면 된다. 기술이 있다 없다는 중요하지 않다.

4. 그 사람에게 전화를 걸어서 당신이 지금 어떤 상황에 처해 있으며, 도와줄 수 있는 사람을 찾고 있다고 말하라. 당신의 상황을 잘 설명한 다음에 혹시 도움이 될 만한 사람을 알고 있느냐고 물어보라. 어쩌면 이렇게 통화하고 있는 도중에 딱 알맞은 사람이 당신의 뇌리를 스치고 지나갈 수도 있다. 그러므로 낙관적인 태도로 이 일에 임하라. 어쨌든 이 문제를 해결할 수 있다는 생각을 갖고서 출발하라. 그러면 그 사람이나, 또는 그 사람이 알고 있는 누군가가 당신이 이 과정을 신속하게 끝마칠 수 있도록 도와줄 것이다.

5. 이 과정을 통해 다른 사람들과 자주 접촉하라. 몇 번 시도해 보고 나서 당신이 얼마나 발전했는지 살펴보라.

실행을 방해하는 장애물들

- 고맙지만 어떤 도움도 필요 없어요. 난 지금 혼자서도 잘해 나가고 있거든요.

  적절한 차원에서 조금만 도움을 받더라도 우리는 훨씬 더 신속한 발전을 이룩할 수 있다. 이 경우 장애물이 되는 것은 바로 당신의 두려움이다. 아래를 참조하라.

- 누구에게 부탁해야 할지 모르겠어요.

  이제까지 한 번도 남에게 도움을 요청해 본 적이 없는 사람이라면 맨 처음에는 이 일이 무척 힘들게 느껴질 것이다. 이것은 매우 두려운 대화일 수도 있다. 하지만 이미 당신과 좋은 관계를 맺고 있는 사람에게 도움을 청한다거나 그 사람에게 이메일을 띄운다면 좀 더 편안한 기분이 들것이다.

- 내가 아는 사람들은 다들 남을 돕는 일을 싫어해요.

  그렇다면 다른 사람들부터 시작하라. 미리부터 거절당하리란 생각을 해서는 안 된다.

- 무슨 일에 도움을 요청해야 하는지 모르겠어요. 난 지금 곤경에 처해 있거든요. 뭘 도와달라고 해야 할지 전혀 모르겠어요.

  만일 이 기술을 실행에 옮기고 싶다면 당신이 신뢰할 수 있는 사람과 먼저 상의해 보라. 때로 우리는 너무나도 힘든 상황에 빠져서 도대체 어떤 종류의 도움이 필요한지조차 알 수 없는 일을 겪기도 한다. 하지만 이 상황을 좀 더 객관적인 입장에서 바라볼 수 있는 사람이라면 상황을 좀 더 확실하게 파악할 수 있을 것이다.

- *이 세상은 경쟁 사회다. 당신이라 해도 선뜻 그런 일을 하려고 들지는 않을 것이다.*
  그러나 그것은 어디까지나 당신의 추측일 뿐이다. 이것은 당신에게 아무런 도움도 되지 않는 추측이다. 이것은 보호 차원에서 하는 일이 거의 없으면서도 엄청난 대가를 요구한다. 즉 마구잡이식의 보호막을 쳐 버리는 것이다. 물론 나쁜 일로부터 보호를 받으면 좋은 일들만 보고 살 수 있을 것이다. 예를 들면 낯선 사람들과 거리를 두고 지냄으로써 불쾌한 사람들과의 불미스러운 접촉을 미연에 방지할 수 있는 것처럼 말이다. 하지만 그만큼 친구는 적어질 것이다.

불행히도 어느 정도의 대가나 위험을 수반하지 않고 살 수 있는 방법은 없다. 그것은 어찌 보면 부끄러운 일이기도 하지만 또 어떻게 보면 잠재적인 해방이라고 생각할 수도 있다. 왜냐하면 어차피 모든 신념이 어느 정도의 대가를 수반한다면 당연히 우리는 완벽하거나 전적으로 안전한 신념의 추구를 포기할 것이기 때문이다. 그 대신 이전에 지니고 있던 신념보다 좀 더 우리에게 알맞은 신념을 발견할 때까지 많은 신념들을 '겪어 보게' 될 것이다.
　여기에서 '겪어 보다'는 말이 문제가 될 수도 있다. 이 말은 어딘지 모르게 긴장이 풀린 것처럼 들린다. 나는 긴장이 풀린 것 같은 말, 어느 정도 심각한 고민을 하게 하는 말을 싫어한다. 그것은 내가 당장 활용할 수 없다는 충고일 가능성이 크기 때문이다. 나에게 필요한 충고는 바로 '방법'을 가르쳐 주는 충고다. 예전에 나는 세일즈 회의를 위한 프리젠테이션 예행 연습 파트에 근무했다. 한번은 프로듀서와 전무이사 둘 다 나에게 좀 더 계획을 세울 필요가 있다고 말했다. 나는 그 사실을 이미 잘 알고 있었다. 그런데 그들은 이것이 마치 최신 정보나 되는 것처럼 생각하고 있는 듯했다. 나에게 정말로 필요한 조언은 어떻게 좀 더 계획을 세우냐는 것이었다. 내가 원하는 것, 그리고 그것을 성취할 수 있는 방법에 대한 나의 지식 사이에는 일종의 갭이 있었다. 그 당시 나는 내게 필요한 것을 똑똑하게 말하지 못하는 편이었다. 그리고 그들 역시 내게 도움이 될 만한 질문을 던지지 않았다. 그저 "계획에 필요한 몇 가지 기술을 알고 싶은가?"라는 질문만 던져 주었더라도 좋았을 것 말이다. 하지만 그들 역시 구체적인 방법은 모르고 있었을 것이다. 내가 남들에게 쉽게 도움을 청하는 사람이었다면 얼마나 좋았을까?

우리로 하여금 쉽게 도움을 청하지 못하도록 만드는 장애물은 무척이나 많다. 나는 초등학교에 다닐 적에, 수업이 끝나면 언제나 의자를 책상 위에 올려놓은 다음 주기도문을 외우곤 했었다. 그 의자의 등받이 부분과 앉는 자리 사이에는 어느 정도의 간격이 있었다.

그러던 어느 날, 그 사이에 머리를 넣으면 좋겠다고 하는 아주 멋진 아이디어가 떠올랐다. 그래서 나는 천천히 몸을 움직여서 내 머리를 그 사이로 밀어 넣었다. 그렇게 하고 있으니까 기분이 아주 좋았다. 그러나 결국 그런 내 모습을 보신 선생님이 화난 목소리로 말씀하셨다. 선생님은 나 혼자 앞으로 나와서 큰 목소리로 주기도문을 외우라고 했다. 침묵. 선생님이 다시 한번 말씀하셨다. 그래도 침묵. 긴 침묵이 이어졌다. 내 친구들은 모두들 빨리 집에 가고 싶었지만 나 때문에 갈 수가 없었다. 아이들이 내게 앙심을 품고 있는 것이 느껴질 정도였다. 바로 그때, 고맙게도 선생님이 내게 주기도문을 외우고 있느냐고 물었다. 나는 고개를 가로저었다. 그러자 선생님은 먼저 큰 목소리로 주기도문을 외우신 다음 나더러 따라해 보라고 하셨다. 나는 주기도문을 따라했고, 그래서 모두들 집으로 돌아갈 수 있었다. 선생님은 아주 현명한 분이라 나의 행동이 반항심에서 우러나온 것이 아니라 선생님의 지시에 따를 수 없는 머리 또는 남에게 도움을 요청할 수 없는 성격 때문에 빚어진 것이라는 사실을 잘 알고 계셨던 것 같다. 무슨 이유에선지 나는 그때 그동안 몇 년 동안이나 복창해 온 주기도문을 아직도 외우지 못한다는 말을 차마 할 수가 없었다. 그때 일을 생각하면 내 머리를 의자에 밀어 넣었던 순간이 아직도 즐겁게 느껴진다.

이렇게 당신에게 도움을 요청하는 방법을 한번 실험해 보라고 권유하고 있기는 하지만 솔직히 말해 나 역시 '기운 내라' 또는 '곰곰이 생각해 봐' 라는 말을 들을 때마다 자신감이 없어지고 에너지가 줄어드는 것 같은 느낌을 갖기는 마찬가지다. 나에게 좀 더 효과가 있는 방법은 — 어쩌면 당신에게도 이것이 좀 더 효과가 있을지도 모른다 — 이 일을 다음과 같은 시도로 생각하는 것이다.

제12장 도움을 청하라

결과의 무게를 줄여나가기 위한 시도

그러면 이 일을 어떻게 완수할 수 있을까? 한 가지 확실한 방법은 좀 더 많은 기회를 포착하는 것이다. 그리고 현재의 방법이 실패할 경우 다른 방법으로 관심을 돌리는 것이다. 나는 잠재적 고객에게 사업상의 목적으로 전화를 걸 때마다 막연한 불안감을 느끼곤 한다. 이러한 불안감을 제거하기 위한 한 가지 방법은 더 많은 사람들에게 전화를 거는 것이다. 전화를 걸 사람들의 명단이 짧으면 짧을수록 그 사람들을 다 놓쳐 버리고, 결국 한 명도 남지 않으면 어쩌나 하는 걱정도 덩달아 커진다. 그럴 경우 내 마음은 빠르게 떠다니기 시작한다. 내 사업이 붕괴 위기에 처하게 되었구나. 창피하게도 실패의 경험이 하나 더 늘게 생겼구나. 내 생계 수단을 잃어버리고 나면 우리 어머니는 이렇게 말씀하시겠지. "어쨌든 성인이 가족을 부양할 만한 직업은 아니었던 모양이구나." 집도 가족도 다 잃어버리고 난 뒤에 나는 꼼짝없이 길거리로 쫓겨날 거야. 그렇지만 만일 나에게 수백 명의 잠재적 고객 명단이 있다면 걱정도 훨씬 덜하게 될 테고, 행여 사람들이 거절을 한다 치더라도 감사히 여길 수 있을 것이다. 당신에겐 아직도 무한한 기회가 남아 있기 때문이다. (이것에 관해 좀 더 알고 싶으면 제8장을 참조하라)

한 가지 예를 더 들자면 파트너를 찾고 있는 독신의 경우가 그렇다. 그런 사람들은 잠재적 파트너와의 첫 만남에 관해 무척 예민해진다. 이와 같은 불안감 뒤에는 자기에게 남은 기회가 별로 많지 않을 거란 가정, 그리고 이번 만남이 잘못되면 앞으로 평생 사랑 받지 못한 채로 살아야 할 거란 가정이 숨어 있다. 만일 그들이 그런 가정을 버리고 앞으로 수천 명의 잠재적 파트너를 만나게 될 것이라고 가정한다면 이번 만남의 결과가 차지하는 비중도 상당히 줄어들게 될 것이다. 게다가 좀 더 편안한 마음으로 미팅에 임할 경우, 그 미팅이 오히려 더 좋은 결과로 이어질 가능성도 높다.

이 세상은 때로는 서로 경쟁하고 또 때로는 서로간에 돕기도 하면서 살게 되어 있다. 당신이 어떤 일을 하든 간에 당신에게 알맞은 신념을 직접 선택할 수 있는 것은 정말이지 기쁜 소식이 아닐 수 없다. 가장 저절한 방법을 선택하는 것은 매우 중요한 일이다. 폭탄의 신관을 제거하는 사람은 폭탄이 터질 수도 있다는 사실을 염두에 두고 임무에 임할 수도 있고, 아니면 이미 다른 폭탄을 많이 제거했다는 사실을 염두에 두고 임무에 임할 수도 있다. 물론 이 두 가지 신념 모두가 사실임에는 틀림없다. 하지만 한 가지는 여유 있게 임무를 수행할 수 있도록 도와주는 것인 데 비해, 다른 하나는 오히려 임무 수행에 방해만 될 뿐이다. 만일 당신이 이 세상은 대체로 우호적이라는 신념을 지닌다면 그만큼 남들에게 도움을 청하기도 훨씬 더 수월해질 테고, 결국 에너지까지 증가하는 혜택을 누리게 될 것이다.

제13장

에너지를 증가시키는 사람들과 함께하라

당신의 에너지를 증가시켜 주는 사람들과 좀 더 많은 시간을 함께하라. 반대로 당신의 에너지를 감소시키는 사람들과는 함께 있는 시간을 줄여라.

당신의 에너지에 가장 많은 영향을 미치는 요인은 바로 당신 주변에 있는 사람들이다. 당신 주위에는 분명히 자꾸 만나고 싶은 사람이 있는가 하면, 만날 때마다 당신에게 무력감을 안겨 주는 사람도 있을 것이다. 어떤 사람은 당신의 에너지를 소모시키는 반면 또 어떤 사람은 당신의 에너지를 증가시켜 주기도 할 것이다. 어떤 사람은 모든 일을 긍정적인 시각에서 바라보는가 하면, 또 어떤 사람은 모든 것들을 부정적인 시각에서 바라보기도 한다.

당신 주변에 에너지를 증가시켜 주는 사람이 있을 경우 당신은 좀 더 현명한 사람, 좀 더 재치 있는 사람, 그리고 좀 더 신뢰감과 호감을 안겨 주는 사람이 될 수 있으며, 그럴 경우 세상은 당신의 친구가 될 것이다. 그들은 당신의 가장 멋진 부분을 끌어낼 줄 알며, 그 효과는 몇 시간, 아니 며칠까지도 지속된다. 그래서 그 사람과 떨어져 있는 순간에도 그들의 생각이 당신의 머리와 가슴에서 사라지지 않게 되며, 그 사람 역시 그럴 것이라고 생각하게 된다.

반면에 당신의 에너지를 소모시키는 사람이 미치는 영향은 이와 정반대다. 그런 사람들이 당신 주위에 있으면 당신은 좀 더 왜소한 사람, 불확실한 사람, 가치가 없는 사람처럼 여겨질 것이다. 이런 사람들을 만날 때마다 당신은 끔찍한 느낌을 받게 되며, 이러한 영향은 그 사람이 당신 주변에 없을 때에도 여전히 지속된다. 그들이 옆에 있으면 방해만 될 뿐이어서 당신은 그들의 삶이 정말로 재미없으리란 생각을 하게 될 것이다. 그런 부류의 사람들은 아마 당신이 안부를 물을 때마다 이런 식으로 대답할 것이다.

- "그리 나쁘진 않아요."(이 말은 그럼에도 불구하고 아주 나쁘다는 의미를 지니고 있다).
- "불평하지 말아야겠죠." 또는 "투덜대지 말아야겠죠."(나는 그러고 싶은데 기회가 없다는 뜻이 담겨 있는 말이다).
- "아직 죽지 않았어요."(이것은 차라리 죽는 편이 낫겠다는 뜻이 담긴 말이다).
- "그럭저럭 버티고 있어요."(이것은 왜 버텨야 하는지도 모르겠다는 의미가 담긴 말이다).

> 나는 치명적인 중병을 앓는 사람들과 같이 일했다. 그들이 죽음의 문턱에서 발견한 사실은 딱 한 가지였다. 시간은 돈이 아니라는 사실, 시간

> 이야말로 전부라는 사실 말이다. 그러니 그 시간을 당신이 사랑하는 사
> 람, 당신이 좋아하는 일에 쓰도록 하라. — 버니 지겔

나는 당신에게 두 가지 명단을 작성해 보라고 권하고 싶다. 당신의 에너지를 끌어올려 주는 사람들의 명단과, 당신의 에너지를 감소시키는 사람들의 명단을 작성하라. 직장 동료들, 개인적으로 만나는 사람들, 그리고 우연히 마주치게 되는 사람들까지 전부 이 명단에 포함시켜라. 또한 도서관 직원이나, 교문 밖의 학부모들이나, 이웃 사람들이나, 테니스 클럽에서 만나는 사람들처럼, 아주 잠깐 동안 만나는 사람들도 여기에 다 포함시켜라. 그들 역시 당신의 에너지에 영향을 미치기 때문이다. 당신과 지속적인 관계를 맺고 있는 사람들만 여기에 해당되는 것이 결코 아니다. 당신 세계의 어느 일부분만을 차지하고 있는 사람들, 당신의 부분적인 환경에만 속하는 사람들도 모두 여기에 해당된다. 나는 우리 동네 도서관에 근무하고 있는 어떤 한 사람을 이유 없이 내가 무척 싫어하고 있는 것 같다는 사실을 깨닫고 무척이나 당황한 적이 있다. 정말이지 왜 그런지는 전혀 몰랐다. 하지만 그가 나의 에너지를 감소시키는 인물이라는 점, 그리고 그를 상대할 일이 없다면 나의 하루가 훨씬 더 밝을 수 있다는 점은 분명했다. 그래서 지금 나는 그와의 접촉을 피하기 위해 전화로 도서 대출 기한을 연장하고 있다.

이 리스트를 다 작성하고 나면 당신은 아마도 그 결과를 보고 깜짝 놀라거나 또는 무척 당황하게 될 것이다. 하지만 이 단계에서는

괜찮다. 최대한 진실만을 이야기하라. 어쩌면 한 가지 목록이 다른 목록보다 더 길지도 모른다. 당신의 가족들 가운데 에너지를 감소시키는 사람은 몇 명이나 되는가? 당신의 배우자는 어떤가? 어떤 사람은 두 가지 명단에 모두 실려 있기도 할 것이다. 같은 사람이 에너지를 올려 주는 사람들의 명단과 에너지를 감소시키는 명단에 동시에 올랐을 경우에는 특별히 더 신경 써서 패턴을 파악해 내야만 한다. 그들이 하고 있는 일이나 말은 무엇인가? 그 밖에 또 누가 있으며, 어떤 쪽과 관련지을 수 있는가?

다음 단계는 당신이 시간을 함께 보내고 싶은 사람을 선정하는 것이다. 당신은 지금 자신의 에너지를 증폭시켜 주는 사람들과 당신이 원하는 만큼 오랜 시간을 함께 보내고 있는가? 또한 당신은 당신의 에너지를 소모시키는 사람들과 당신이 원하는 만큼 떨어져 지내고 있는가? 만일 그렇다면 축하한다. 하지만 만일 그렇지 못하다면 지금이라도 당신의 에너지를 증가시켜 주는 사람들과 더 많은 시간을 함께할 수 있도록 계획을 세워라. 이 일을 최우선 과제로 삼아라. 예를 들어 당신은 매월, 매주, 또는 매일 에너지를 증가시키는 모임을 갖길 원하는가? 그렇다면 당신의 에너지를 증가시켜 주는 사람들과 좀 더 자주 접촉할 수 있도록 타협점과 조정안을 찾아보라고 권하고 싶다.

여기서 나는 어처구니없게도 30마일 떨어진 거리에 살고 있으면서 좀처럼 서로 만나지 못하고 지내는 어떤 동창에 관해 언급하려고 한다. 우리는 운이 좋아 봤자 일 년에 한 번 만날까 말까 할 정도였다. 그와 나는 수백 마일을 떨어져 살 때도 있었고, 3년 동안은 아예 수천 마일을 떨어져서 지내기도 했었다. 하지만 우리는 나의 주도 하에 우리들만의 다이어리를 마련해서 6주 간격으로 한 번씩 만날 수 있는 연중 계획표를 만들었다. 우리는 장소를 번갈아 바꿔 가면서 만났고, 가족 행사(점심) 때나 어른들 모임(저녁)에도 같이 모였다. 이런 식으로 이미 계획해 놓은 순서에 따라 한 해를 함께 보내고 나니 무척 기분이 좋았다. 우리는 그것을 최우선 순위에 두고 지냈다. 다른 약속들은 모두 우리 두 사람의 약속을 피해서 잡곤 했다. 그리고 만일 우리가 예정된 약속 날짜에 만날 수 없는 일이 발생했을 경우에는 서로가 다시금 약속을 조정해서 그날의 약속을 일주일 전후의 다른 날로 옮기기도 했다.

어떤 이들은 내 얘기에 반대하고 나설지도 모른다. "난 시간이 없어요. 두 곳의 직장에 아이들, 부모님까지 상대해야 하고 쇼핑도 해야 하고 출장도 가야 해요. 게다가 살림도 꾸려 나가야 해요. 도대체 그럴 시간이 어디 있겠어요?" 물론 나도 그것이 힘들다는 사실은 잘 안다. 하지만 시간을 효율적으로 활용할 수 있는 일을 찾아내면 된다. 나는 두 사람과 합의를 했다. 주중에도 서로에게 전화를 걸어서 잡담을 나눌 수 있도록 말이다. 특히 우리는 만날 시간을 미리 정해 놓든가 하는 식의 전화 통화에 얽매이지 말자는 데 서로 의견 일치를 보았다. 전화 통화의 주된 이점은 상대방과의 접촉이었다. 우리는 가능한 한 전화 통화를 3분이 넘지 않게 하자고 약속했다. 이 약속은 매우 효과적이었다. 한번은 두 사람 중 한 명의 사무실에 전화를 했더니 비서가 그는 지금 회의 중이라면서 메시지를 남기겠냐고 물었다. 그래서 나는 그러고 싶다고 대답했다. 그리고는 '안녕?'

이라는 메시지를 남겼다. 그러자 비서는 그 짧은 한 마디가 기분을 좋게 했다고 말했다. 결국 통화 연결 불통이 그날 세 사람에게 감동을 주었던 것이다.

우리 세 사람은 자주 회의에 참석해야 했기 때문에 서로 통화를 하기 위해서 며칠 동안 음성 메시지만 교환하고 있었다는 사실을 나중에야 알게 되는 경우도 많았다. 이것으로 인해 우리가 얻을 수 있었던 것은 그런 날 우리는 서로를 생각하고 있었다는 사실, 그리고 그 전화가 마음에서 우러나온 것이라는 사실을 깨닫게 된 것이었다.

당신의 에너지를 소모시키는 사람들에게 어떤 식으로 행동해야 할까?

관계의 변화에 대해서 생각하기 전에 우선 당신이 해야 할 일은 과연 무엇 때문에 그 사람이 에너지를 소모시킨다고 느껴지는 관계가 되고 말았는지, 그 원인을 잘 살펴보고 스스로에게도 질문을 던져보는 것이다. 반대로 당신 쪽에서 그 사람들의 에너지를 소모시키는 요인이 되고 있진 않은가? 때로는 우선 순위가 변하기도 하고, 그러한 변화가 사람들의 '컨디션'을 저조하게 만들기도 한다. 완전히 지치게 만드는 직업도, 갓난아이도, 새 배우자도 얼마든지 당신의 인간관계에 영향을 미칠 수 있으며, 어쩌면 일시적인 것일 수도 있다. 아니면 그저 상대방 쪽에서 당신이 별로 좋아하지 않는 행동을 하기 때문에 그 사람과의 관계까지 영향을 받게 되는 경우도 있다. 당신이 하는 말마다 반대만 하려 드는 사람, 논쟁을 좋아하는 사람, 또는 독단적이거나 매일 허풍만 떨어 대는 사람 등이 이런 경우에 해당된다. 이런 것들 때문에 손해를 보는 사람은 그 사람 자신이 아니다. 기껏해야 그 순간만 컨디션이 나빠질 뿐이다. 하지만 당신의 경우에는 자기 보호 본능의 차원에서 당신의 에너지를 유지하기 위해 애를 써야만 한다. 만일 그것이 당신에게 심각한 영향을 미치게 될 경우에는 다음의 선택 사항들을 자세히 들여다볼 필요가 있다.

당신의 에너지를 소모시키는 사람들을 선정하고 난 다음에는, 그리고 그 사람들이 당신에게 미치는 영향을 줄이기 위해 뭔가 대책을 세워야겠다고 결정한 다음에는, 어떻게 해야 할까? 여기에는 세 가지 선택 사항이 있다. 나는 당신에게 맨 위부터 차근차근 시작해볼 것을 권유하고 싶다.

1. 그들이 당신의 에너지를 더 이상 감소시키지 못하도록 하라.
2. 그들을 있는 그대로 받아들여라.
3. 그들과 절교하라.

첫 번째를 선택한다면 당신은 당신의 행동과 태도부터 먼저 변화시키는 아주 능동적인 사람이 될 수 있다. 당신이 먼저 변화하고 나면, 상대방도 뭔가 달라져야 할 필요성을 느끼게 되고, 따라서 좀 더 긍정적인 관계를 만들어갈 수 있게 된다. 그들이 아니라 당신 자신부터 먼저 변화해야 한다. 그리고 그저 불만만 털어놓는 게 아니라 당신의 행동이 변해야 한다.

한번은 어떤 재미있는 친구에게 위의 세 가지 선택 사항을 알려줬더니 이렇게 물었다. "그러면, 자네 장모님은 어떻게 할 건데? 장

266
267

모와는 절교할 수 없잖아?" 맞는 말이다. 아마도 이런 관계는 '있는 그대로 받아들이는' 범주에 넣어야 할 것이다. 그렇지만 처음부터 그래서는 안 된다. 일단은 협의를 통해서 그 사람의 영향력을 최소화할 수 있는 방법을 다 동원해야만 한다. 예를 들면 당신이 아내의 식구들과 X 시간을 함께 할 경우 Y를 할 수 있는 권리를 얻게 된다거나 하는 식의 약속을 아내와 미리 해 놓을 수도 있을 것이다(하지만 이렇게 할 경우에는 너무 명백히 드러날 정도로 싫어하는 것을 선택하게 해서는 곤란하다).

그 밖에 다른 방법도 있다. 지금까지도 아주 기억에 남는 한 고객이 있는데, 그는 다음과 같은 방법을 사용함으로써 자신의 에너지를 소모시키는 사람들이 더 이상 그런 짓을 하지 못하도록 도와주었다. 그는 전화로, 자신의 장모가 주말에 자기 집에 머물 예정인데 전혀 기대가 되지 않는다고 말했다. 그 이유는 장모와의 관계가 약하게 말하자면 피상적인 관계이고, 심하게 말하자면 긴장 관계이기 때문이었다. 나는 그에게 어떤 종류의 관계를 원하는지 물었고, 그는 중요한 사항들에 관해 좀 더 많은 대화를 나눌 수 있는 관계를 원한다고 대답했다. 그 말에 나는 그가 원하는 관계를 만들기 위해 그가 할 수 있는 일이 무엇인지, 어떤 식으로 행동을 변화시킬 수 있는지 물었다. 그는 장모님이 도착했을 때 환영받는 듯한 느낌이 들게 만드는 일부터 시작하겠노라고 대답했다. 나는 다시 어떻게 그런 느낌이 들게 할 수 있겠냐고 물었고, 그는 장모님이 제일 좋아하시는 셰리주를 준비해 놓고 자신이 그걸 준비했노라고 말씀드리겠다고 대답했다. 나는 그가 원하는 방향으로 관계를 이끌어 가기 위해서 그 일

말고 또 어떤 일을 할 수 있겠느냐고 물었다. 그러자 그는 집 안에 두 사람만 남을 때까지 기다렸다가 다른 사람들이 모두 정원을 산책하러 나가면 자연스런 몸짓으로 장식장에서 아내의 소녀적 사진을 꺼내 장모님께 이 사진을 찍었던 순간이 기억나느냐고 물어볼 작정이라고 했다. 이것을 기점으로 아내의 어린 시절 이야기를 좀 더 나누고 나면, 틀림없이 장모님도 그에게 관심을 기울이게 될 테고, 그 역시 장모님께 관심이 생길 것이라고 생각했던 것이다.

전화 통화가 끝나갈 즈음 나는 그의 에너지가 훨씬 더 강해졌다는 것을 느낄 수 있었다. 그리고 이와 같은 계획을 실행에 옮길 요량에서 그가 진심으로 장모의 방문을 기대하고 있음을 알 수 있었다. 나의 에너지 역시 덩달아 증가했고, 나는 그 결과를 들을 수 있을 때까지 기다리기가 힘들었다. 이윽고 그 다음 주에 나는 그와 다시 통화를 하게 되었다. 그는 지난 주말이 너무나도 성공적이었으며, 장모님도 방문 기간을 연장해서(이런 일은 처음이었다) 이틀 동안이나 더 머물고 가셨다고 말했다(그는 이 결과에 대해 매우 만족스러워했다. 비록 내 워크숍에 참석한 사람들 중 일부는 과연 이것을 성공이라고 불러야 할지 말아야 할지 의심스러워하기도 했지만 말이다). 그는 장모님과 둘이 경마장에 가서 경마에 배팅하는 법을 가르쳐 드렸다고 한다. 그의 말에 따르면 장모님은 어린 소녀처럼 흥분해서 경마 배팅 사무소를 왔다갔다하셨다고 한다.

색다른 관계를 형성하기 위해 여러 가지 전략들을 구사하는 것과 더불어 때로는 사람들을 훈련시킬 수도 있다. 나의 어머니는 조금 에너지를 소모시키는 유형의 사람이다. 불행히도, 아주 간곡히 표현해서 그 정도다. 그래서 나는 뭔가 조치를 취하기로 마음먹었다. 우선 나는 어머니께 사실대로 말씀드렸다. 가끔씩 어머니와 통화를 하고 나면 기분이 좀 침체되는 것을 느낀다고, 그 이유는 어머니가 아는 사람들이나, 가정부 또는 중앙 난방 엔지니어 같은 사람들에 관한 불평만 잔뜩 늘어놓기 때문이라고 말이다. 이렇게 말함으로써 나는 이제까지 어머니가 모르고 있던 정보를 제공했다. 어머니의 행동이 나에게 영향을 미친다는 점, 그 영향이 언제나 긍정적이지는 못하다는 점, 그리고 이것이 어머니가 일부러 의도한 결과는 아닐 거라는 점을 가르쳐 드렸다.

내가 이 문제를 그냥 내버려두었다면 계속해서 괴로움을 겪을 수밖에 없었을 것이다. 그래서 나는 어머니에게 한 가지 제안을 했다. 자칫하면 오히려 긴장 관계를 형성할 수도 있겠지만, 어쨌든 한 번 도전해 볼 만한 일임에는 틀림없었다. 나는 어머니께 앞으로 전화할 때는 좋은 소식부터 전해달라고 부탁했다. 그러자 어머니는 좋은 소식이 하나도 없다고 대답하셨는데, 그것은 어머니의 입장에서 보면 너무나도 당연한 일이었다. 그래도 나는 거기에서 포기하지 않았다. 한번은 어머니께 이런 질문을 드렸다.

"점심 시간에 뭘 드셨어요?"

"달 앤 라이스." (어머니는 수수께끼 같은 말을 하셨다. 하지만 그게 뭔지 꼭 알 필요가 어디 있을까?)

"맛있었어요?" 하고 여쭤 보았다. (이번에는 효과가 있기를 바라면서. 그러나 이것마저도 효과가 없으면 다음에는 무슨 말을 해야 할지 확신이 서지 않았다.)

"그래." (여전히 수수께끼처럼 들렸다.)

"와, 정말 좋은 소식이군요!"

그러자 어머니는 소리내어 웃기 시작했다. 그런 대화를 나누고 난 다음부터 마음이 훨씬 가벼워졌다. 그리고 그 뒤로 어머니는 다행히도 가끔씩 이 일을 기억해 내고는 전화 통화를 이런 식으로 시작하곤 했다. "좋은 소식이 몇 가지 있단다. 글쎄 넌 좋은 소식을 원하잖니? 무슨 좋은 소식이냐 하면 내가 글쎄 잔디 깎는 사람을 한 명 고용했는데, 그 사람이 겨우 5파운드만 청구하겠다고 하지 뭐냐?" 이런 식의 대화는 나에게도 많은 변화를 가져다 준다. 어머니는 이제 나의 에너지를 그다지 많이 소모하는 사람이 아니며, 어머니는 내게 미칠 수 있는 영향력을 좀 더 잘 알고 계신다. 또한 요즘 어머니는 좀 더 에너지가 넘치는 목소리로 전화를 거시는데, 그것은 아주 전염성이 크다.

그 보답으로 나는 어머니를 사무실에 초대했다. 어머니는 내가 무슨 일을 하는지 전혀 모르시기 때문에 내가 설명을 해 드릴 적마다 눈빛이 흐려지신다. 어머니는 직업에 관해 너무나도 단순한 견해를 갖고 계시다. 어머니의 세계에는 딱 세 가지 직업만 존재한다. 변호사, 의사, 그리고 나머지 직업들. 어머니는 내가 하는 일을 한 번도 제대로 이해해 본 적이 없다. 우리 둘의 세계가 너무나도 동떨어져 있기 때문이다. 나는 어머니와 좀 더 가까워지고 싶었지만 이러한 이해 부족은 커다란 장애물로 다가왔다. 결국 내가 선택한 방법은 어머니의 도움을 받아들이는 것, 즉 어머니가 이해할 수 있고 또 주고 싶어 하는 것들을 내 쪽에서 먼저 부탁하는 것이었다. 나는 중요한 미팅을 앞두고 있거나 사업상 출장을 가야 할 때마다 어머니께 미리 전화를 걸거나 아니면 공항에서라도 전화를 걸어서 지금 내가 중요한 미팅에 참석해야 하니까 행운도 빌어 주고 축복도 해 달라고 부탁드렸다. 어머니는 이런 일을 해 주실 수 있다는 데 대해서 무척이나 기쁘게 생각하셨다. 나 역시 어머니와 좀 더 친밀한 관계를 맺게 된 것 같은 느낌과 함께 그 중요한 미팅을 하는 동안에도 더 이상 혼자가 아니라는 생각이 들곤 했다. 이런 일은 우리 둘 다 모두에게 도움이 되었다. 어머니께 부탁한 일은 어른이 되어서 처음 있는 일이었을 것이다.

얼마 전에 어머니가 행운을 빌어 줄 다른 사람을 찾아냈느냐고 물으셨다. 벌써 내가 몇 주일 동안이나 그런 전화를 드리지 않았기 때문이다. 나는 그렇지 않다고, 그저 깜빡 잊고 있었다고 안심시켜 드렸다. 그리고는 다시 그 일을 시작했다.

어떤 경우에는 당신이 상대방으로부터 어떤 영향을 받고 있는지 넌지시 귀띔만 해 줘도 잠시 멈춰 서서 생각해 본 다음 변화된 행동을 보여 주는 이들이 있다. 이런 사람들의 경우 당신의 말이 상대방에게 새로운 정보가 될 수 있다. 이제까지 그 누구도 이들을 방해하거나 또는 이들에게 그런 정보를 제공해 줄 만한 용기가 없었기 때문이다.

그렇지만 어떤 사람들의 경우에는 귀띔을 해 주고 난 다음에도 계속해서 불쾌한 행동을 취하기도 하는데, 그런 사람들은 좀 더 직접적으로 주의를 환기시켜 줄 필요가 있다. 일단은 질문을 통해 그들로부터 몇 가지 제안을 이끌어 내라. 그들이 직접 제안한 것일수록 좀 더 적극적인 자세로 실천할 가능성이 크기 때문이다. 예를 들면 이런 식으로 말하는 것이다. "가끔씩 당신과 통화를 끝내고 나면 좀 침체된 기분이 들어요. 당신도 그 사실을 알고 있어요? 이런 말 들으니까 기분이 어떠세요? 당신은 나랑 통화하고 난 다음에 어떤 기분이 들어요? 정말이지 나는 당신과 대화를 나눠 보고 싶어요. 내가 이런 기분을 덜 느낄 수 있도록 우리 둘이 뭔가 변화시킬 수 있는 게 없는지 궁금하거든요."

그런데도 만일 그 사람이 아무런 반응도 보이지 않는다면 그때는 좀 더 강력하게 요구하면 된다. 예를 들어서 어떤 사람이 계속 불평만 늘어놓을 경우 당신은 그 사람에게 몇 분 동안만 불평을 자제해 달라고 부탁할 수 있다. 당신이 먼저 다른 일들에 관해 얘기할 수 있도록, 또는 어떤 좋은 소식이나 그들의 삶이 잘 굴러가고 있다는 말을 먼저 들을 수 있도록 하면 된다. 그들에게 다음과 같이 물어보라. "이 생각에 대해서 어떻게 생각해요? 한번 시도해 볼 만하다고 생각되지 않나요?"

두 번째 선택은 그들을 있는 그대로 받아들이는 것이다. 위의 방법들이 아무런 효과가 없거나 당신이 아무리 노력한다 할지라도 전혀 변할 것 같은 기색이 보이지 않을지라도 그들과 절교해야겠다고 미리 마음먹기보다는 다음과 같은 노력을 기울여야 한다.

- 장소를 바꾸어라.
- 다른 사람들이 많이 모이는 곳에서 그 사람을 만나라. 그러면 상대방의 영향력이 어느 정도 희석될 것이다.
- 영화나 콘서트처럼 두 사람이 같이 즐길 수 있는 취미거리를 찾아

보라. 그러면 어느 정도 기분 전환이 될 것이다.

• 그 상황을 그냥 받아들여라. 그 사람이 당신에게 미치는 영향을 그냥 삶의 일부로 인정하는 것이다. 마치 해변으로 소풍갈 때 샌드위치를 빼놓을 수 없는 것과 같다.

세 번째 방법은 그들과 절교하는 것이다. 내가 워크숍에서 이렇게 말하면 보통 모두들 큰 소리로 항의를 하곤 한다. 이것은 무자비하게 들릴 수도 있기에 어떤 사람들은 이 방법을 힘들어하기도 한다. "어떻게 그럴 수가 있어요?" "너무 잔인해요!" "그런 때야말로 상대방이 당신을 가장 필요로 하는 순간 아닌가요?" "친구 좋다는 게 뭔가요?" 이러한 항의에는 보통 무언의 의무감, 즉 '반드시 …해야 한다' 는 의식이 짙게 깔려 있는 경우가 많다. 우리는 '…해야 한다' 의 횟수를 우리 삶에서 줄여 나가는 대신 '…하고 싶다' 의 횟수를 점점 늘려가야만 한다.

당신의 에너지를 감소시키는 사람들과 절교를 하는 것이 오히려 그들에게 호의를 베푸는 셈이 될 수도 있다. 그들의 삶 속에 당신 대신 좀 더 가치 있는 관계를 맺을 수 있을 만한 사람을 위한 장소를 마련해 줄 수 있기 때문이다. 만일 당신이 계속해서 그들에게 '좋은 사람' 으로 남아 있다 하더라도 그것은 오히려 그들의 삶을 좀 더 행복하게 만들어 주지 못하는 장애물이 될 수도 있다. 단기적으로 보면 그들과의 절교로 인해 상처를 입을 수도 있겠지만, 장기적인 안목에서 보자면 두 사람 모두 좀 더 나은 삶을 살 수 있는 실질적인 기회가 될 수도 있다. 어쩌면 이제까지 상대방도 자신의 에너지를 소모시키기만 했을지도 모른다. 그들과의 절교를 통해서 당신은 그들의 행동이 문제라는 메시지를 전달할 수 있다. 그리고 그들은 당신의 메시지를 알아차리는 즉시, 자신의 행동이 어떠한가를 되돌아보고 뭔가 변화를 꾀할 수 있다. 그러한 변화를 통해 당신과 그들의 관계는 절교를 하기 전보다 훨씬 더 의미 있는 관계로 발전하게 될지도 모른다.

위의 방법들은 코치 겸 작가이며 코치 유(Coach U)의 설립자이기도 한 토마스 레오나드(Thomas Leonard)의 충고와도 어느 정도 일치한다. 그는 알코올 중독자들은 코치를 해 주지 않는 게 오히려 낫다고 주장했는데, 그 이유는 단기적인 안목에서 보면 코치를 해 줌으로써 그들의 삶을 좀 더 낫게 만들어 줄 수도 있겠지만, 결국은 그 도움이 알코올 환자들이 스스로 밑바닥까지 도달해 각성한 뒤 다시금 진정한 회복을 위한 여정을 떠나는 데 필요한 자유 낙하를 지연시키기 때문이라고 했다. 이런 상황에서 코치를 한다는 것은 오히려 치료 효과를 늦추기만 하는 완화제에 불과하다는 것이다.

다음은 아주 까다로운 질문이다. 당신이라면 과연 오랜 친구와 절교를 할 수 있겠는가? 나는 어떤 오랜 친구와의 관계를 좀 더 돈독하게 하기 위해 굉장히 노력한 적이 있다. 우리는 15년 이상을 서로 알고 지내 온 사이였다. 서로 가까이 살던 시절에는 한 달 가량이나 그의 집에 머물렀던 적도 있고, 몇 주 동안은 사회적 활동도 여러 차례 같이 했었다. 그는 성공한 사업가였다. 나는 그의 이름이 업계의 리더로서 《선데이 타임스》에 실린 것을 두 번 이상이나 보았다. 그런데 한번은 그가 나에게 이런 말을 했다. 내가 런던에 사는 친구들

중에 그의 가장 친한 친구라고 말이다. 그러나 요즘 들어서 나와 만날 기회가 거의 없기 때문에 내가 그 역할을 제대로 수행하지 못하고 있다는 점을 넌지시 암시했다. 그 말로 인해 나는 좀 더 자주 그와 만나도록 하겠다고 약속했다.

그러던 어느 날 함께 점심 식사를 하고서 식당을 빠져 나오는 길에 나는 그 점심 식사가 내 하루 일과에서 차지하는 시간적 비중이 너무 크다는 사실을 퍼뜩 깨닫게 되었다. 예전에는 그와 함께 시간을 보내고 나면 즐거운 생각만 들었는데 말이다. 나는 결국 이 친구가 나의 '… 해야 한다' 목록이 되어 버렸다는 사실, 더러는 의무감에서 이 친구를 만나고 있다는 사실을 깨달았다.

그래서 나는 한 가지 계획을 세웠다. 다음 번에 만날 적에는 그와의 친밀감을 좀 더 높이기 위해 (나에게) 중요한 질문 한 가지를 그에게 해야겠다고 마음먹은 것이다. 사실은 지난번에도 별로 내키지는 않으면서도 이 질문을 한번 던졌지만 아무런 소용이 없었다. 하지만 여전히 나는 그와의 관계를 나에게 좀 더 도움이 되는 방향으로 바꿔 보고 싶었다. 내가 그 친구에게 던지고픈 질문은 바로 이로 이것이었다. "자네는 장래에 대한 소망이나 두려움이 뭔가?" 나는 그 질문에 대한 응답을 가장 쉽게 이끌어 낼 수 있을 것 같은 순간, 그러니까 우리 둘 다 편안한 마음으로 쉬고 있는 순간에 그 질문을 던져야겠다고 마음먹었다. 그의 대답은 나에게 무척 중요했다. 왜냐하면 그의 대답 여하에 따라서 그와 절교할 것인지 아니면 아주 색다른 관계로 돌입할 것인지를 결정해야만 했기 때문이다. 도저히 그냥 이대로 있을 수는 없었다. 색다른 관계로 돌입한다는 것은 아주 흥미로운 아이디어였다. 나로서는 이것이야말로 그 친구를 좀 더 완전한 관계로 이끌어가기 위한 최후의 수단이었다. 그런데 그의 대답은 아주 실망스러운 것이었다. "뭐, 별로 없어." 그것으로 내 임무는 끝났다. 나는 그날부터 그 친구를 만나지 않았고, 그런 상태는 무려 5년이나 지속되었다. 물론 우리는 지금도 서로 연락을 취하고 있다. 그를 파티에 초대해서 성탄 카드도 서로 주고받는다. 하지만 그것은 어디까지나 그와의 관계가 나의 에너지를 소모시키지 않는 정도에서만 가능하다. 앞으로 어느 정도 시간이 지나면 나는 상황이 얼마나 호전되었는지 알아보기 위해서 그와 다시금 연락을 취할 생각이다.

어떤 친구와 절교를 함으로써 그 친구가 입게 될 충격을 완화하기 위해서는 당신의 우정이 상대방에게는 당신이 생각했던 것보다 훨씬 더 중요한 요소일 수도 있으므로 그 친구와 비슷한 관심사를 지닌 사람들에게 그 친구를 소개시켜 줄 수 있는지 알아보는 것도 도움이 된다. 그리고 그 친구와 공통의 관심사를 좀 더 많이 갖고 있는 사람들에게 그 친구를 연결시켜 주기 위해 당신의 인적 네트워크를 이용하는 것도 좋은 방법이다.

5분 동안 마음에 있는 말 쏟아내기

경영 전문가 피터 센지는 인간관계를 통해 좀 더 많은 에너지를 창출할 수 있는 한 가지 아이디어를 제공하고 있다. 그것은 두 사람이 함께 — 초저녁 무렵이 가장 이상적인 시간이다 — 10분 정도 상대방에게만 모든 관심을 집중할 수 있는 장소에 마주앉아서 각자가 5분씩 상대방에게 이야기를 하는 것이다. 먼저 한 사람이 이야기를 시작한다. 그날 하루를 어떻게 보냈는지, 집으로 돌아오는 길은 어땠는지 등등 머릿속에 떠오르는 대로 무슨 이야기든지 들려준다. 이때 상대방이 할 일은 귀 기울여서 그 말을 들어주는 것이다. 말하는 사람은 자기가 상대방에게 원하는 경청 태도를 분명히 밝힌다. 예를 들면 다음과 같다.

- 동정("저런, 가엾어라!")
- 침묵
- 요약
- 명쾌한 질문
- 인정("아주 잘했어!")
- 마지막에 지극히 제한적인 충고

듣는 사람은 상대방이 하는 5분 동안의 짧은 얘기에 대해서 짤막하게 자신의 생각을 밝히되 필요한 경우에는 그냥 편안하게 침묵만 지켜도 좋다. 이때 침묵이라고 하는 것은 활동의 중지를 의미하는 것이 결코 아니다. 상대방으로 하여금 원한다면 관심을 갖고 지켜보면서 침묵을 즐기게 하라. 그 일이 얼마나 당신의 마음을 새롭게 해 줄지 한번 상상해 보라. 단, 이때 조심해야 할 것은 상대방이 원하지 않는 충고를 던질 때의 태도다. 이런 식의 충고는 상대방을 짜증나게 할 뿐만 아니라 서로간의 의사 소통을 가로막을 수도 있기 때문이다. 그렇지만 말하는 사람 쪽에서는 자기가 말하는 동안에 상대방이 취해 줬으면 하는 경청 태도에 대해서 얼마든지 제시할 수가 있다. 예를 들면 몇 분이 지난 다음에는 상대방의 충고를 원할 수도 있겠지만 그것은 어디까지나 말하는 사람 당신에게 달려 있다. 말하는 사람이 원하지 않을 경우에는 그 어떤 방해도 해서는 안 된다.

모든 관심을 집중시켜야 한다는 것은 동시에 다른 일을 해서는 절대로 안 된다는 뜻이다. 우편물을 개봉한다거나, TV 가이드를 훑어본다거나, 요리를 하는 것도 절대 안 된다. 이 시간을 최우선 순위에 두어야만 한다. 이 시간을 통해 당신은 상대방을 다정하게 바라볼 수 있으며, 상대방을 격려해 주거나 또 상대방에게 관심을 지니고 있는 것처럼 보이도록 온갖 노력을 기울일 수도 있다. 비록 실제로는 그런 느낌이 들지 않는다 할지라도 말이다.

짧은 접촉을 통해 에너지를 증가시켜라

> 그것을 일컬어 씨족이라고도 하고, 그것을 일컬어 네트워크라고도 하며, 또 그것을 일컬어 부족이라고도 하고, 그것을 일컬어 가족이라고도 한다. 그것을 무엇이라고 일컫든지 간에, 그리고 당신이 누구든지 간에 당신이 그것을 필요로 한다는 것만은 변함없는 사실이다. _ 제인 하워드

인간은 서로간의 접촉이나 상호 작용을 무척 좋아한다. 이것은 그저

신체적인 접촉만을 의미하는 것이 아니다. 이것은 관계를 맺는 것, 또는 한 번의 눈맞춤이나 미소, '안녕' 이라는 인사말로 자신의 존재를 알리는 것을 의미하기도 한다. 우리는 이 접촉에 대한 욕구가 너무나도 강한 나머지 때로는 부정적인 결과를 낳을지도 모르는 위험까지도 감수하곤 한다. 예를 들면 아이들은 관심을 끌기 위해서 버릇없는 행동을 하거나 싸움을 저지르기도 한다.

서로 접촉하지 못하면 인간은 매우 큰 손상을 입게 된다. 로렌스 반 데어 포스트(Laurens van der Post)는 아프리카 부시맨들의 생활 방식에 관한 책을 여러 권 저술했다. 그에 따르면, 아프리카 원주민들의 사회에서 가장 심한 형태의 처벌은 바로 공동체 전체가 한 사람에게 말 그대로 등을 돌리는 것, 그 사람의 존재를 인정해 주지 않는 것이라고 한다. 우리 역시 '따돌림을 당한다' 는 것이 얼마나 불행한 일인지를 아주 잘 알고 있다. 아무리 장난이라 할지라도 말이다.

반대로 당신은 다른 사람들과의 긍정적인 상호 작용을 통해서 에너지를 강화할 수 있다. 접촉에 대한 욕구와는 별도로 당신은 일상생활 속에서 일련의 긍정적 접촉 기회를 가짐으로써 에너지를 증가시킬 수 있다.

어느 날 나는 우연히 앞마당에 있다가 무료 지역 신문을 배달하는 여성에게서 두 번이나 미소를 받게 되었다. 한 번은 내 쪽에서 큰 목소리로 "안녕하세요." 하고 아침 인사를 건넸을 때였고(그녀는 어쩐지 사람들 눈에 자기가 보이지 않는다고 생각하는 것 같았다), 또 한 번은 그녀가 막 떠나려고 했을 때 내가 "고맙다."라고 인사를 했을 때였다.

잘 모르는 사람에게라도 당신이 먼저 말을 건네 보라. 적어도 한 가지만은 확실하게 장담할 수 있다. 즉, 그 사람과 서 있는 시간이 길어질 것이라는 사실이다. 물론 당신은 그 시간을 최대한으로 활용할 수 있다. 하지만, 모든 사람들이 대화를 반길 것이라는 보장은 없다. 그래서 나 같은 경우엔 먼저 "안녕하세요." 하고 인사를 건넨 다음 미소를 지어 보인다. 그런 다음, 괜찮아 보일 경우에만 진심에서 우러나오는 어떤 대화의 실마리를 꺼내곤 한다. 예를 들면 "오늘은 무척 조용한 것 같네요. 다들 럭비 게임을 보고 있나요?"라든가, "무척 긴 하루였죠?"라는 이야기를 건네는 것이다. 때로는 좀 더 위험한 대화를 시도해 보기도 한다. "제가 여기로 오는 게 보이자 다른 곳으로 가 버렸으면 하고 바라면서 눈길을 돌리셨죠? 다 봤어요."(웃으면서 이렇게 말하기도 한다). 그러면 어떤 사람들은 반응을 보이기도 하고, 또 어떤 사람들은 한 걸음 물러서기도 한다. 반응을 보이는 사람은 그날 나의 에너지를 증가시켜 주는 사람이다. 그러나 반응을 보이지 않더라도 나는 괜찮다. 그 사람은 아마도 뭔가 다른 생각을 하고 있었을 것이다. 나는 그 사람의 반응을 결코 개인적으로 받아들이지 않는다.

사람들과의 접촉이 가능하다고 생각되는 순간에는 그 기회를 최대한으로 활용하는 것이 좋다. 공원에서 이른 아침에 자전거를 타다가 다른 사람이 자전거를 타고 지나가는 모습이 보이면 "좋은 아침입니다." 하고 먼저 인사를 건네 보라. 학교 정문에서 다른 학부모들을 만났을 경우에도, 좀 더 여러 사람들에게 "안녕하세요." 하고 다정한 인사를 보내라.

그리고 보니 한 시골 주민의 말이 문득 떠오른다. 그는 언제라도 그곳 사람들과 대화를 나눌 수 있다고 했다. 사람들은 당신이 들을 가로질러 오는 동안 내내 보고 있다가도 당신이 가까이 다가가면 이내 고개를 돌려 버리는 경우가 많다. 그럴 땐 당신이 먼저 인사를 건네고, 그것이 당신에게 미치는 영향을 관찰해 보라. 그 영향력은 너무 미약해서 가끔은 포착하기 어려울 때도 있지만, 어쨌든 그것이 당신의 에너지를 증가시키는 데 중요한 기여를 하는 요인인 것만은 틀림없는 사실이다.

굳이 대화를 통한 접촉뿐만 아니라 글 역시 접촉의 한 가지 유형으로, 훌륭한 효과를 지니고 있다. 일전에 나는 어떤 비서에게 편지를 한 통 보냈다. 그 편지는 내가 그녀의 회사 사람들에게 프리젠테이션을 하러 갔을 때 그녀와 동료들이 무척 애써 준 것에 대해 감사하다는 내용의 편지였다. 그런데 나는 그 편지를 그녀의 전무이사 앞으로 보냈다. 당신은 그 편지를 보냈을 때 과연 내 기분이 얼마나 좋았을지 짐작이나 되는가? 당신은 베푸는 일만으로도 얼마든지 에너지를 얻을 수가 있다. 나는 이메일을 보내기보다는 그런 식의 편지를 쓸 수 있도록 언제나 만년필과 좋은 편지지를 몸에 지니고 다닌다.

또 한번은 방과 후 클럽 활동 때문에 알고 지내던 어떤 모녀를 우리 집으로 초대해 차를 대접한 적이 있었다. 그 일로 나의 딸과 그 집 딸은 아주 좋은 친구 사이가 되었다. 이런 식으로 나는 나의 공동체를 조금씩 확대해 나가고 있다. 물론 가끔씩 너무 바쁘다는 핑계를 대고 싶은 유혹도 느끼지만 이런 일이야말로 나를 재충전해 주고, 나의 에너지를 증가시켜 주는 것임에 틀림이 없다. 바로 이런 순간에 나는 살아 있다는 것을 생생하게 느낀다.

　한번은 지하철을 타고 가다가 내 건너편에 앉은 여자가 내가 읽고 있는 책의 제목을 보려고 애쓰는 모습을 목격했다. 그 책은 《7분 안에 당신의 삶을 엄청난 것으로 만드는 방법》이나 아니면 그와 비슷한 종류의 자기 계발 관련 서적이었던 것으로 기억된다. 나는 내가 이런 책을 읽고 있는 것을 보고 그 여자가 혹시나 이렇게 생각하지나 않을까 하고 내심 당황스러웠다. '저 사람은 실패자임에 틀림없어! 저 사람은 지금 삶이 엉망진창이어서 뭔가 변화시켜 보려고 애쓰고 있는 거야. 게다가 저런 책에서 그 해답을 찾으려 드는 걸 보니 완전히 절망하고 있는 것이 확실해.' 하지만 다음 순간 나 말고도 많은 사람들이 더 행복한 삶을 누리기 위해 애쓰고 있다는 사실이 퍼뜩 떠올랐다. 그 순간 나는 위험을 감수해 보기로 마음먹었다. 그녀가 잘 볼 수 있도록 책표지를 보여 준 다음 미소를 건넨 것이다. 그러자 그녀도 미소를 지어 보였다. 그것이 전부였다. 나는 계속해서 책을 읽었고, 그녀는 계속해서 주위를 둘러보았다. 정말 멋진 순간이었고 자그마한 접촉의 순간이었다. 이 일로 인해 세상은 나에게 좀 더 다정한 공간이 되었다. 당신에게 역시 이런 기회가 엄청나게 많을 것이다.

당신에게 적용해 보라

1. 두 개의 명단을 작성하라. 당신의 에너지를 증가시켜 주는 사람

제13장 에너지를 증가시키는 사람들과 함께하라

들의 명단과 당신의 에너지를 감소시키는 사람들의 명단을 준비하면 된다. 직장 동료들, 개인적으로 아는 사람들과의 접촉도 여기에 다 포함시켜라. 또한 도서관 직원이나 학교 정문 앞에서 만나는 학부모들이나 이웃 사람들, 축구 클럽 사람들처럼 가벼운 접촉 관계도 모두 기록하라. 어떤 사람들로 하여금 당신의 삶 속에 파고들 수 있도록 허용할 것인지, 그리고 그 사람들이 어느 정도나 당신에게 영향을 미치도록 허용할 것인지 주의 깊게 결정하라.

당신의 에너지를 증가시켜 주는 사람들과 좀 더 많은 시간을 보

내 에너지를 높여 주는 사람들	내 에너지를 감소시키는 사람들
피터	피터
(대부분의 경우)	(조앤에 관한 이야기를 꺼낼 때)
믹	조앤
스티브	OOO 회사의 접수 안내원
개 산책시키는 사람	배관공
테니스 코치	신문 판매업자
건축가	지하철 티켓 판매원
학생들	저녁 강습반 강사
자동차 정비 기술자	변호사
몇 명의 특별한 동료들	나머지 동료들
배우자(어느 때?)	배우자(어느 때?)
몇 명의 친구들	나머지 친구들

낼 수 있는 방법을 강구해 보라. 당신의 에너지를 증가시켜 주는 사람들을 최대한 많이 찾아내라.

> 공동체란 당신을 하나의 선물로 받아들이는 장소를 뜻한다.
>
> _ 줄리오 올랄라

이 일을 위해 우리가 취할 수 있는 행동은 없을까? 피터 센지(Peter Senge)는 바로 이 점을 강조한다. 그는 하나의 학습 조직을 형성할 수 있도록 도와줄 파트너를 찾아내야 한다고 주장한다.

> 당신의 잠재적 파트너는 반드시 당신에게 '양분을 제공해 줄 수 있는 사람'이어야 한다. 당신이 들어오는 모습만 보아도 얼굴빛이 금방 밝아지는 사람, 당신을 바꿔 놓으려는 계획은 거의 없는 (만일 있다 하더라도) 사람 말이다. 파트너는 당신의 잠재력에 대한 어떤 비전을 지니고 있을지라도, 어쨌든 지금 그대로의 당신을 받아들여 줄 수 있는 사람이어야 하다. 당신이 현재의 삶 속에서 맺고 있는 인간관계를 전부 뒤져 보면, 이런 부류에 속하는 사람이 딱 한두 명 있다 ― 그리고 놀랍게도, 가장 친한 친구나 배우자가 이 사람들 속에 포함되지 않는 경우도 많다!

2. 첫 번째 명단을 죽 살펴보고 당신이 좀 더 많은 시간을 함께하고 싶은 사람들을 골라내라. 그런 다음에는 그들과 만날 약속을 정하거나 또는 전화를 걸어서 당신과 함께 있는 시간이 정말 좋

다고, 좀 더 자주 만날 수 있었으면 좋겠다고 말하라. 만일 그들이 당신의 희망대로 반응해 준다면 어떤 식으로 스케줄을 잡을 것인지에 대해서도 대화를 나누어라. 그리고 양쪽 모두에게 좋도록 약속을 정하라.

나의 고객들 가운데 한 명은 코치를 시작하기 전에 먼저 준비 자료를 작성하는 사람이었다. 그러나 그에게는 조언을 해 줄 만한 사람이 하나도 없어서 그는 언제나 뭔가 부족하다는 느낌을 받곤 했다. 그래서 나는 그에게 원하는 사람을 한 명 골라 보라고 했다. 그런데 그는 딱 한 번 만났을 뿐 잘 알지는 못하는 사람, 그저 명성만 듣고 무척 감동을 받은 사람을 택했다. 우리는 그가 그 사람에게 접근하는 데 있어 몇 가지 주저되는 부분들에 대해 이야기를 나눴다. 그리고 다음 날, 그는 그 사람을 점심 식사에 초대했다. 그는 자신이 생각하고 있는 바를 전달했고, 이 사람은 조언자로서의 역할을 기꺼이 맡겠다고 승낙해 주었다. 이 일은 너무나도 간단하게 이루어졌다.

3. 두 번째 명단에 속한 사람들을 한 명 한 명 잘 생각해 보고, 당신이 원하는 바가 무엇인지를 결정하라. 그 사람들이 당신의 에너지를 소모시키지 못하도록 도와줄 것인지, 그들을 있는 그대로 받아들일 것인지 아니면 그들과 절교를 할 것인지 결정하라. 그런 다음 잠시 시간을 내서 혼자 생각해 보거나 코치와 상담을 하거나 아니면 가장 친한 친구와 대화를 나눠 보라. 이 상황을 당신에게 좀 더 좋은 쪽으로 끌고가려면 어떤 식으로 접근해야

할지에 대해서 말이다.

　이러한 변화는 얼마든지 가능하다. 그리고 이것은 당신이 생각하는 것보다 훨씬 더 쉽게 이루어지는 경우가 많다. 현재 우리가 겪고 있는 문제들은 아주 단순한 한 가지 사실에 초점을 모음으로써 완전히 해결될 수도 있다. 난 이런 것을 바라지 않아. 좀 더 다른 식으로 변하기를 원해. 그것을 위해 내가 할 수 있는 일은 무엇일까? 사실 우리의 문제가 여전히 지속되고 있는 이유들 가운데 하나는 우리가 그 문제에 충분한 관심을 기울이지 않고 다음 문제로 재빨리 넘어가 버리기 때문이다. (이것에 관해 좀 더 알고 싶으면 제9장을 읽어라.)

4. 이제까지는 아무런 접촉도 하지 못했던 장소에서 좀 더 많은 사람들과 접촉할 수 있도록 기회를 잘 활용하라. 그리고 그 순간 자신의 기분이 어떤가를 유심히 살펴라. 수퍼마켓 직원을 상대로, 또는 우체국 직원을 상대로 한번 연습해 보라. 그리고 다른 사람들과 섞여 누군가를 기다리는 장소에서도 접촉의 기회를 놓치지 마라. 버스 정류장이나 영화관 밖, 기차 역에서도 한번 해 보아라.

5. 만일 당신이 누군가로부터 극진한 서비스를 받았을 경우에는 시간을 내서 그 사람 또는 그들의 상사와 대화를 나눠라. 손으로 직접 쓴 편지를 보내는 것도 좋은 방법이다. 어떤 사람들은 하루에 다섯 통의 감사 편지를 보내는 게 좋다고 말하기도 한

다. 친구에게 '오늘 그냥 네가 생각났어.' 라는 짧은 글이나마 보내는 것이 좋다는 것이다.

6. 다른 사람들과의 접촉을 확대함으로써 당신의 연락망을 구축하는 일, 그리고 공동체 의식을 형성하는 일에 착수하라. 때로는 당신이 먼저 질문을 할 때까지 기다리고만 있는 사람들도 많다. 많은 사람들로 이루어진 공동체와 연결된 듯한 기분이 들 때 당신은 좀 더 많은 에너지가 솟아나는 것을 느낄 수 있을 것이다. 그러므로 당신의 공동체를 형성할 수 있는 기회를 놓치지 말고 붙잡아라.

실행을 방해하는 장애물들

- *사람들과 절교를 한다는 건 아무래도 좀 잔인한 짓 아닐까요?*
  우선은 그들과의 관계를 더 돈독히 하거나 또는 그들이 당신에게 미치는 영향을 줄이기 위해 가능한 한 모든 접근 방법을 시도해 본 다음에 그래도 아무 소용이 없을 경우에만 절교를 생각해 봐야 한다. 이것은 어디까지나 당신 자신을 보호하기 위한 방법이다. 또한 일시적으로 당신의 에너지를 감소시키는 사람이라면 당연히 절교하지 않는 쪽을 선택해야 한다. 내가 절교를 권유하고 싶은 쪽은 비록 당신이 언제나 그 사실을 인식하지는 못하더라도 항상 끊임없이 당신의 에너지를 소모시키는 사람들이다.

• *이건 좀 이기적인 발상이 아닌가요?*

그렇기도 하고 그렇지 않기도 하다. 이것은 어디까지나 자기 계발 차원에서 생각해야 한다. 건전한 측면에서의 이기적 발상인 것이다. 당신은 다른 사람들이 당신을 갉아먹도록 내버려둬서는 안 된다. 그렇게 되면 극도로 피곤에 지친, 완전히 쇠진한 당신만이 남게 되기 때문이다. 당신은 자기 자신을 보호해야만 한다. 만일 당신이 이 자기 계발의 의무를 진지하게 받아들이지 않는다면 결국에는 현재 당신이 돕고 있는 사람들보다 훨씬 더 당신의 에너지를 소모시키는 사람들 틈에 둘러싸이게 될지도 모른다.

당신이 가장 먼저 해야 할 일들 가운데 하나는 너무 쉽게 타협하지 않는 방법을 배우는 것이다. 물론 타협은 성인의 특징으로서, 사회에 건전한 영향을 미치는 요소다. 어린아이들은 타협을 하지 않으며, 이것은 다른 사람들을 무척이나 지치게 만들기도 한다. 우리는 자라면서 뭐든지 자신이 원하는 것들을 생각만 하면 그 즉시 얻을 수 있는 건 아니라는 사실을 깨닫게 된다. 그리고 만족을 미루는 방법도 배우게 된다. 이것은 《감성적 지능(Working with Emotional Intelligence)》의 저자 다니엘 골맨(Daniel Colman)에 의하면 좀 더 나중의 성공을 예측할 수 있는 아주 중요한 감성적 기술이다. 우리는 자기 자신의 소망과 필요를 다른 사람들의 소망과 필요에 조화시키는 방법을 배우게 된다. 예를 들면 아이들에게 자동차 여행을 시작하기 전에 '예방 차원에서 미리 화장실에 다녀오는 습관'을 가르쳐 줄 경우 무척 큰 도움이 될 것이다. 비록 지금 당장은 화장실에 갈 필요가 없다거나 전혀 가고 싶지 않을 수도 있겠지만

(아이들 입장에서 보면 그저 계속해서 노는 편이 더 좋을 것이다), 이것은 결국 모두의 시간을 절약해 줄 뿐만 아니라 나중에 생길지도 모르는 문제를 미리 제거할 수도 있는 최고의 예방책이다. 아주 유용한 타협의 예라 할 수 있을 것이다.

문제는 우리가 때로 너무 지나치게 양보해 버리는 경향이 있다는 것이다. 그래서 우리는 자기 자신의 필요보다 다른 사람들의 필요가 더 중요하다는 환상에 빠지곤 한다. 우리는 다른 사람의 말에 지겹도록 귀를 기울임으로써 그 사람을 도울 수 있다고 생각한다. 그리고 이렇게 귀를 기울이고 있으면 어느 시점에 이르렀을 때 그 사람 스스로가 자신의 상황을 해결할 수 있는 어떤 방도를 발견하게 되리라고 생각하곤 한다. 그래서 우리는 충실한 사람이 되고 싶은 마음에, 하염없이 앉아 그 사람의 말에 귀를 기울인다. 좌절감을 감내해 가면서까지 말이다. 그렇지만 대부분의 사람들은 한없이 불평만 늘어놓을 뿐 뭔가 변하려는 의지는 전혀 없는 경우가 많다. 그런 사람들은 자신의 상황을 좀 더 나은 방향으로 개선하기보다는 차라리 불평을 해 대는 일에만 집착하는 경향이 있다. 《마음을 열어 주는 101가지 이야기(Chicken Soup for the Soul)》시리즈물의 공동 저자인 잭 캔필드(Jack Canfield))는 이런 사람들을 '에너지 흡혈귀' 라고 부른다. 이런 사람들을 상대할 경우에는 그저 그들의 말에 귀를 기울이기보다는 뭔가 행동을 취할 수 있도록 그들의 주의를 환기시켜 주는 것이 훨씬 더 좋은 방법이다. 만일 그들이 뭔가 변해야겠다는 의지를 정말로 품고 있지 않다면 그들과의 관계를 통해 얻고자 하는 것이 과연 무엇인지를 진지하게 생각해 봐야 한다.

- *아무리 나의 에너지를 소모시키는 사람이라 할지라도 도와줘야 하지 않나요?*

  만일 그들이 일시적으로 당신의 에너지를 소모시키는 사람이라면 조금 참고 버티면서 그들이 힘겨운 시간을 잘 극복할 수 있도록 도와주는 것이 바람직하다. 마치 당신이 힘겨운 상황에 빠졌을 때 친구들의 도움이 큰 힘이 될 수 있는 것처럼 말이다. 하지만 언제 어디서나 변함없이 당신의 에너지를 소모시키는 사람들의 경우라면 다른 해결책을 찾아보는 것이 좋다. 만일 당신이 정말로 그들의 말에 귀를 기울이는 것이 행복하다면 계속해서 그들을 도와주는 것도 좋은 방법이다. 하지만 대부분의 경우 우리는 즐거워서가 아니라 정말로 마지못해서 그들의 말에 귀를 기울이는 경우가 많다. 그렇게 되면 우리의 에너지도 당연히 감소한다. 이런 경우 당신은 그들의 삶에서 벗어남으로써 오히려 그들에게 더 많은 도움을 줄 수 있다. 다시 말해서 그들을 에너지 소모 요인으로 여기지 않는 사람, 그들을 좀 더 인정해 줄 수 있는 사람과 새로운 관계를 맺을 수 있도록 그들을 놓아주는 편이 오히려 더 좋은 해결책이 될 수 있다.

- *이 일에는 너무 많은 시간이 필요할 것 같아요!*

  명단을 작성하는 일은 몇 분도 채 걸리지 않는 일이다. 그리고 당신의 에너지를 증가시켜 주는 사람들 중 한 명에게 전화를 거는 일도 몇 분밖에 걸리지 않는 일이다. 일단 이 두 가지만 하고 나면 당신의 일은 거의 다 끝난 셈이다. 누군가에게 전화를 걸어서 그 사람과 함께 지내는 것이 너무 좋다고, 앞으로 좀 더 자주 만날 수 있는 기회를 만들었으면 좋겠다고 말해 보라. 그러고 나면 기분도 훨씬 새로워지고, 기운도 더 솟아날 것이다. 당신의 일상생활이 바쁘다고 해서 당신에게 반드시 필요한 성장의 시간까지 박탈해서는 결코 안 된다. 당신의 삶이 끝나는 순간 당신의 뇌리에 더 깊게 남는 것은 무엇일까 ― 업무일까, 아니면 인간관계일까?

당신에게 양분을 제공해 줄 수 있는 사람은, 마치 음식처럼 당신의 행복을 위해 반드시 필요한 요소라는 사실을 잊어서는 안 된다. 만일 당신이 다람쥐처럼 쳇바퀴를 돌리는 일에만 너무도 바쁜 나머지 당신에게 양분을 제공해 줄 수 있는 사람들과 함께할 시간을 도저히 마련할 수 없다면, 그렇다면 과연 무엇이 당신의 인생에서 가장 중요한 것이라고 할 수 있을까? 단지 살아남는 것? 만일 그렇다면 인생이란 하나의 보상이나 기회가 아니라 오히려 처벌에 가까운 것이 되고 말 것이다.

또한 아무리 짧은 만남이라 할지라도 극적인 보상이 될 수 있다는 사실을 명심하라. 줄지어 차례를 기다리다가 앞줄이나 뒷줄의 어떤 사람과 다정한 대화를 나눌 경우, 또는 누군가의 조수나 접수 안내원과 친절한 말을 주고받을 경우, 당신은 순식간에 달라진 분위기를 만끽할 수 있을 것이다. 이와 같이 짧은 시간에 주어지는 선물을 마음을 열고 받아들여라. 이런 일에는 그리 많은 시간이나 노력이 필요하지 않다. 만일 누군가가 고맙게도 당신에게 극진한 서비스를 제공하거든 조금만 짬을 내서 그 사람에게 이름이 뭐냐고 물어보라(적절한 말투로 물어보기만 한다면 이름을 물어보는 것 자체가 그 사람을 향한 찬사일 수 있다). 그런 다음에는 그 사람의 어떤 행동이 자신의 마음에 들었는지 정확하게 알려 주어라. 어디를 가든지 감사의 꼬리표를 달고 다녀라. 우리는 너무나도 감사에 인색한 삶을 살고 있다. 그러므로 만일 당신이 감사를 생활화한다면 감사를 받는 사람이나 또 감사를 전하는 당신까지 모두 뜻밖의 유익한 효과를 얻게 될 것이다.

• *나는 너무 창피해서 다른 사람에게 더 많은 시간을 함께하고 싶다고 말할 수 없어요.*
위험을 감수하고 극복해 냄으로써 당신의 안전 지대를 확장할 수 있다는 점을 명심하라(이 점에 대해 좀 더 자세히 알고 싶으면 제9장을 참조하라).

• *내 파트너는 좀 더 색다른 것을 원할 수도 있잖아요?*
한번 확인해 보라. 얼마나 많은 사람들이 자기 파트너의 견해에 대해서 쓸데없는 가정들을 품고 있는지, 그리고 그런 가정들이 얼마나 잘못된 것인지. 모든 것을 알고 나면 당신은 아마도 깜짝 놀랄 것이다. 그러므로 일단은 사실을 확인하는 작업부터 시작하라. 만일 당신의 파트너가 뭔가 색다른 것을 당신에게 바라고 있다는 것이 밝혀지면, 그것에 관해 함께 상의해 본 다음 두 사람 모두에게 효과가 있는 해결책을 고르면 된다. 주는 것이 있어야 받는 것도 있는 법이다.

- *가게 점원들에게까지 말을 건네기에는 내가 너무 바빠요.*

  당신은 수퍼마켓이나 다른 장소에서 줄을 서서 기다리는 시간이 아주 많을 것이다. 바로 그 시간을 최대한 이용하면 된다.

- *나 자신에게도 감사의 말을 충분히 못하고 사는데, 어떻게 다른 사람에게까지 감사 인사를 하고 살겠어요?*

  나눠준다고 해서 당신의 것이 고갈되는 것은 결코 아니다. 베푸는 행위는 베푸는 사람 본인에게도 매우 유익하다. 당신 자신은 주변 사람들에게 감사하지 않으면서 당신만 계속해서 주변 사람들에게 감사 인사를 듣고자 한다면 그것은 하나의 수치라 할 수 있을 것이다.

> 스스로를 돕지 않는 사람은 그 누구도 진정으로 다른 사람을 도울 수 없다는 것, 이것은 우리의 삶에서 가장 아름다운 보상들 가운데 하나다.
>
> _랄프 왈도 에머슨

제14장

당신에게 에너지를 주는 생각들을
실행에 옮겨라

다음은 당신의 출발을 돕기 위해 이 책에 실린 여러 가지 아이디어들의 체크 리스트를 작성해 본 것이다. 이것들 중에서 당신이 굉장한 열정을 갖고 있는 항목은 첫 번째 네모에 표시를 하고, 일반적인 관심을 기울이고 있는 항목들은 두 번째 네모에 표시하라. 그런 다음 첫 번째 네모에 표시한 항목들부터 실천에 옮기면 된다.

	굉장한 열정	일반적 관심
당신이 현재 무시하고 있는 사소한 문제들부터 개선하라.	☐	☐
잡동사니들을 제거하라.	☐	☐
예비 시간을 마련해 두라.	☐	☐
매주 생각할 수 있는 시간을 마련하라.	☐	☐

당신을 기운 나게 하는 사람들과 좀 더 많은 시간을 함께하라. ☐ ☐

5분 동안 마음에 있는 말을 쏟아내라. ☐ ☐

새로운 일상적 습관들을 길들이기 위한 체크 리스트를 작성하라. ☐ ☐

'작은 음성'에 좀 더 귀를 기울여라. ☐ ☐

이것을 함께할 친한 친구나 코치를 찾아라. ☐ ☐

일지를 기록하라. ☐ ☐

자기 계발을 최우선 과제로 삼아라. 하루에 한 번 이상은 '아니오' 라고 말하라.

☐ ☐

매주 30분씩 STOP 시간을 마련하라. ☐ ☐

좋은 서비스에 감사 표시를 하라. ☐ ☐

사람들과 좀 더 자주 접촉하라. ☐ ☐

5명의 사람에게 당신의 강점이 무엇인지 물어보라. ☐ ☐

당신의 강점을 좀 더 자주 활용하라. ☐ ☐

자연스러운 활동을 좀 더 많이 경험하라. ☐ ☐

'반드시', '…해야 해', '못해', '언제나', '결코' 라는 말을 사용하지 말라.

☐ ☐

일관적인 사람이 되려는 노력은 그만두고, 좀 더 자연스러운 사람이 되라.

☐ ☐

예상 처리 시간보다 좀 더 많은 시간을 투자함으로써 문제를 해결하라.

☐ ☐

'곤경'에서 빠져나오라. ☐ ☐

좀 더 많은 예상된 위험을 감수하라. ☐ ☐

당신의 의심을 날려 버려라. ☐ ☐

삶의 에너지를 높이는 습관들

매일 행복해지는 쪽을 선택하라. □ □

작은 목표를 세우고 좀 더 신속한 발전을 이룩하라. □ □

멋진 한 해를 계획하라. □ □

당신의 평생 소원 100가지를 목록으로 작성하라. □ □

내일을 위한 6가지 일의 목록을 작성하라. □ □

자녀를 다루는 방법을 바꾸어라. □ □

도움을 요청하라. □ □

이제는 구체적인 계획을 세워야 할 때다.

1. 당신의 에너지를 가장 크게 증가시켜 줄 것 같은 아이디어를 골라
   라. 위의 체크 리스트를 활용하라. 만일 이것이 당신의 상황에 적
   합하지 않다면 당신의 필요에 좀 더 일치하도록 변경해야 한다는
   사실을 잊지 말라.

2. 당신이 집중할 수 있도록 도와줄 친구 한 명 또는 여러 명의 친구
   들 또는 코치를 찾아내라. 물론 혼자서도 이 일을 충분히 해 낼 수
   있겠지만 만일 당신과 함께하는 사람이 있다면, 그래서 그 사람이
   당신과 함께 동행해 준다면 훨씬 더 빨리 발전을 이룰 수 있을 것
   이다. 그리고 그 사람에게 당신이 그 사람과 함께 이 일을 하고 싶
   어서 선택했다고 말한다면 그 사실 하나만으로도 그 사람은 아주
   큰 보상을 받게 되는 셈이다. (이 책에 소개된 아이디어들을 함께 실천
   해 나갈 사람들을 어떤 식으로 모으고 유지할 수 있는지 알고 싶은 사람은,
   다음 주소로 이메일을 보내 주십시오. energygroup@coachingdirectors.com.)

3. 그 사람에게 이 책을 읽을 수 있는 기회를 제공하라. 그리고 당신이 이 책을 읽고 느낀 점이나 특별히 마음에 들었던 부분에 관해 얘기 나누는 시간을 가져라.

4. 당신의 최우선 과제를 가급적이면 같은 것으로 골라라. 예를 들면 한 달 내내 '잡동사니를 제거하라'에 초점을 맞추는 것이다.

5. '점검' 시간도 계획표에 포함시켜라. 그래야만 발달 정도도 비교해 볼 수 있고, 계속적인 동기 유발도 가능하다. 일정한 시간대를 마련하여 마치 식사 후의 커피 또는 운동 후의 음료수처럼, 그 시간을 스스로 기대하게끔 만들어라.

6. 언제든지 웃을 준비를 하고 있어라.

7. 지금 바로 시작하라.

8. 당신에게 미치는 영향을 감지할 수 있는 시간을 마련하라.

9. 만일 원한다면 어떤 식으로 이 일을 해냈는지 나에게도 알려 주어라. 당신의 보고는 나에게 크나큰 격려와 기쁨이 될 것이다. 당신의 결과는 나의 에너지를 더욱더 증가시켜 줄 것이고, 나를 기쁘게 할 것이다. 다음 주소로 이메일을 보내 주어라. energy@coachingdirectors.com.

우리는 모두 엄청난 성공을 거두게 될 것이다. 스스로를 똑바로 볼 수 있는 상황을 만들었다는 사실 그 하나만으로도 당신은 이미 성공을 거둔 셈이다. 물론 당신은 현실의 일부분이 별로 마음에 들지 않을 수도 있다. 하지만 그렇다고 해서 당신의 성공이 멀어지는 것은 아니다. 당신은 어느 정도 이것을 원해 왔다. 비록 이것이 지금은 별로 좋지 않은 것처럼 보일지라도 말이다.

이제 당신은 당신이 일궈 낸 성공을, 그리고 새로이 짊어지게 된 책임을 있는 그대로 받아들여야 한다. 그리고 스스로에게 다음과 같은 질문을 던져라. 좀 더 다른 상황에서도 이와 똑같은 성공을 이룩하고 싶은가? 이런 식으로 세상을 내다보고, 세상 속에서 당신이 있을 곳을 내다보고, 또 지금 이 순간 당신 앞에 있는 기회를 내다보는 태도는 아주 강력하면서도 기운이 넘치게 하는 태도다.

자, 행운을 빈다. 부디 당신의 에너지를 한껏 즐겨 보라!

제14장 당신에게 에너지를 주는 생각들을 실행에 옮겨라

옮긴이의 글

우리는 살면서 크고 작은 좌절과 고통과 무기력을 겪는다. 왠지 성공한 사람들에 비해서 삶의 활력이 부족한 듯하고, 인생 역전, 로또 당첨과 같은 이룰 수 없는 신기루 같은 꿈을 꾸며, 시간에 쫓기며 바쁘게 살아가고 있는지도 모른다. 이런 상황에서 벗어나기 위해서, 문제 해결을 위해서 자신의 외부에서 해결책을 찾으려고 애쓰고 있는지도 모른다. 흔히 "돈이면 뭐든지 다 할 수 있잖아."라는 말처럼 돈만 벌려고 할지도 모른다. 그러나 돈으로 넓은 침대를 살 수는 있지만 편안한 잠자리를 보장받을 수는 없는 것처럼, 좌절과 고통과 무기력의 바다를 헤엄쳐 가려면 자신의 내적인 에너지를 충전해야 할 것이다.

빌 포드는 우리에게 다양한 에너지원과 충전 방법을 보여 주고 있다. 한 번 충전한 후 사용하면 용도 폐기되는 그런 에너지원이 아니라 매일매일 새롭게 충전 받아서 알차게 업그레이드할 수 있는 그런 에너지원을 보여 주고, 실천 방법을 제시하고, 애로 사항도 친절하게 가르쳐 준다. 나도 이 책을 번역하면서 '작은 음성' 에 귀 기울이게 되었고, 감사 일지도 쓰게 되었다. 이제 좀 더 많은 위험을 감수하는 연습을 하고 있는 중이다. 특히 도움이 되었던 것은 자녀를 다루는 방법이었다.

이 책의 매력은 구체적인 실천 지침을 제시한다는 점이다. 따라서 단순히 읽고 던져 버린다면 독자 여러분의 생활에 큰 변동이 없을 것이다. 바쁜 시간을 내서 이 책을 읽으셨을 테니 열 배, 백 배의 결실을 거두시길 바란다. 독자 여러분도 자신이 제일 하고 싶은 것부터 하나 둘씩 실천해 보기 바란다. 그리고 그 자은 실천이 습관이 되도록 STOP 시간을 마련한다. 그러면 에너지가 조금씩 올라가고 실현 가능한 꿈을 꾸게 되고, 시간도 여유 있게 활용할 수 있게 될 것이다. 매일의 조그만 변화를 꾸준히 실천하다 보면 일 년만 지나도 자신의 변화된 모습에 놀라게 되지 않을까!

끝으로 이 책이 나오기까지 도움을 주신 도서출판 아카데미북에 감사드린다. 사랑했던 사람들, 사랑하는 사람들, 사랑할 사람들 모두에게 감사드린다.

문재욱

옮긴이의 글

참고 문헌

Sarah Ban Breathnach, *Simple Abundance*, Bantam (1995)

Steven Biddulph, *Raising Boys*, Thorsons (1997)

Paul Coelho, *Veronika Decides to Die*, Harper Collins (1998)

Stephen Covey, *First Things First*, Simon & Schuster (1994)

Stephen Covey, *The 7 Habits of Highly Effective People*, Simon & Schuster (1989)

Mihaly Csikszentmihalyi, Flow — *The Psychology of Optimal Experience*, Harper Perennial (1991)

Jinny Ditzler, *Your Best Year Yet*, Thorsons (1994)

Timothy Gallwey, *The Inner Game of Work*, Orion Business Books (2000)

Daniel Goleman, *Working with Emotional Intelligence*, Bloomsbury (1998)

Robert T. Kiyosaki, *Rich Dad*, Poor Dad, Warner (1997)

Nancy Kline, *Time to Think*, Ward Lock (1999)

Talane Miedaner, *Coach Yourself to Success*, Contemporary Books (2000)

Thomas Leonard, *The Portable Coach*, Scribner (1998)

Gregory McClellan Buchanan and Martin E. P. Seligman, eds, *Explanatory Style*, Lawrence Erlbaum Associates (1995)

Joseph O' Connor and John Seymour, *Introducing Neuro-Linguistic Programming*, Thorsons (1990)

Carl Rogers, *On Becoming A Person*, Constable (1974)

Bernie Siegel, *Prescriptions For Living*, Rider Books (1998)

John Whitmore, *Coaching for Performance*, Nicholas Brealey (1992)

Contacts
House of Colour, Esra Parr, Image Consultant
Tel : 020 8255 7280
E-mail : esra.parr@public-i.co.uk

The New Learning Centre
Tel : 020 7794 0321
E-mail : TNLC@dial.pipex.com
For courses on parenting skills

Organisations offering coach training
Coach U
www.coachu.com
In the UK contact Carol Golcher on 0800 0854 317

CTI Co-Active Coaching
www.coaching-courses.com
Contact Estrella Associates on 01823 664 441

The International Coach Federation
www.coachfederation.org
For additional organisations that train coaches.